lonely planet

IRLANDE

Isabel Albiston, Brian Barry, Yvonne Gordon, Úna-Minh Kavanagh,
Noelle Kelly, Fionán McGrath, Orla Smith et Neil Arthurs

Sommaire

Waterville, dans le Kerry

PAGE PRÉCÉDENTE : PRG-ESTUDIO/GETTY IMAGES ©

FOCUS

EN IMAGES

EN CHIFFRES

La Gaeltacht (ensemble des régions où l'on parle le gaélique) compte 96 090 habitants.

En Irlande, 73 803 personnes parlent le gaélique au quotidien.

Galway est le comté qui compte la plus forte proportion d'habitants parlant le gaélique (49%).

CULTURE GAÉLIQUE

La langue gaélique, la littérature, le patrimoine oral et les légendes, la danse et la musique traditionnelles, les sports gaéliques, l'art et l'artisanat traditionnels ainsi que la célébration des fêtes celtiques forment ce que l'on appelle la culture gaélique. Celle-ci est particulièrement vivante dans certaines régions d'Irlande : on y parle le gaélique, la musique traditionnelle retentit dans les pubs et le hurling déchaîne les passions. Pour mieux comprendre cette culture, l'idéal est de séjourner dans une Gaeltacht (région où l'on parle le gaélique).

À gauche Panneau indiquant une région où l'on parle le gaélique, comté de Galway **À droite** Le poète irlandais W. B. Yeats **En bas** Match de camogie à Cork

→ LE RENOUVEAU GAÉLIQUE

Au XIXe siècle, le Renouveau gaélique, dont l'un des premiers contributeurs fut W. B. Yeats, engendra un regain d'intérêt pour la langue, la littérature, le folklore et les sports gaéliques.

FESTIVALS

Des festivals gaéliques ancestraux comme l'Imbolc (qui marque le début du printemps) sont encore célébrés dans toute l'Irlande avec pélerinages en montagne, fêtes et défilés.

↑ SPORTS GAÉLIQUES

La Gaelic Athletic Association (GAA) assure la promotion des sports gaéliques d'Irlande, qui comprennent le hurling et le football gaélique, mais aussi le camogie (variante féminine du hurling), le handball gaélique et le rounders.

Notre sélection

- **Un match de hurling depuis les gradins ou sur le terrain. (p. 126)**
- **Un festival celtique ancestral. (p. 186)**
- **Une session de musique traditionnelle dans un pub de Galway. (p. 214)**
- **La découverte de la culture gaélique dans les musées de Dublin. (p. 76)**
- **Les Gaeltachtaí de la Corca Dhuibhne (péninsule de Dingle ; p. 175) et du Donegal. (p. 267)**

STOUTS ARTISANALES

Blacks Brewery World's End

Burren Brewery Burren Black

Galway Bay Brewery Buried at Sea

Lineman Astral Grains Foreign Extra Stout

Porterhouse Around the Clock Imperial Stout

TOUT SUR LA STOUT

Nombreux sont les voyageurs qui cherchent à savoir si la Guinness est vraiment meilleure en Irlande qu'ailleurs. Devenue synonyme de stout dans le monde entier, elle doit pourtant faire face localement à la concurrence féroce de la Murphy's et de la Beamish. Les brasseries artisanales de l'île n'hésitent pas non plus à produire leurs propres stouts.

Notre sélection

- **La quête de la meilleure pinte de Dublin, où est brassée la Guinness.** **(p. 56)**
- **Un repas et une Murphy's à Cork.** **(p. 143)**
- **La tournée des pubs à Galway.** **(p. 214)**
- **Le goût d'une pinte de brune après une journée d'aventures à Dingle.** **(p. 188)**

LITTÉRATURE IRLANDAISE CONTEMPORAINE

Sally Rooney
Conversations entre amis (2017)

Colm Tóibín
Brooklyn (2009)

Eimear McBride
Une fille est une chose à demi (2013)

Naoise Dolan
Rien de sérieux (2020)

ARNDALE/SHUTTERSTOCK ©

POÈTES ET **LETTRÉS**

En écoutant parler les Irlandais, on note une rythmique singulière et des tournures presque poétiques héritées de la longue tradition orale de l'île. Ces caractéristiques se retrouvent dans la remarquable production des auteurs irlandais tels que James Joyce, Oscar Wilde, W. B. Yeats, Samuel Beckett ou encore Seamus Heaney.

Notre sélection

- **Les trésors de la Marsh's Library à Dublin. (p. 80)**
- **L'étude du patrimoine littéraire de l'île au MoLI. (p. 80)**
- **L'île reculée de Great Blasket Island dont la splendeur fut dépeinte par trois de ses habitants. (p. 183)**

EN PLEIN AIR... ET DANS L'EAU

On s'imprègne le mieux de la beauté sauvage de l'Irlande en parcourant ses grands espaces. Pour cela, les activités ne manquent pas : randonnée sur des sentiers balisés sillonnant montagnes, tourbières et littoral, cyclisme sur des voies vertes à travers la forêt, baignade ou surf dans l'océan, kayak sur de paisibles loughs... Aventure garantie pour toute la famille !

→ À PIED

L'Ireland Way (theirelandway.ie) est un sentier de randonnée de 1 000 km reliant le comté de Cork à la côte d'Antrim. Plus d'infos sur sportireland.ie/outdoors et walkni.com.

LAU783/GETTY IMAGES ©

À gauche Surfeur à Mullaghmore **À droite** Pont de corde de Carrick-a-Rede **Ci-dessous** Cyclistes dans le Killarney National Park

EN SURF

L'une des plus grosses vagues au monde se forme à Mullaghmore, dans le comté de Sligo. En 2020, le surfeur irlandais Conor Maguire s'y est mesuré à des monstres de 18 m de hauteur.

À DROITE : GABRIEL12/SHUTTERSTOCK © À GAUCHE : IANMITCHINSON/SHUTTERSTOCK ©

↑ À VÉLO

L'Atlantic Coast Route (atlanticonbike.ie) traverse les paysages sauvages et escarpés du Nord-Ouest. De nombreux parcs forestiers sont dotés de pistes de VTT.

Notre sélection

- **Du canyoning côtier sur la Causeway Coast, entre rochers et piscines naturelles. (p. 264)**
- **Une balade en kayak ou en canoë entre les îles monastiques du Lough Erne. (p. 255)**
- **Une randonnée inoubliable sur le Kerry Camino. (p. 178)**
- **Une session surf sur les vagues de l'Atlantique, au large du comté de Sligo. (p. 230)**
- **Une équipée à vélo sur la Waterford Greenway, le long de la Copper Coast. (p. 130)**

FAUNE LOCALE

Cerfs élaphes
Peuplent les pentes des Wicklow Mountains et le Glenveagh National Park.

Dauphins, marsouins et baleines
Peuvent s'apercevoir au large des côtes.

Macareux
Colonisent les falaises côtières.

Oiseaux marins
Fous, mouettes et fulmars se reproduisent en Irlande.

VIE SAUVAGE

Les mammifères terrestres d'Irlande (lièvres, hérissons ou cerfs) n'ont rien d'extraordinaire : ce sont surtout les espèces de passage qui attirent les visiteurs, qu'il s'agisse d'oiseaux migrateurs en escale ou d'oiseaux marins en période de nidification près des rivages, telles les impressionnantes colonies de macareux. L'été, on peut apercevoir des baleines de Minke au large de la côte ouest et, plus tard dans l'année, des rorquals communs et des baleines à bosse.

À gauche Cerf élaphe dans le Glenveagh National Park **À droite** Petit pingouin ou pingouin torda **Ci-dessous** Droséra à feuilles rondes

→ OISEAUX MIGRATEURS

L'été et l'automne sont les bonnes périodes pour observer les oiseaux migrateurs (principalement des échassiers et des fauvettes) qui transitent par l'Irlande pour rejoindre l'Arctique, l'Afrique ou l'Amérique du Nord.

JAKUB WOJCIECHOWSKI/SHUTTERSTOCK ©

MAMMIFÈRES MARINS

L'Irish Whale and Dolphin Group (iwdg.ie) assure un suivi des cétacés observés et milite pour que les eaux irlandaises soient transformées en sanctuaire pour les mammifères marins.

À DROITE : SIMON GRAY/500PX/GETTY IMAGES © À GAUCHE : DVLCOM/SHUTTERSTOCK ©

↑ TOURBIÈRES

Les tourbières irlandaises – nombreuses dans les comtés de Mayo et de Donegal – fourmillent d'une riche vie animale et végétale.

Notre sélection

- **L'observation des baleines et des dauphins à Mizen Head, dans le comté de Cork. (p. 155)**
- **Les faucons, aigles royaux et cerfs élaphes du Glenveagh National Park. (p. 269)**
- **La faune et la flore abondantes du Burren. (p. 226)**
- **Les oiseaux marins de Little Skellig, l'île du Kerry où la faune aviaire est reine. (p. 184)**
- **Un voyage en ferry vers les Saltee Islands, où nichent d'innombrables oiseaux marins. (p. 121)**

PARCS NATIONAUX

Ballycroy
Comté de Mayo

Le Burren
Comté de Clare

Connemara
Comté de Galway

Glenveagh
Comté de Donegal

Killarney
Comté de Kerry

Wicklow Mountains
Comté de Wicklow

VOYAGE ET **PAYSAGES**

L'Irlande est émaillée de paysages d'une beauté à la fois intense et troublante. Ses côtes ont la préférence des visiteurs, mais l'intérieur des terres, avec ses montagnes mélancoliques, ses verts pâturages, ses loughs mystérieux et ses rivières enchanteresses, exerce un charme tout aussi évocateur. La météo changeante, entre brumes épaisses et couchers de soleil mémorables, contribue pleinement au tempérament des lieux.

À gauche Wicklow Mountains
À droite Ballycroy National Park
Ci-dessous Ring of Kerry

→ NUIT NOIRE

Le Ballycroy National Park fait partie des Dark Sky Parks (mayodarkskypark.ie), dénués de pollution lumineuse. Une passerelle mène à un spectaculaire point d'observation des étoiles depuis le centre d'accueil des visiteurs.

AU FIL DE L'EAU

Longer les cours d'eau en prenant son temps permet de s'imprégner pleinement de la diversité et de la beauté majestueuse des paysages du pays.

↑ EN VOITURE !

Slalomer entre les moutons sur des chemins de campagne traversant des paysages escarpés fait partie intégrante de l'expérience irlandaise. Les routes côtières, bien balisées, sont particulièrement splendides.

Notre sélection

- **Une croisière sur les méandres du Shannon. (p. 176)**
- **Les superbes jardins du Wicklow, surnommé "le jardin de l'Irlande". (p. 94)**
- **Les montagnes désolées et les paysages sauvages du Donegal. (p. 266)**
- **Les eaux calmes du Lough Erne, dans le comté de Fermanagh. (p. 254)**
- **L'exploration à pied des montagnes, loughs et forêts du comté de Wicklow. (p. 102)**

FALAISES ET PLAGES DE LÉGENDE

Le littoral irlandais est l'un des plus beaux du monde. Au pied des falaises escarpées se nichent des criques secrètes et des baies ensablées qui font la joie des surfeurs. Au sommet, des tapis herbeux parsemés de fleurs sauvages s'étendent jusqu'au bord du gouffre, pour le plus grand bonheur des moutons qui paissent en équilibre au-dessus des vagues furieuses. Sur la côte Ouest, l'itinéraire routier de la Wild Atlantic Way relie Kinsale à Derry.

Littoral du Donegal

Falaises et plages

Les falaises de Sleave League (Sliabh Liag ; p. 245) comptent parmi les plus hautes d'Europe. Découvrez-les lors d'une croisière guidée ou depuis l'étroit sentier menant au sommet. De superbes plages vous attendent dans les environs. ▶ p. 270

50 minutes de route de Donegal aux falaises de Slieve League

Falaises de Moher

Un mur sur l'océan

Ces incroyables falaises s'étendent sur 8 km dans le comté de Clare. La foule se presse pour contempler la vue, le long du sentier partant de Hag's Head et depuis les bateaux en contrebas. ▶ p. 220

40 minutes de route depuis Ennis

Péninsule de Dingle

Plages de sable isolées

La péninsule de Dingle, qui fend les eaux de l'Atlantique jusqu'au point le plus occidental de l'Irlande continentale, est émaillée de falaises escarpées, de rochers battus par la houle et de jolies plages. Arpentez Dunmore Head pour une vue sur les Blasket Islands. ▶ p. 175

50 minutes de route de Tralee à Dingle

Péninsule de Beara

Sauvage et préservée

Les paysages abrupts de cette péninsule du comté de Cork inspirent un sentiment de calme envoûtant, contrastant avec l'agitation permanente du Ring of Kerry. Admirez la vue époustouflante depuis le col de Healy Pass, puis descendez vous baigner à la plage de Ballydonegan. ▶ p. 153

2 heures 30 de route de Cork à Ballydonegan Beach

Chaussée des Géants

Colonnes hexagonales

La côte nord d'Antrim est célèbre pour les incroyables formations de roche basaltique de la Chaussée des Géants, l'un des sites naturels les plus pittoresques du pays, classé au patrimoine mondial de l'Unesco. N'oubliez pas de faire un tour sur les plages et les sommets fleuris des falaises alentour.

▶ p. 244

1 heure 30 de route depuis Belfast

Plages du Wexford

Familiales et conviviales

De belles plages émaillent le littoral du comté de Wexford. Arpentez l'immense étendue de sable blanc de Curracloe Beach avant de vous arrêter pour savourer une glace. Paddle et kitesurf sont très pratiqués dans la région.

▶ p. 118

2 heures de route depuis Dublin

SPÉCIALITÉS IRLANDAISES

Boxty Galette de pomme de terre typique de l'Ulster.

Seafood chowder Soupe de poisson crémeuse aux riches saveurs marines.

Guinness bread Pain moelleux à la Guinness.

Irish stew Ragoût à base de viande et de pommes de terre.

CUISINE IRLANDAISE

La gastronomie irlandaise doit beaucoup à la qualité des produits locaux. Les campagnes verdoyantes offrent une abondance de viandes et de fromages, et les délices de la mer sont débarquées quotidiennement dans les ports de l'île. Sandwichs savoureux, *fish and chips* sur le pouce ou tables étoilées, l'Irlande a de quoi vous régaler, quel que soit votre budget.

À gauche Seafood chowder
À droite Confitures de la Ballymaloe Cooking School **Ci-dessous** Fromage Cashel Blue

→ BALLYMALOE HOUSE

À Cork, ce restaurant doublé d'une école de cuisine est à la pointe du mouvement locavore irlandais depuis les années 1960. (p. 147)

OLIVER STREWE/GETTY IMAGES ©

MARCHÉS

Offrez-vous une expérience "de la ferme à l'assiette" en vous ravitaillant aux marchés alimentaires comme le St George's Market de Belfast ou aux marchés du week-end de la périphérie dublinoise.

À DROITE : STEPHEN BARNES/SHUTTERSTOCK ©
À GAUCHE : FREESKYLINE/GETTY IMAGES ©

↑ PRODUITS LOCAUX

Côté fromages, essayez le Cashel Blue, le Corleggy et le Gubbeen. En Ulster, goûtez les pommes d'Armagh, les pommes de terre de Comber et les anguilles du Lough Neagh, au label IGP.

Notre sélection

- **Un repas à Kinsale, "capitale culinaire" de l'Irlande. (p. 147)**
- **Un festin de produits du terroir dans le comté de Wicklow. (p. 98)**
- **La diversité culinaire de Dublin, des restaurants gastronomiques à la cuisine de rue. (p. 56)**
- **Les produits locaux de l'English Market de Cork. (p. 150)**

PLAYLIST DE MUSIQUE TRADITIONNELLE

Old Hag You Have Killed Me The Bothy Band

Star of County Down The Chieftains

Dónal na Gréine Gráinne Holland

The Wren's Nest De Dannan

Whiskey in the Jar The Dubliners

PINTES ET MUSIQUE **TRADITIONNELLE**

Une session de musique traditionnelle dans un pub irlandais est une expérience qui marquera durablement tous vos sens. Quadrilles endiablés et ballades mélancoliques joués par des musiciens talentueux résonnent même dans les pubs les plus modestes.

→ INSTRUMENTS

Les *uillean pipes* (cornemuse irlandaise) se jouent en faisant pression sur une poche avec le coude. Dans les pubs, les musiciens utilisent souvent des pipeaux, flûtes, flûtes irlandaises, accordéons et bouzoukis.

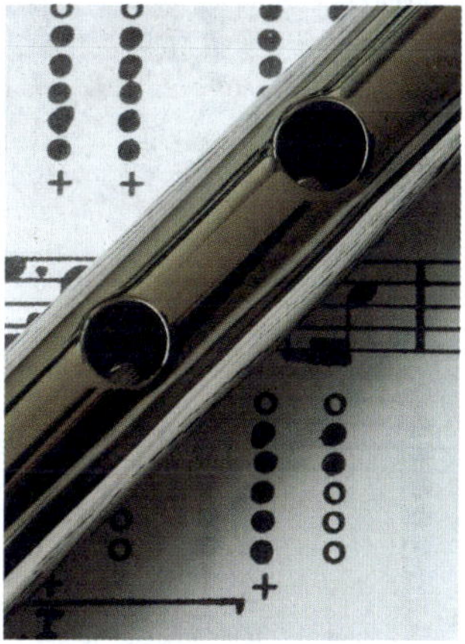

À gauche Session de musique traditionnelle à Galway **À droite** Flûte irlandaise **Ci-dessous** Bodhrán

STYLES TRADITIONNELS

Gigues, quadrilles et *hornpipes* (assez similaires mais se différenciant par le tempo) sont des classiques de la musique traditionnelle irlandaise, de même que polkas et ballades plus lentes.

↑ AU RYTHME DU BODHRÁN

Les mélodies traditionnelles sont souvent rythmées par un *bodhrán*, ce tambour irlandais formé d'une peau de chèvre tendue sur un cadre en bois.

Notre sélection

- **Quelques pas de danse à Tory Island, dans le Donegal. (p. 267)**
- **Un concert des meilleurs interprètes de musique traditionnelle, à Galway. (p. 214)**
- **Les pubs de Dingle, où l'on tape du pied en rythme. (p. 188)**
- **La tournée des pubs de Dublin pour étancher sa soif de quadrilles et de gigues. (p. 59)**

FRESQUES ET **RENOUVEAU**

L'histoire mouvementée de l'Irlande, que d'excellents musées racontent à travers tout le pays, a largement influencé l'art exposé dans les galeries et châteaux du pays. Au nord, les conflits passés et tensions d'aujourd'hui se retrouvent sur des fresques aux accents politiques. L'art irlandais contemporain reflète la diversité grandissante de la population, et la scène street art de Belfast revendique une célébration non confessionnelle de la ville.

À gauche Peinture murale signée Smug One, Belfast **À droite** Poste centrale (GPO) de Dublin **Ci-dessous** Patsy Dan Mac Ruairí (Rodgers), artiste et musicien, Tory Island

→ RÉVOLUTION

Il n'y a pas mieux que Dublin, où les évènements les plus marquants de la lutte pour l'indépendance se déroulèrent, pour en apprendre plus sur les mouvements révolutionnaires irlandais. (p. 64)

JOHN W BANAGAN/GETTY IMAGES ©

PEINTURES MURALES

De nombreuses fresques portent sur la notion d'identité. Les clins d'œil à la mythologie celtique peuplent celles des républicains, tandis que les unionistes privilégient les références au passé industriel de Belfast.

À GAUCHE : CHARLES MCQUILLAN/GETTY IMAGES ©
JOHN W BANAGAN/GETTY IMAGES ©

↑ ART NAÏF DE TORY ISLAND

Cette île au large du comté de Donegal est connue pour son étonnante école de peintres autodidactes dont les œuvres ont fait le tour du monde.

Notre sélection

- **Les fresques politiques et le street art créatif de Belfast. (p. 246)**
- **Les collections du National Museum of Ireland – Decorative Arts and History, à Dublin. (p. 77)**
- **La découverte des mouvements révolutionnaires irlandais au GPO Museum de Dublin. (p. 65)**
- **Les étonnantes fresques de la People's Gallery à Derry. (p. 248 et p. 261)**

↓ Festivals de Kilkenny

En juin, le Cat Laughs Comedy Festival attire les humoristes les plus en vue du pays. Le Kilkenny Arts Festival, en août, est l'un des meilleurs d'Irlande.

▶ p. 239

Lors des vacances scolaires de juillet et août, les villes et stations balnéaires sont très fréquentées par les familles.

Évitez l'Irlande du Nord pendant les marches de l'ordre d'Orange, le 12 juillet : l'atmosphère peut être très tendue.

↑ Galway International Arts Festival

Musique, théâtre et plus encore sont au programme du principal festival artistique du pays, pendant la deuxième quinzaine de juillet.

▶ giaf.ie

JUIN

Température maximale moyenne en journée : 18°C
Jours de pluie : 10

JUILLET

L'Irlande en ÉTÉ

↑ Galway Races

Cet évènement ne se résume pas à ses courses hippiques : gastronomie, mode et chapeaux extravagants sont aussi à l'honneur.

▶ Galway

▶ p. 239

Température maximale moyenne en journée : 20°C
Jours de pluie : 11

↓ Finale des championnats irlandais

Les finales des compétitions de hurling et de football gaélique ont lieu au stade Croke Park de Dublin, à la fin de l'été.

▶ p. 126

AOÛT

Température maximale moyenne en journée : 19°C
Jours de pluie : 12

Les hébergements se remplissent très vite en juillet-août. Réservez bien à l'avance !

← Puck Fair

Cette fête ancienne, au cours de laquelle un bouc est couronné roi Puck, dure trois jours au mois d'août.

▶ Killorglin

▶ p. 187

Dans la valise

La panoplie du parfait estivant, sans oublier une veste imperméable en cas de pluie.

En septembre, vous aurez peut-être la chance de voir une aurore boréale dans le comté de Donegal, mais ce phénomène reste imprévisible.

← Electric Picnic

Début septembre, ce festival musical et artistique accueille trois jours durant des artistes internationaux très divers.

▸ Stradbally Hall, Comté de Laois

▸ p. 239

Cueillez des mûres sauvages et régalez-vous de produits locaux de saison, tels que champignons, huîtres et pommes d'Armagh.

↓ Cork Jazz Festival

Les musiciens envahissent les rues de Cork à l'occasion du festival de jazz fin octobre.

▸ p. 239

SEPTEMBRE

Température maximale moyenne en journée : 17°C
Jours de pluie : 10

OCTOBRE

L'Irlande en AUTOMNE

KIERAN FROST/REDFERNS VIA GETTY IMAGES © YE CHOH WAH/SHUTTERSTOCK © BENKRUT/GETTY IMAGES © CHARLES MCQUILLAN/GETTY IMAGES © MIKROMAN6/GETTY IMAGES ©

Le mois d'octobre est idéal pour admirer le feuillage des arbres dans les parcs et forêts, lorsqu'ils s'embrasent de nuances rouges, orange et jaunes.

↓ Derry Halloween

Cette fête spectaculaire, avec défilé de carnaval et concerts, attire chaque année des visiteurs du monde entier.

▸ derryhalloween.com

↑ Belfast International Arts Festival

En octobre, ce gigantesque festival propose une programmation éclectique allant des arts visuels à la danse.

▸ belfastinternationalartsfestival.com

Température maximale moyenne en journée : 14°C
Jours de pluie : 12

NOVEMBRE

Température maximale moyenne en journée : 10°C
Jours de pluie : 12

L'automne est la meilleure saison pour l'observation des baleines (rorquals, baleines à bosse et de Minke) sur la côte ouest.

Dans la valise

Un imperméable et des vêtements chauds dans un sac en cas de changement soudain de temps. Parapluie inutile en cas de vent, optez pour la capuche !

En décembre, tout tourne autour de Noël : les magasins sont bondés tandis que pubs et restaurants accueillent des soirées d'entreprise. Commerces et bureaux ferment le 25 décembre et souvent aussi le 26 pour la Saint-Étienne (Saint Stephen).

← Winterval

Le plus important festival de Noël d'Irlande déploie stands alimentaires, étals artisanaux, manèges, lutins et Père Noël.

▶ Waterford

▶ winterval.ie

← Marchés de Noël

Des marchés de Noël pleins d'atmosphère se tiennent à Belfast, Galway, Cork et dans d'autres villes du pays.

Le solstice d'hiver a lieu autour du 21 décembre ; c'est le jour le plus court de l'année avec moins de huit heures de soleil.

DÉCEMBRE

Température maximale moyenne en journée : 9°C
Jours de pluie : 13

JANVIER

L'Irlande en HIVER

↓ Dublin, ville culturelle

Les mois d'hiver se prêtent bien à la découverte des musées de Dublin, à l'abri du froid.

▸ p. 76

↑ Imbolc

Le 1er février, jour de la Sainte-Brigitte (Brigid), marque le début du printemps. Processions et chapeaux de paille accompagnent les célébrations.

▸ Killorglin

▸ p. 239

↓ Pubs de Galway

Les pubs irlandais sont particulièrement accueillants en hiver, lorsque les journées courtes et froides invitent à se blottir au coin du feu.

▸ p. 214

FÉVRIER

Température maximale moyenne en journée : 8°C
Jours de pluie : 13

Température maximale moyenne en journée : 8°C
Jours de pluie : 10

← Causeway Coast

Profitez de l'hiver, plus calme, pour visiter des sites très touristiques comme la Chaussée des Géants, dans le comté d'Antrim.

▸ p. 262

Dans la valise

Une paire de chaussures montantes étanches pour patauger dans la tourbe et des chaussettes chaudes pour paresser au coin du feu.

← Saint-Patrick

Le 17 mars, les Irlandais célèbrent la Saint-Patrick avec des parades et des évènements dans tout le pays. Les festivités les plus importantes ont lieu à Dublin.

▸ stpatricksday.ie

La période de reproduction des macareux débute généralement fin mars. Jusqu'en juillet ou en août, guettez-les le long des côtes escarpées.

Les haies et coteaux se couvrent de fleurs d'ajoncs odorantes, d'un jaune éclatant.

Le week-end précédent le premier lundi de mai (férié) lance les festivités estivales.

MARS

Température maximale moyenne en journée : 12°C
Jours de pluie : 11

AVRIL

L'Irlande au PRINTEMPS

→ May the 4th Festival

Le comté de Kerry célèbre ses liens avec *Star Wars* à travers des concerts de musique de films et des danses traditionnelles irlandaises. Autour du 4 mai (May the Fourth, jeu de mot sur "May the Force be with you").

▸ Baile an Fheirtéaraigh (Ballyferriter)

▸ p. 193

↓ North West 200

Cette importante course de motos emprunte un parcours triangulaire entre Portrush, Portstewart et Coleraine, sur la Causeway Coast.

▸ northwest200.org

→ Kerry Camino

Participez à la randonnée annuelle sur le Kerry Camino lors du week-end férié de mai.

▸ Tralee

▸ p. 178

Température maximale moyenne en journée : 15°C
Jours de pluie : 11

MAI

Température maximale moyenne en journée : 15°C
Jours de pluie : 11

← Le Burren

Mai est la meilleure époque pour admirer les fleurs sauvages à l'occasion d'une randonnée dans le Burren.

▸ Comté de Clare

▸ p. 224

Dans la valise

Des vêtements chauds en cas de temps frais, un imperméable en cas de pluie, des lunettes de soleil en cas de soleil : un peu de tout !

DUBLIN
à la carte

INCONTOURNABLES ET TRÉSORS CACHÉS

La capitale irlandaise n'a rien à envier aux autres grandes villes du monde en matière de gastronomie, de culture et de vie nocturne. Pourtant, à moins d'une heure de route de son centre vous trouverez des cols paisibles, des loughs mélancoliques et de jolis villages côtiers. Préparez votre sac à dos et partez pour une randonnée en montagne ou une virée à la plage.

Feuille de route

Ville principale Dublin

Durée Une semaine environ

Se déplacer Le réseau de transports en commun est excellent pour circuler dans Dublin, ce qui vous évitera de conduire dans les embouteillages et de tourner en rond pour une place de parking. Les trains locaux DART desservent Bray, Dalkey et Howth. Des bus partent pour les grandes villes, mais ne couvrent pas toutes les régions rurales : pour atteindre les Wicklow Mountains, la voiture est plus pratique.

À savoir Logez à Dublin et explorez les sites des environs pendant la journée.

Howth
Longez la falaise jusqu'au phare, jetez un œil au château, promenez-vous sur le port et faites un festin de fruits de mer ultrafrais.
½ journée

Dalkey
Partez pour le village historique de Dalkey, où vous attendent sentiers de randonnée, douces brises marines, châteaux en ruine et parcs forestiers.
½ journée

Bray
Admirez les jardins, le paysage et la cascade du domaine de Powerscourt Estate. Le sentier côtier de Bray Head part de la ville de Bray toute proche.
½ journée

Wicklow Mountains
Gravissez des montagnes, traversez forêts et *glens* et admirez la cascade de Glenmacnass. Non loin, le site monastique de Glendalough est l'un des plus visités d'Irlande.
1-2 jours

LA CÔTE SUD-OUEST
à la carte

INCONTOURNABLES ET TRÉSORS CACHÉS

Entre spots de surf, sentiers de randonnée, pubs à l'ancienne, nature sauvage, châteaux médiévaux et restaurants réputés, vous n'oublierez pas de sitôt votre périple sur le littoral des comtés de Kerry et de Cork. Gardez votre appareil photo à portée de main !

Feuille de route

Villes principales Tralee, Cork

Durée Une semaine environ

Se déplacer Les routes sinueuses de la péninsule s'explorent en voiture, les sites reculés étant mal desservis par les transports. Rejoignez les îles Skellig en bateau dans le cadre d'une excursion.

À savoir Les bateaux pour les îles Skellig ne circulent que de mi-mai à septembre, lorsque la météo le permet. Le nombre de visiteurs est limité ; réservez bien à l'avance.

Valentia Island
Un pont rejoint la jolie île de Valentia. Faites le tour de Bray Head à pied ou gravissez la Geokaun Mountain pour de belles vues sur les îles alentour.
1 jour

Skellig Islands
Embarquez pour une croisière vers le monastère reculé de Skellig Michael, transformé en temple Jedi de Luke Skywalker dans *Star Wars*, et observez les fous de Bassan de Little Skellig.
1 jour

Péninsule de Dingle
Partez sur la belle Slea Head Drive, trouvez un spot de surf et admirez le soleil couchant à Maharees avant de vous détendre dans les pubs de Dingle. Comptez trois jours pour une randonnée sur le Kerry Camino.
2-3 jours

Péninsule de Beara
Franchissez le col de Healy sans vous laisser distraire par la vue exceptionnelle. Arrêtez-vous sur les plages et dans les charmants villages. Au bout de la péninsule, prenez le téléphérique pour explorer Dursey Island.
1 jour

Cork
Arpentez la ville, testez les restaurants et visitez l'English Market. Partez en excursion pour les châteaux médiévaux, manoirs et plages du comté.
2-3 jours

Mizen Head et Sheep's Head
Sortez des sentiers battus en explorant l'ouest sauvage du comté de Cork. Admirez des cercles de pierres millénaires et faites un crochet par la péninsule isolée de Sheep's Head.
1 jour

LE NORD
à la carte

INCONTOURNABLES
ET TRÉSORS CACHÉS

Cap sur le Nord où vous alternerez entre villes dynamiques et campagnes paisibles. La région offre de belles possibilités de randonnées à pied, à vélo ou en kayak à travers des paysages variés. Après un délicieux repas, les occasions d'en apprendre davantage sur l'histoire de la région abondent.

Feuille de route

Villes principales Belfast, Derry

Durée 10 jours environ

Se déplacer Louez une voiture à Belfast. Autrement, des bus desservent les villes principales, et le vélo est un excellent moyen de transport : la National Cycle Route 93 relie Belfast à Derry tandis que l'Inishowen 100 fait une boucle de 100 miles (160 km) autour de la péninsule et que le Kingfisher Trail passe par le Lough Erne.

À savoir La Causeway Coastal Route est un itinéraire routier balisé de 193 km reliant Belfast à Derry.

Glenveagh National Park
Ces paysages préservés et mélancoliques faits de montagnes et de loughs s'explorent à pied ou à vélo. Observez la faune et visitez le Glenveagh Castle.
1 jour

Lough Erne
Explorez en canoë ou en kayak les îles monastiques du Lower Lough Erne et les eaux plus calmes de l'Upper Lough Erne. Ne manquez pas la ville insulaire d'Enniskillen.
1-2 jours

Péninsule d'Inishowen

Laissez les embruns vous caresser le visage à Malin Head, point le plus septentrional d'Irlande. Visitez châteaux et criques secrètes. Imprégnez-vous du calme ambiant et tentez d'apercevoir des oiseaux rares.

1-2 jours

Chaussée des Géants

Gardez du temps pour visiter la Chaussée et les sites des environs, de préférence à pied. Délectez-vous de whiskey Bushmills entre deux explorations de ruines médiévales.

1-2 jours

Côte nord d'Antrim

Découvrez les falaises et plages de la côte d'Antrim avant de faire une halte sur les lieux de tournage de *Game of Thrones*. Faites un détour par les splendides Glens d'Antrim.

1-2 jours

Derry

Arpentez les remparts de la ville et admirez les fresques de la People's Gallery. Visitez les excellents musées de la cité. Régalez-vous de produits de la mer et de bières artisanales.

1 jour

Belfast

Profitez pleinement des restaurants et de la vie nocturne. Visitez les musées et les sites liés au *Titanic*. La ville fait une bonne base pour des excursions à la journée.

2-3 jours

LE SUD-OUEST
à la carte

INCONTOURNABLES ET TRÉSORS CACHÉS

Le sud-ouest de l'Irlande s'explore sur une planche de surf, en kayak de mer, à vélo, sur un chemin de randonnée, ou tout simplement en dégustant une glace sur l'une des plages des comtés de Wexford et Waterford. Des activités plus familiales vous attendent dans les collines verdoyantes du comté voisin de Kilkenny.

Feuille de route

Villes principales Kilkenny, Wexford, Waterford

Durée 4-5 jours environ

Se déplacer Des trains relient les villes de Wexford, Waterford et Kilkenny à Dublin. Le cyclotourisme est très fréquent dans la région, mais la voiture reste plus pratique.

À savoir Le Passage East Ferry, car-ferry sur la rivière Suir reliant Ballyhack à Passage East et Waterford, évite un long détour – utile si vous longez la côte en voiture ou à vélo entre Wexford et Waterford.

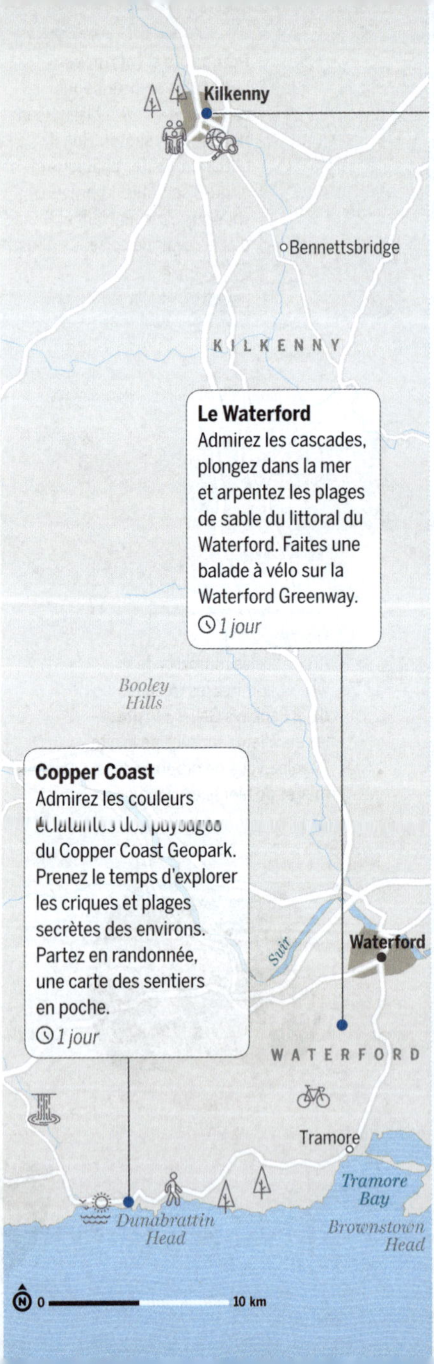

Kilkenny

Assistez à un match de hurling à Kilkenny, où jouent les Cats. Entre autres distractions, les enfants apprécieront le Castlecomer Discovery Park.

1 jour

Plages du Wexford

Plantez vos orteils dans le sable, et, s'il fait beau, paressez sur les dunes en savourant une glace.

1-2 jours

Péninsule de Hook Head

Faites une virée en kayak au coucher du soleil, entouré de phoques et de dauphins. La route menant de Fethard-on-Sea à Hook Head longe des châteaux en ruine, des baies abritées et le vieux phare de Hook Head, toujours en activité .

½ journée

Saltee Islands

Prenez le ferry pour découvrir ces îles uniquement peuplées de phoques, de macareux et d'autres oiseaux marins.

½ journée

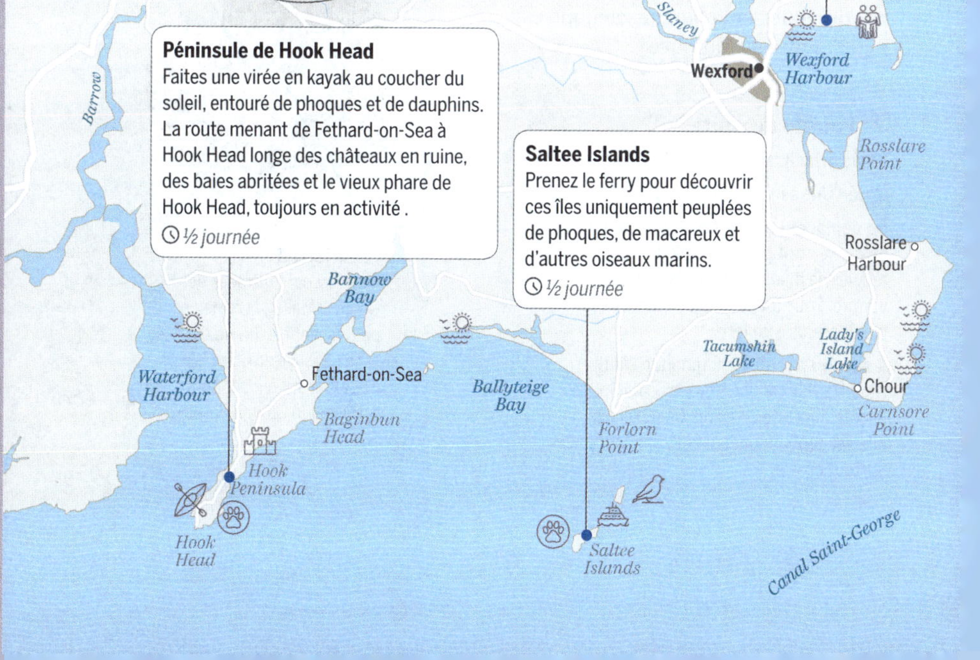

LA CÔTE OUEST
à la carte

INCONTOURNABLES ET TRÉSORS CACHÉS

Le nord-ouest de l'Irlande dévoile des paysages superbement préservés, avec ses péninsules sauvages dont les sentiers longent le sommet de falaises déchiquetées, des phares solitaires et d'interminables baies ensablées. La culture gaélique imprègne une partie de la région, où les sessions de musique traditionnelle sont presque quotidiennes et la langue gaélique est régulièrement pratiquée.

Feuille de route

Villes principales Galway, Sligo

Durée Une semaine environ

Se déplacer Les transports en commun ne desservant pas les points les plus reculés, le mieux reste de louer une voiture. Pour Tory Island et Clare Island, il faut prendre un ferry.

À savoir La route panoramique Wild Atlantic Way (wildatlanticway.com) longe la côte ouest de l'Irlande. Bien balisée, elle est cependant souvent congestionnée, surtout en été.

Tory Island
Arpentez le littoral escarpé de l'île, aux falaises peuplées de macareux. Passez une nuit sur place pour assister à une session de danse traditionnelle.
1-2 jours

Clare Island
Marchez sur les traces de Grace O'Malley, la reine des pirates, dont la devise familiale orne l'abbaye de Clare Island. De retour sur le continent, gravissez le Croagh Patrick.
1 jour

Plages du Donegal

Paressez sur le sable, plongez dans l'océan ou partez surfer. Reprenez des forces dans les bars et restaurants de Dunfanaghy avant d'explorer le littoral.

1-2 jours

Sliabh Liag (Slieve League)

Grimpez au sommet des falaises de Slieve League ou embarquez à bord d'un bateau pour admirer la côte depuis l'océan. Explorez les péninsules et les baies des environs.

1 jour

Péninsules de Fanad et de Rosguill

Faites le tour de la péninsule de Fanad puis franchissez le pont menant à celle de Rosguill. Traversez ses paysages rocheux et ses plages en voiture ou à vélo.

1 jour

Côte du Sligo

Initiez-vous au surf sur les petites vagues d'Enniscrone ou lancez-vous sur les monstres d'écume de Mullaghmore. Autrement, optez pour le kayak de mer.

1 jour

Galway

Écoutez les meilleurs musiciens traditionnels du pays dans les pubs de Galway et goûtez aux huîtres de la baie. Passez la journée dans le Connemara et ses environs.

2 jours

LE LONG DU SHANNON
à la carte

INCONTOURNABLES ET TRÉSORS CACHÉS

Suivre le Shannon jusqu'à l'Atlantique, c'est prendre le temps de découvrir les paysages vallonnés de l'intérieur des terres. À l'embouchure vous attendent les merveilles sauvages de Loop Head, les falaises de Moher et la beauté hypnotique du Burren.

Feuille de route

Villes principales Carrick-on-Shannon, Limerick

Durée Une semaine environ

Se déplacer Suivez le cours du Shannon en voiture, à vélo ou en bateau. Au nord de Lough Ree, Carrick-on-Shannon, bien desservi par les transports, est un bon point de départ pour une croisière fluviale.

À savoir Louez un bateau à moteur pour naviguer sur le Shannon. Très lentes (10 à 15 nœuds max), ces embarcations ne nécessitent pas de permis.

Lough Ree

Faites trempette en famille au parc aquatique et observez les oiseaux migrateurs, tels que cygnes chanteurs et courlis.

1 jour

Le Burren

Errez sur les nombreux sentiers qui serpentent à travers les paysages désolés du plateau karstique, riches de sites anciens et d'une faune variée.

1-2 jours

Lough Derg

Visitez le site monastique d'Inis Cealtra en bateau et admirez les hautes croix, la tour ronde et les églises. Les passionnés d'histoire ne manqueront pas le joli village de Killaloe.

1 jour

Foynes

Faites une halte à Foynes pour y découvrir l'histoire du premier vol commercial transatlantique.

½ journée

7 choses à savoir sur L'IRLANDE

CONSEILS D'INITIÉS POUR PARTIR DU BON PIED

1 La Gaeltacht

On appelle Gaeltacht l'ensemble des régions (Gaeltachtaí au pluriel) où la principale langue parlée est le gaélique (*Gaeilge*) ; elles incluent une grande partie des comtés de Donegal, Mayo, Galway et Kerry et certains secteurs des comtés de Cork, Meath et Waterford. Vous y entendrez probablement les habitants discuter en gaélique, même si tous parlent également l'anglais. En été, des cours de gaélique pour tous niveaux sont donnés dans divers lieux des Gaeltachtaí.

2 Conversations

Les Irlandais sont généralement amicaux mais réservés, et évitent les sujets controversés. Ne posez pas de questions directes trop tôt, particulièrement en matière de politique – cette thématique peut être sensible. L'humour fait exception : les taquineries peuvent revêtir un caractère assez personnel mais restent habituellement bon enfant. L'humour irlandais est parfois très noir, et il n'y a guère de sujets tabous quand il s'agit de plaisanter.

3 L'heure du thé

Le thé est la boisson nationale officieuse, et nombre d'Irlandais en consomment plusieurs tasses par jour. Si vous êtes invité chez quelqu'un, on vous proposera sûrement de prendre un thé, accompagné de biscuits à tremper.

4 Le dîner

Les restaurants ferment généralement beaucoup plus tôt que dans le reste de l'Europe. En zone rurale, il arrive que la cuisine ferme à 20h ; n'allez pas dîner au dernier moment.

▶ Pour en savoir plus sur la cuisine irlandaise, voir p. 16.

5 Pluie en perspective

Le climat de l'Irlande est tempéré et variable. La pluie est une possibilité à tout moment de l'année – tout comme le soleil. Emportez un imperméable (les parapluies ne sont guère utiles lorsqu'il y a du vent) et superposez plusieurs vêtements que vous enlèverez si le soleil fait son apparition. Il arrive qu'il neige quelques jours en hiver, mais ce n'est pas systématique.

▶ Pour en savoir plus sur les saisons, voir le calendrier p. 22.

6 Termes usités

Banjaxed Cassé au-delà du réparable, ou très ivre.

Bold Vilain ; généralement utilisé en parlant d'un enfant ("*don't be bold*" : "ne sois pas vilain").

Craic Divertissant, amusant ; s'utilise pour se saluer ("*what's the craic?*"), pour décrire un bon moment ("*great craic*") ou quelqu'un de bonne compagnie ("*she's good craic*").

Dander En Irlande du Nord, promenade ("*let's take a dander to the shops*" : "allons faire un tour dans les magasins").

Eejit Idiot Bêta ; souvent utilisé de manière affectueuse ("*you big eejit*" : "mon gros bêta").

Gas Amusant ; peut servir à décrire une personne ou une situation.

Grand Bien, correct ; s'utilise pour valider une proposition ("*grand !*"), indiquer qu'un événement s'est bien passé ("*it was grand*") ou comme formule de politesse ("*you're grand*" : "pas de problème", "ne t'en fais pas", "non merci").

Lash Nombreux sens, comme aller boire un verre ("*out on the lash*") ou pleuvoir ("*it's lashing down*").

Quare Terme d'insistance ("*there's a quare wind blowing*" : "il y a vraiment beaucoup de vent").

Yoke Tout objet proche.

Les Irlandais jurent beaucoup ; attendez-vous à un langage fleuri ! Les mots grossiers peuvent ponctuer les conversations sans qu'il y ait d'intention d'insulter ou d'offenser.

▶ Pour en savoir plus sur la langue, voir p. 292.

7 "Culture pub"

En Irlande, c'est au pub que les gens se retrouvent pour converser et prendre une bière. Les groupes d'amis paient généralement leur tournée à tour de rôle. Il arrive fréquemment que des musiciens locaux se réunissent pour des sessions de musique traditionnelle informelles autour d'une table.

▶ Pour en savoir plus sur la bière et la musique traditionnelle, voir p. 18.

Inspirations

À LIRE

Milkman (Anna Burns, 2018 ; Joëlle Losfeld, 2021). Pendant la période des Troubles, en Irlande du Nord, une jeune femme est la proie d'un manipulateur. Un récit teinté d'humour noir sur la vie quotidienne pendant le conflit nord-irlandais, couronné du Man Booker Prize 2018.

Normal People (Sally Rooney, 2018 ; Éd. de L'Olivier, 2021). Le récit poignant des amours orageuses d'un couple d'adolescents à l'orée de leur vie d'adulte. Le livre a reçu l'Irish Book Awards 2018 et a été adapté en série à l'écran.

Les Cendres d'Angela (Frank McCourt, 1996 ; Pocket, 2011). L'auteur raconte son enfance à Limerick, lorsqu'il vivait dans la pauvreté. Ce best-seller, lauréat du prix Pulitzer en 1997, a aussi fait l'objet d'une adaptation au cinéma en 1999.

La Mer (John Banville, 2005 ; 10/18, 2009). Un homme dont la femme vient de mourir revient sur les lieux de son enfance, au bord de la mer. Une réflexion passionnante sur le deuil et la mémoire au milieu des paysages du Wexford.

À ÉCOUTER

Go Bravely (Denise Chaila, 2020). Du hip-hop engagé par une rappeuse, poète et chanteuse d'origine zambienne.

A Hero's Death (Fontaines DC, 2020 ; photo ci-contre). Après le succès de *Dogrel*, la même rage émane du nouvel album de ce groupe de post-punk dublinois.

First Prize Bravery (Sorcha Richardson, 2019). Une pop joyeuse et légère par une auteure-interprète émergente de la scène dublinoise.

Irish History Podcast (en anglais). De l'invasion normande à la Grande Famine, retrouvez toute l'histoire d'Irlande dans le podcast de Fin Dwyer.

DAVID WOLFF - PATRICK/GETTY IMAGES ©

Playlist pour la route
Gulf Stream, U2, The Divine Comedy, The Dubliners, The Corrs, Hozier, The Cranberries, Van Morrison, Sinead O'Connor, BO de Titanic, Michel Sardou (en sillonnant le Connemara !)...

À VOIR

Normal People (2020). Mini-série de 12 épisodes adaptée du roman de Sally Rooney (2018), dont l'action se passe à Sligo et Dublin.

Derry Girls (2018-en production). Cette série comique met en scène des écolières de Derry dans les années 1990.

Le Peuple Loup (de Tomm Moor et Ross Stewart, 2020). Création de Cartoon Saloon, studio d'animation de Kilkenny, c'est le troisième volet d'une trilogie consacrée au folklore irlandais.

Good Vibrations (2013). L'histoire de Terri Hooley, patron d'une maison de disque de Belfast, et de la scène punk-rock locale.

Michael Collins (1996). Liam Neeson est à l'affiche de ce biopic primé aux Oscars, signé Neil Jordan.

L'Irlandais (www.l-irlandais.fr). Conseils pour séjourner ou s'installer en Irlande, par un expatrié français.

@Tourismeirlandais Photos, inspirations, tutos, recettes... de l'office du tourisme irlandais.

Raconte-moi l'Irlande (raconte-moi-l-irlande.com). Les découvertes de la culture locale d'une Française expatriée en Irlande.

@VacancesIrlande Le compte Twitter de l'office du tourisme irlandais.

@Chrishillphotographer Joli compte Instagram.

DUBLIN

CULTURE | HISTOIRE | ÉCHAPPÉES BELLES

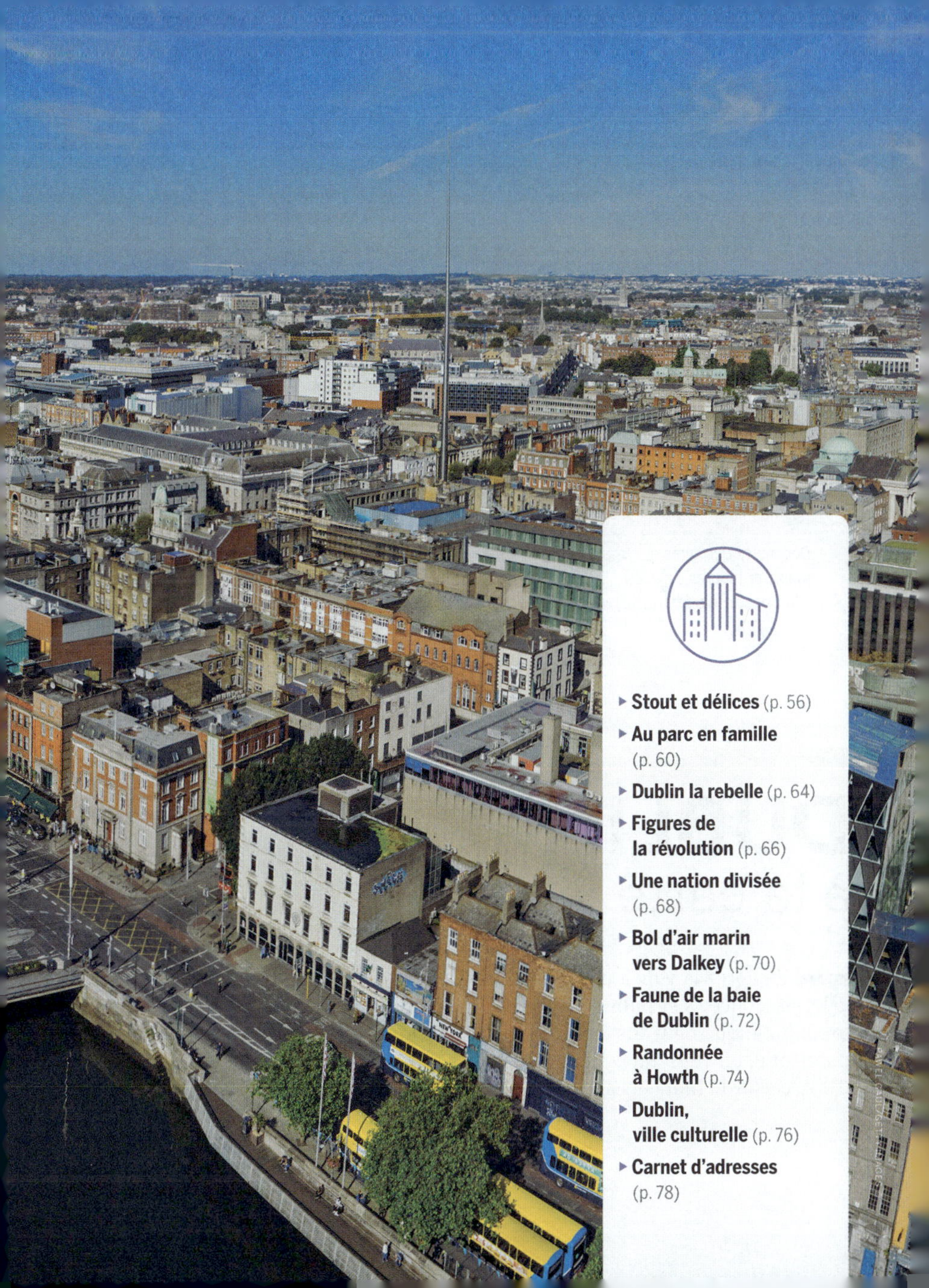

DUBLIN
à la carte

Explorez la ville à pied au fil des musées, galeries, concerts et pubs séculaires, ou emportez un pique-nique pour une balade vivifiante le long du littoral, où vous aurez peut-être l'occasion d'apercevoir la faune locale.

Howth 7 km
(voir encart)
0
2 km
Observez phoques, lièvres irlandais et oiseaux de mer à **North Bull Island** (p. 73)
½ journée
EAST WALL
Port de Dublin
Port
Savourez une Guinness au **Mulligan's**, pub séculaire de Poolbeg Street (p. 59)
1 heure
SANDYMOUNT
Howth
Port de Howth
Mer d'Irlande
Suivez le **Howth Cliff Path** du port de Howth au phare de Baily (p. 75)
½ journée
HOWTH
Péninsule de Howth
Baily Lighthouse
0
2 km
Visitez la petite cité de **Blackrock** et savourez un *poke bowl* ou un repas dans un restaurant étoilé au Michelin (p. 57)
½ journée
Partez voir la mer et fouler les sentiers escarpés du **Killiney Hill Park** (p. 71)
½ journée
Killiney Hill Park
(4,5 km)

Informations pratiques

ABD/SHUTTERSTOCK ©

À L'ARRIVÉE

Aéroport de Dublin Les billets de bus Airlink Express pour le centre-ville coûtent 7 € sur airlinkexpress.ie. Les bus Aircoach desservent le centre-ville (7 €) et diverses villes de banlieue. Un taxi pour le centre-ville coûte 25-40 €.

Gares de Heuston et Connolly Les trains venant du sud et de l'ouest de l'Irlande arrivent à la gare de Heuston, desservie par le tram Luas et plusieurs lignes de bus. Les trains venant du nord et du sud-est de l'Irlande arrivent à la gare de Connolly, également reliée aux réseaux DART et Luas.

BUDGET

Un thé
2,90 €

Une pinte de Guinness
5,50 €

Un sandwich grillé
7 €

QUAND Y ALLER

JAN - MARS
Temps froid et journées courtes. Le soleil se couche plus tard vers mars.

AVR - JUIN
Temps plus doux et sec ; prévoyez quand même un vêtement de pluie.

JUIL - SEPT
Saison la plus chaude (juil-août) et la plus sèche, mais le temps reste changeant.

OCT - DÉC
La température se rafraîchit et les journées raccourcissent : la nuit tombe vite.

COMMENT CIRCULER

À pied La ville se découvre très facilement à pied.

Bus Dublin Bus gère le réseau de bus du comté. Les bus circulent de 6h à 23h30 environ, avec des plages plus tardives le week-end. Téléchargez l'application Dublin Bus pour connaître les horaires en temps réel.

Train et tram Deux lignes de tram Luas desservent la banlieue. Le train DART longe la côte vers Howth ou Malahide au nord et Greystones au sud. La carte Leap (caution 5 €) donne accès à des tarifs réduits dans les bus, les trams Luas, les trains DART et les autres trains. Des forfaits illimités sont disponibles pour 1, 3 ou 7 jours.

SE RESTAURER ET PRENDRE UN VERRE

Fish and chips Pour un authentique *fish and chips* à emporter, goûtez le cabillaud fumé du Leo Burdock à Christchurch et Temple Bar (p. 83) ou allez au Beshoff (p. 83) dans O'Connell St. Sinon, dînez au Fish Shop (p. 83) de Benburb St et accompagnez votre poisson d'un verre de vin naturel.

Petit déjeuner irlandais Si votre hébergement ne sert pas de *full Irish breakfast* (composé de saucisses, œufs, bacon, tomates, boudin noir, boudin blanc, pain grillé et thé), assurez-vous d'en commander un dans un café.

Meilleur sandwich
Le sandwich façon rôti du dimanche de Tír Deli (p. 58)

Meilleur food truck de la mer
The Salty Buoy (p. 58)

SE CONNECTER ET S'ORIENTER

Wi-Fi Le Wi-Fi est gratuit dans la plupart des hôtels et cafés ainsi que sur les réseaux de Dublin Bus et d'Irish Rail.

Orientation La ville est divisée en districts postaux (ex : Dublin 2, Dublin 7). Les nombres pairs se trouvent principalement dans les quartiers sud et les nombres impairs au nord.

GRATUITÉ

Plusieurs musées sont gratuits à Dublin, notamment les trois musées nationaux, la National Gallery, la Chester Beatty, la Hugh Lane Gallery et l'Irish Museum of Modern Art.

OÙ LOGER

Les hébergements peuvent être chers à Dublin lors des festivals ou des grands évènements. Réservez bien à l'avance pour obtenir les meilleurs prix.

Quartier	Caractéristiques
St Stephen's Green et Harcourt Street	Proche des musées du quartier georgien ainsi que de la vie nocturne et des magasins de Grafton Street.
Temple Bar	Idéal pour sortir le soir et visiter les principaux sites. Parfois bruyant, surtout le week-end.
Ballsbridge	Banlieue chic avec un bon choix d'hôtels. À environ 20 minutes à pied du centre-ville.
Smithfield	Le centre-ville et Phoenix Park sont accessibles à pied.
O'Connell Street et centre-ville	Bon choix d'hôtels, d'auberges de jeunesse et de B&B. La nuit, préférez les rues principales bien éclairées.
The Liberties	Ce quartier dynamique est l'un des plus anciens de Dublin. Centre-ville accessible à pied.

ARGENT

Les cartes bancaires sont acceptées dans la plupart des magasins et les DAB abondent. Les tarifs pour les repas pris en début de soirée ainsi que les tarifs réduits étudiants, seniors et familles sont souvent intéressants.

Les grands classiques

Pour les infos pratiques de chaque site, reportez-vous au Carnet d'adresses p. 78.

Trinity College

La plus prestigieuse université d'Irlande, chef-d'œuvre architectural et paysager, est aussi le plus beau monument historique de Dublin, magnifiquement préservé dans des styles georgien et victorien. Parmi ses principaux trésors, le *Book of Kells*, un splendide évangéliaire enluminé daté de l'an 800, conservé dans l'Old Library, œuvre des moines du monastère de St Colmcille, installé sur l'île écossaise d'Iona, ainsi qu'un exemplaire rare de la Proclamation de la République irlandaise, lue par Patrick Pearse lors de l'insurrection de Pâques 1916. Les 65 m de rayonnages de la Long Room, coiffée d'une voûte en berceau, abritent 200 000 des plus anciens volumes de la bibliothèque.

SOMETHINGIRISH/ISTOCKPHOTO.COM ©

Chester Beatty

Au sein du château de Dublin, cette bibliothèque de renommée mondiale renferme la collection de sir Alfred Chester Beatty (1875-1968), ingénieur des mines dont l'exceptionnelle collection comprend plus de 20 000 manuscrits, livres rares, enluminures, tablettes d'argile, costumes et autres objets de grande valeur historique.

THE TRUSTEES OF THE CHESTER BEATTY LIBRARY, DUBLIN ©

Dublin Castle

Bastion du pouvoir normand puis britannique en Irlande durant sept siècles, le château de Dublin ressemble pourtant davantage à un palais de style composite, essentiellement du XVIIIe siècle, qu'à une forteresse médiévale, bien qu'en subsiste une tour du XIIIe siècle.

JBYARD/ ISTOCKPHOTO.COM ©

BIFFBOFFBIFF/ISTOCKPHOTO.COM ©

Christ Church Cathedral

Perchée sur une colline, et reconnaissable à ses superbes arcs-boutants, cette cathédrale fondée en 1030 est la plus photogénique des trois cathédrales de Dublin, et l'un des monuments les plus emblématiques de la ville. Un pont mène à Dublinia, musée interactif retraçant les époques viking et médiévale.

St Patrick's Cathedral

Élevée à l'endroit même où saint Patrick aurait baptisé les chefs celtiques locaux, la cathédrale Saint-Patrick (XIIIe siècle) fait partie des sites chrétiens les plus anciens et les plus sacrés de Dublin. L'écrivain Jonathan Swift (1667-1745), qui y fut le doyen de 1713 à 1745, y est inhumé.

DAVID SOANES PHOTOGRAPHY/GETTY IMAGES ©

ANTON_IVANOV/SHUTTERSTOCK ©

National Museum of Ireland – Archeology

La plus éminente institution culturelle du pays compte quatre sites, dont le principal est dédié à l'archéologie. Il réunit des objets en or des âges du bronze et du fer de toute l'Europe, la collection la plus complète de ferronnerie médiévale celte au monde, ainsi que de captivants objets préhistoriques et vikings. Clou de la collection, le Trésor comprend notamment les deux artefacts les plus célèbres d'Irlande, le calice d'Ardagh et la broche de Tara.

National Gallery

L'*Arrestation du Christ* du Caravage et une extraordinaire collection d'œuvres de Jack B. Yeats – frère cadet du poète – comptent parmi les temps forts de la visite à la National Gallery, dont l'excellente collection est riche de maîtres de la peinture irlandaise, tels William Orpen, Roderic O'Conor et Paul Henry, ainsi que de nombreux grands noms de la peinture européenne, de Fra Angelico à Picasso en passant par Vermeer, Rembrandt, Gainsborough, Hogarth et Goya.

BENOIT DAOUST/SHUTTERSTOCK ©

Guinness Storehouse

Plus que toute autre bière, la Guinness a transcendé sa propre marque. Ce passage obligé, quasi-pèlerinage, des amateurs de bière est un hommage multimédia au plus célèbre des produits d'exportation irlandais et au symbole le plus immuable de la ville. Le musée, sur 7 niveaux, est installé au cœur de la St James's Gate Brewery.

ANTON_IVANOV/SHUTTERSTOCK ©

Kilmainham Gaol

Pour comprendre l'histoire de l'Irlande, la visite de cette prison de sinistre mémoire s'impose. Lieu de détention de nombreuses figures du nationalisme, ce sombre et robuste bâtiment fut en effet le théâtre des étapes les plus douloureuses et les plus héroïques du chemin vers l'indépendance. Aujourd'hui encore, ses murs résonnent des souffrances endurées sous l'occupation britannique.

MATTHI/STOCK.ADOBE.COM ©

NATIONAL MUSEUM OF IRELAND ©

National Museum of Ireland – Decorative Arts & History

Achevé en 1704, ce splendide édifice néoclassique en pierre grise, sur la rive nord de la Liffey, abrite les collections du musée national d'Arts décoratifs et d'Histoire (NMI), retraçant notamment l'histoire de l'insurrection de Pâques 1916 ou le travail d'Eileen Gray (1878-1976), célèbre designer irlandaise. Aujourd'hui, la plupart des Dublinois appellent ce musée "Collins Barracks" du nom de la caserne militaire qu'il occupe, jadis la plus grande du monde.

DUDLAJZOV/ STOCK.ADOBE.COM ©

St Stephen's Green

Difficile d'imaginer, lorsqu'on observe les promeneurs et les familles qui se détendent dans les 9 ha de ce beau parc paysager, le plus prisé de la capitale, qu'il était jadis le lieu d'exécution publique des condamnations au fouet, au bûcher ou à la pendaison.

MNSTUDIO/STOCK.ADOBE.COM ©

Brú na Bóinne

À 50 km au nord de Dublin, la vaste nécropole néolithique de Brú na Bóinne ("palais de la Boyne") est l'un des sites préhistoriques les plus remarquables d'Europe. Antérieure de 1 000 ans à Stonehenge, elle témoigne des prouesses incroyables dont étaient capables les peuples préhistoriques. Elle comprend plusieurs sites, dont les trois principaux sont Newgrange, Knowth et Dowth.

01 Stout et DÉLICES

CUISINE | BIÈRE | HISTOIRE

La scène culinaire de Dublin met à l'honneur les ingrédients de saison et les circuits "de la ferme à l'assiette", profitant ainsi pleinement des excellents produits irlandais. Certains des meilleurs restaurants se trouvent en banlieue, et il y a encore des pubs de campagne dans l'agglomération dublinoise.

PATRICIA HOFMEESTER/500PX/SHUTTERSTOCK ©

En pratique

Circuler Téléchargez les applications de dublinbus.ie et irishrail.ie pour connaître les horaires des transports en commun et planifier vos itinéraires. Le train DART qui longe la côte jusqu'à Blackrock traverse de très jolis paysages.

Quand Vous pourrez boire, manger et vous amuser en toutes saisons. En été, préparez-vous à affronter une foule de visiteurs et à faire la queue.

Argent Gardez toujours un peu d'espèces sur vous, en particulier pour les marchés et en cas de panne des lecteurs de cartes bancaires.

CAROLIN VOELKER/GETTY IMAGES ©

Cuisine primée Blackrock, sur la côte sud de Dublin, est une destination de choix pour découvrir des restaurants primés par le guide Michelin, comme le **Liath** (p. 82), auréolé d'une étoile, et le restaurant italien **Volpe Nera** (p. 82), récompensé par un Bib Gourmand au Michelin.

Craft (p. 82), à Harold's Cross, au sud de la capitale, utilise exclusivement des produits de saison et propose une cuisine irlandaise moderne et raffinée à tarifs raisonnables. La **Locks Brasserie** (p. 82), très prisée des Dublinois, sert des plats français revisités et jouit d'une belle vue sur le Grand Canal.

Si les restaurants moyen-orientaux abondent à Dublin, comme **Brother Hubbard** (www.brotherhubbard.ie), **Shouk** (p. 82), situé à Drumcondra, est l'un des plus populaires : on y sert les meilleurs *arayes* (pains pita garnis

LENSMEN/SHUTTERSTOCK ©

Marchés du week-end des environs

Hook't Fish&Chips, au **Blackrock Market** (p. 83), n'utilise que du poisson frais pêché localement. Ses frites à base de véritables pommes de terre d'Irlande sont coupées à la main. Goûtez aussi les viandes fumées de Man Street Kitchen au **Red Stables Market** (p. 84), à Raheny, dans les quartiers nord.

À gauche Plateau d'huîtres **En haut à gauche** Quartier de Temple Bar **En haut à droite** Olives sur un étal de marché à Dublin d'agneau ou de bœuf haché, d'oignons, et parfumés aux épices) de la ville.

Cuisine de rue La cuisine de rue connaît un véritable essor, avec la multiplication des food trucks dans tout Dublin. La concurrence est rude, stimulant la variété et la qualité de l'offre.

Avec ses tacos dignes de la *street food* new-yorkaise, **La Cocina Cuevas** (p. 83) mérite à elle seule le déplacement jusqu'au nord du comté de Dublin (à Naul). La sauce servie avec les Birria Queso Tacos (au bœuf mijoté et au fromage Monterey Jack) est si délicieuse qu'on la boirait presque !

Nul besoin de gagner la côte pour se régaler de fruits de mer. Le food truck Citroën du **Salty Buoy** (p. 83), installé devant le pub Peggy Kelly's à Harold's Cross, est idéal pour déguster des huîtres fraîches et une pinte de Guinness.

La cuisine de rue asiatique atteint des sommets au **Bites by Kwanghi** (p. 83),

Passion sandwichs

Les Irlandais adorent les sandwichs. La scène culinaire dublinoise est incroyablement diverse, mais le classique *toastie* (sandwich grillé) reste une obsession nationale, en particulier servi avec une pinte de Guinness crémeuse. Goûtez ceux réputés de **Grogan's** (p. 83) dans le centre-ville.

À Malahide, le sandwich grillé au fromage du food truck **Griolladh** (p. 83) – "grillade" en irlandais – atteint des sommets grâce à son association de trois fromages. À **Tír Deli** (p. 83), installé dans le sud de Dublin, on met à l'honneur les viandes fumées irlandaises. Ajoutez des légumes locaux rôtis, placez le tout entre deux moelleuses tranches de pain, et vous obtenez le traditionnel "rôti du dimanche dans un sandwich.

À gauche Un classique : le sandwich BLT (bacon, laitue, tomate)
Ci-dessous Le pub John Kavanagh, surnommé "The Gravediggers" ("Les Fossoyeurs")

garé au **Leopardstown Inn**. Vous hésitez entre l'effiloché de porc sauce hoisin et le poulet frit coréen ? Goûtez les deux !

Côté pubs Surnommé "la maison de la pinte", le **Mulligan's** (p. 84), fondé en 1782, a accueilli des générations de Dublinois, dont James Joyce qui fut un habitué des lieux. Le **Leonard's Corner** (p. 84) est son principal rival en matière de bière. Dans ce merveilleux pub de quartier près du Grand Canal, le barman se targue de servir la plus belle pinte de Dublin.

Niché dans le mur d'enceinte de l'un de plus vieux cimetières de Dublin, dans le quartier nord de Glasnevin, le **John Kavanagh** étanche la soif des fossoyeurs depuis 1833, d'où son surnom local, "**The Gravediggers**" (p. 84). Le bel intérieur victorien n'a guère changé, et il n'y a ni musique ni écran TV. Idéal pour discuter et savourer tranquillement une bière.

Ambiance bucolique Au pied des montagnes du Wicklow, le pub rural **The Blue Light** (p. 83) jouit de la plus belle vue du comté. On s'y presse pour ses sessions musicales régulières, sa cheminée chaleureuse et sa terrasse estivale, de l'autre côté de la route.

Dans l'ouest de Dublin, sur la rive nord de la Liffey et au cœur de la vallée de Strawberry Beds,

The Wren's Nest (p. 85) est un authentique pub de campagne fondé à la fin du XVIe siècle. On y embouteilla la Guinness fournie en tonneaux jusque dans les années 1960 : les propriétaires en savent donc long sur cet "or noir".

02 Au parc EN FAMILLE

PARCS | FAMILLE | FAUNE

Pénétrez dans l'un des vastes espaces verts de la ville pour échapper à la frénésie urbaine et, au fil des jolis parcs et jardins, découvrez pourquoi les Dublinois se passionnent tant pour les sorties au grand air.

En pratique

Circuler Nul besoin de louer une voiture pour visiter Dublin. Bien desservis par les transports en commun et d'accès facile, les parcs plairont tout autant aux promeneurs solitaires qu'aux familles.

Quand Les parcs sont très fréquentés de mai à août, lorsque les températures sont plus clémentes, et dès qu'il y a un rayon de soleil.

Pique-nique Joignez-vous aux habitants en pause-déjeuner dans les parcs tels que St Stephen's Green et les Dubh Linn Gardens.

Havre de paix Proche d'O'Connell Street, le célèbre **Garden of Remembrance** (p. 79), est très apprécié pour sa beauté paisible en plein cœur de la ville. Il est dédié à "tous ceux qui donnèrent leur vie pour la libération de l'Irlande".

Blessington Street Basin, surnommé le "jardin secret" de Dublin (p. 80), est l'un des parcs les plus insolites de la ville. À moins de 15 minutes de marche au nord de O'Connell Street, il est formé à 80% d'eau. Cet ancien réservoir, ceint de hauts murs de pierre, est devenu une paisible oasis pour les résidents.

Nature sauvage en ville Introduits au XVIIe siècle, des daims sauvages s'ébattent en liberté au **Phoenix Park** (p. 81), le plus grand parc urbain clos d'Europe, à seulement 3 km à l'ouest du centre-ville. "The Phoeno", comme le surnomment les résidents,

Petits naturalistes

Dans certains parcs, les enfants pourront tout savoir sur les espèces andémiques d'Irlande en téléchargeant les packs Nature Tree Trail (dublincity.ie). Ils comprennent des itinéraires de découverte conçus pour les familles et des informations sur les arbres des parcs de la ville. Crayonnez sur une feuille pour révéler les messages en relief des plaques que vous croisez.

À gauche Garden of Remembrance **En haut à gauche** Daims, Phoenix Park **En haut à droite** Tulipes, National Botanic Gardens (p. 81)

comprend 707 ha d'espaces récréatifs et joue un rôle important en matière de biodiversité urbaine. À proximité, le **Dublin Zoo** (p. 81) est également très prisé des familles.

Les paisibles **National Botanic Gardens** (p. 81) à Glasnevin, font un merveilleux lieu de promenade, notamment en été. Les visiteurs de tous âges y parcourent un vaste domaine, des jardins clos et des verrières restaurées. Juste à côté, le remarquable **Glasnevin Cemetery** (p. 79) est un cimetière historique relié aux jardins botaniques par un chemin piétonnier : idéal pour se promener par un bel après-midi d'automne.

Au-delà du centre de Dublin

Les parcs situés hors du centre urbain sont généralement plus tranquilles. Précipitez-vous au **St Anne's Park** (p. 81), à Clontarf East, pour profiter de vastes espaces verts

Avec des enfants

Corkagh Park (p. 81) Largement sous-estimé, ce parc de Clondalkin est un écrin de verdure en ville avec ses 120 ha de collines vallonnées, ses arbres indigènes, une roseraie, un bois aux fées, une aire de jeux viking, des étangs de pêche et même un camping.

St Stephen's Green (p. 78) Doté d'une aire de jeux pour enfants et parsemé de monuments évoquant l'histoire de la ville, ce parc est idéalement placé pour une pause rapide au milieu d'une journée shopping.

Marlay Park (p. 81) Situé dans les quartiers sud de Rathfarnham et Ballinteer, ce parc abrite cafés, boutiques d'artisanat, aires de jeux, installations sportives et même un petit train.

Recommandé par Peter Kavanagh, podcaster et élu local à Clondalkin @thekavofficial

À gauche St Stephen's Green
Ci-dessous Cygne, Blackrock Park

à seulement 30 minutes du centre de Dublin via Dublin Bus. Le parc est prisé des propriétaires de chiens, avec un espace canin dédié.

Le samedi matin, observez les séances de tai-chi organisées par Suaimhneas (taichichuan.ie), à l'entrée du jardin clos. St Anne's possède aussi une piste de course réservée aux voitures télécommandées, où les bolides s'affrontent sous les encouragements des spectateurs.

À Blackrock, à 30 minutes au sud de la capitale, le **Blackrock Park** (p. 80), ouvert sur la baie de Dublin, possède une agréable piste cyclable, des équipements sportifs et un étang paisible doté d'une île.

Plus au sud, faites comme les habitants et partez en randonnée dans le **Killiney Hill Park** (p. 81) pour profiter d'une vue superbe sur la mer d'Irlande jusqu'à Dalkey Island. Les sentiers sont bordés de bois et d'ajoncs d'un jaune éclatant. Le parc se trouve à 20 minutes à pied de la gare DART de Killiney et se prête aux excursions d'une journée depuis le centre de la capitale.

À 30 minutes au nord-ouest de Dublin, le **Tolka Valley Regional Park** est un autre lieu d'évasion dont la rivière traverse plus de 120 ha de champs ondulants et de paisibles prairies.

À GAUCHE : TRABANTOS/SHUTTERSTOCK ©
À DROITE : FIREGLO/SHUTTERSTOCK ©

03 Dublin LA REBELLE

HISTOIRE | CULTURE | SITES RÉVOLUTIONNAIRES

Dublin fut le théâtre d'épisodes clés de l'histoire irlandaise au début du XXe siècle. Parmi les rébellions contre la domination britannique qui rythmèrent ses premières décennies, trois conflits révolutionnaires furent particulièrement marquants : l'insurrection de Pâques 1916, la guerre d'Indépendance irlandaise (1919-1921) et la guerre civile irlandaise (1922-1923).

SEMMICK PHOTO/SHUTTERSTOCK ©

En pratique

Circuler Les sites révolutionnaires du centre-ville sont aisément accessibles à pied. Pour des lieux plus éloignés tels que le Glasnevin Cemetery, prenez un Dublin Bus ou un vélo en libre-service (dublinbikes.ie).

Quand Les sites les plus populaires sont particulièrement prisés des touristes en été.

Lecture de la Proclamation de 1916 L'insurrection de Pâques 1916 est commémorée le dimanche de Pâques au matin, devant le GPO. Le drapeau irlandais est mis en berne à midi pour la lecture de la Proclamation.

DAMIEN STORAN/SHUTTERSTOCK ©

PETER KROCKA/SHUTTERSTOCK ©

Sur les traces des révolutionnaires

Un aperçu de la révolution L'imposante General Post Office (GPO), siège de la poste irlandaise depuis 1818, abrite le **GPO Museum** (p. 79), qui commémore l'insurrection de Pâques 1916. L'édifice lui-même est important historiquement car il abrita le quartier général des chefs de la rébellion et c'est sur son seuil que Patrick Pearse lut la Proclamation de la république d'Irlande le lundi de Pâcques 24 avril 1916.

Non loin de la GPO, les **Four Courts** (p. 79) furent le théâtre des premières heures de la guerre civile de 1922-1923 (opposant les indépendantistes irlandais pour et contre le traité de Londres ratifié en 1921) lorsque, le 28 juin 1922, l'Armée nationale irlandaise attaqua une garnison opposée au traité anglo-irlandais. Les combats firent rage pendant 60 heures.

Icônes féminines Les femmes jouèrent un rôle crucial dans la révolution, mais peu de monuments leur rendent hommage, à deux exceptions notables. Vous pourrez découvrir la statue de la nationaliste Constance Markievicz (p. 66), surnommée la "Comtesse rouge", et de son chien Poppett dans Tara St, et une plaque en l'honneur de Mary "Molly" Adrian sur le pont du village d'Oldtown, à 25 km au nord de Dublin. Cette vétérante de l'insurrection de 1916 dirigea la branche de Lusk du Cumann na mBan, un groupe paramilitaire entièrement féminin.

Mémoire du conflit Nombre de révolutionnaires perdirent la vie durant les premières décennies du XXe siècle. Certains des leaders les plus importants et plusieurs militants pour le droit de vote des femmes sont honorés au **Glasnevin Cemetery** (p. 79). On y trouve notamment les tombes de l'humaniste Roger Casement, de l'écrivain Arthur Griffith et de la suffragette Maud Gonne. Le **Arbour Hill Cemetery** (p. 78) abrite les dépouilles de 14 leaders de l'insurrection de Pâques, dont Patrick Pearse et James Connolly, exécutés à la prison de Kilmainham Gaol en 1916.

Ci-contre Glasnevin Cemetery
À gauche en haut Four Courts
À gauche en bas Lecture de la Proclamation

Femmes révolutionnaires

Le rôle éminent que jouèrent les Irlandaises pendant la révolution ne peut être ignoré, même si les hommages concrets restent rares à Dublin.

Le Cumann na mBan, un groupe paramilitaire féminin qui participa au combat pour la libération de l'Irlande, fut fondé au **Wynn's Hotel** (35-39 Lower Abbey St) en 1914.

Non loin, le **44 Gardiner Street** est orné d'une plaque rendant hommage à Molly O'Reilly, une adolescente qui dressa le drapeau vert à la harpe dorée au-dessus de Liberty Hall avant l'insurrection de 1916.

Durant la guerre civile, de nombreuses femmes furent incarcérées dans la prison de **Kilmainham Gaol** (p. 54) comme la caricaturiste politique Grace Gifford Plunkett, dont la fresque restaurée peut être vue sur place.

Recommandé par la guide touristique Marteen Lane (marteenlane.com ; @marteenlane)

FIGURES
de la révolution

03

01

06

02

04

05

01 Thomas J. Clarke (1858-1916)
Figure majeure de l'Irish Republican Brotherhood (IRB ; Fraternité républicaine irlandaise), et premier signataire de la Proclamation de la république d'Irlande, il fut exécuté le 3 mai 1916.

02 Patrick Pearse (1879-1916)
Ardent défenseur de la langue gaélique et directeur d'école, Pearse devint le chef politique et militaire des forces rebelles lors de l'insurrection de Pâques 1916. Il fut exécuté le 3 mai 1916.

03 Francis Sheehy-Skeffington (1878-1916)
Pacifiste et fervent militant pour le droit de vote des femmes, il fut pris en otage lors de l'insurrection de Pâques 1916 et assassiné le 26 avril sur ordre d'un officier britannique.

04 Joseph Plunkett (1887-1916)
Issu d'une famille riche et influente, Plunkett mit au point la stratégie militaire des forces rebelles lors de l'insurrection de Pâques. Il fut exécuté le 4 mai 1916.

05 Roger Casement (1864-1916)
Défenseur des droits humains et chef de l'insurrection de 1916, il s'illustra en 1904 lorsqu'il rendit publics les abus commis au Congo par les forces du roi belge Léopold II. Il fut condamné pour haute trahison contre la Couronne britannique et pendu à Londres le 3 août 1916.

06 Constance Markievicz (1868-1927)
Comtesse, suffragette et nationaliste, elle fut élue ministre du Travail lors de la formation du premier Dáil (Parlement irlandais), et devint ainsi la première femme ministre d'un gouvernement en Europe.

07

08

11

12

09

10

13

07 Kathleen Lynn (1874-1955)
Médecin-chef de l'Irish Citizens' Army (Armée citoyenne irlandaise) lors de l'insurrection de Pâques 1916, elle fut incarcérée à la prison de Kilmainham Gaol avec Constance Markievicz.

08 Elizabeth O'Farrell (1883-1957)
Elle participa à l'épisode le plus décisif de l'insurrection de 1916 en délivrant le message de capitulation aux troupes britanniques.

09 Grace Gifford Plunkett (1888-1955)
Caricaturiste politique, elle épousa Joseph Plunkett quelques heures avant son exécution. Après l'insurrection de Pâques, elle mit souvent son talent au service de la propagande nationaliste.

10 Michael Collins (1890-1922)
Directeur du renseignement de l'IRA et chef de l'IRB, il joua un rôle prépondérant durant la lutte pour l'indépendance.

11 Maud Gonne (1866-1953)
Suffragette et révolutionnaire républicaine, elle s'opposa au traité anglo-irlandais et créa la Womens' Prisoners Defence League pour la défense des droits des prisonnières.

12 Arthur Griffith (1871-1922)
Fondateur du parti Sinn Féin, Griffith mena les négociations irlandaises qui aboutirent au traité anglo-irlandais de 1921, qu'il signa avec Michael Collins.

13 Éamon de Valera (1882-1975)
Il combattit lors de l'insurrection de 1916 et devint le leader politique du mouvement révolutionnaire irlandais. Il fut par la suite Taoiseach (Premier ministre) puis président de l'Irlande.

Une nation divisée

COMMENT L'IRLANDE SE SCINDA EN DEUX ÉTATS

Le terme de révolution irlandaise se réfère à une série d'évènements de 1916 à 1923 qui entraînèrent des bouleversements politiques exceptionnels à travers l'île. Votre découverte de l'Irlande et de Dublin n'en sera que plus riche si vous êtes familier de la chronologie de cette période clé de l'histoire du pays.

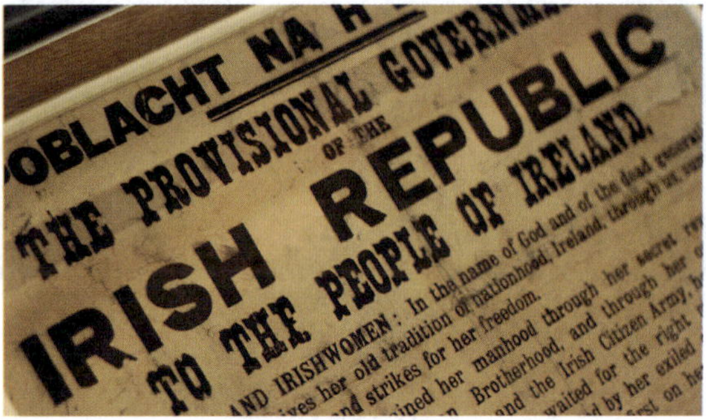

En 1912, le mouvement nationaliste irlandais était en plein essor et le Parlement britannique de Westminster s'apprêtait à voter une loi sur la gestion de l'île. Cette Home Rule prévoyait de donner à l'Irlande un gouvernement autonome limité au sein de l'Empire britannique. Les unionistes irlandais, essentiellement basés dans le nord-est, en Ulster, décidèrent de résister à la Home Rule en fondant une milice, l'Ulster Volunteer Force (UVF ; Force volontaire d'Ulster). Ils souhaitaient en effet rester sous l'autorité directe du Royaume-Uni.

Une milice défensive nationaliste, les Irish Volunteers, fut créée pour leur répondre. À la même période, une minorité séparatiste représentée par une société secrète, l'Irish Republican Brotherhood (IRB ; Fraternité républicaine irlandaise), revendiquait l'indépendance totale de l'Irlande, souhaitant ainsi mettre fin à 700 ans de domination britannique.

Comme l'explique l'historien irlandais Gerard Shannon, "des leaders clés de l'IRB infiltrèrent les Irish Volunteers afin de placer l'organisation au service de la rébellion. Lorsque la Première Guerre mondiale éclata en 1914, voyant que des milliers d'Irlandais rejoignaient l'armée britannique pour mourir dans les tranchées en Europe, l'IRB fut convaincue que "les difficultés de l'Angleterre étaient une chance pour l'Irlande". La rébellion qu'elle préparait, l'insurrection de Pâques, eut lieu en avril 1916. Ses leaders signèrent une Proclamation actant l'indépendance de la république d'Irlande, et plus de 1 500 insurgés s'emparèrent de sites clés à Dublin. Toutefois, l'armée britannique les écrasa en une semaine et les meneurs de la rébellion furent exécutés.

À gauche Proclamation de la république d'Irlande, 1916
Au centre Kilmainham Gaol (p. 54)
À droite Easter Parade commémorant l'insurrection de 1916

Les répercussions de l'insurrection

Comme l'explique Gerard Shannon, le conflit entraîna un élan de sympathie pour la rébellion. Le parti séparatiste Sinn Féin, blâmé à tort pour l'insurrection, remporta plus de 70 sièges sur 105

DAVID SVESTKA/SHUTTERSTOCK ©

LONNDUBH/SHUTTERSTOCK ©

lors de l'élection générale britannique de 1918. S'appuyant sur leur mandat électoral, les députés du Sinn Féin formèrent alors le Dáil Éireann, une assemblée parlementaire qu'ils déclarèrent souveraine. Lors de sa première session, le 21 janvier 1919, ils confirmèrent l'indépendance de la République irlandaise telle qu'elle avait été proclamée en 1916, espérant obtenir la reconnaissance des autres pays européens.

La guerre d'Indépendance irlandaise (1919-1921) débuta ainsi en janvier 1919. Les institutions secrètes de la République irlandaise jouèrent le rôle d'un contre-État face à l'administration britannique. Les Irish Volunteers devinrent l'Irish Republican Army (IRA ; Armée républicaine irlandaise), menant une guérilla et une guerre du renseignement contre les forces britanniques stationnées en Irlande. Une trêve fut conclue en juillet 1921 et les représentants du Sinn Féin négocièrent un traité anglo-irlandais avec le gouvernement britannique. Le traité de Londres, signé le 6 décemre 1921, ouvrit la voie à la création de l'État libre d'Irlande (Irish Free State) – non pas une république, mais un dominion autonome constitué de 26 comtés au sein de l'Empire britanni que. Les 6 comtés de l'Ulster, au nord-est, formèrent l'Irlande du Nord, gouvernée par une majorité unioniste et fonctionnant de manière autonome au sein du Royaume-Uni.

Le traité de Londres divisa profondément le Sinn Féin et l'IRA. Les partisans d'une république d'Irlande indépendante considéraient que l'État libre n'était pas à la hauteur des ambitions révolutionnaires et trahissait le combat mené. Les partisans de l'État libre, eux, estimaient qu'il s'agissait d'une première étape vers l'indépendance totale. Ces positions irréconciliables menèrent à la guerre civile irlandaise (juin 1922-mai 1923), un conflit très violent qui fit près de 4 000 morts et se solda par la victoire de l'État libre d'Irlande. C'est seulement en 1948 que l'État libre se déclara république indépendante d'Irlande et quitta le Commonwealth britannique.

La révolution en images

Rebellion (2016) Cette série dramatique en cinq parties raconte l'insurrection de Pâques 1916 à travers le regard de personnages touchés par ce bouleversement politique.

Le vent se lève (2006) Réalisé par Ken Loach, ce film dramatique met en scène deux frères pendant la guerre d'Indépendance et la guerre civile qui s'ensuivit. Il remporta la Palme d'or du festival de Cannes en 2006.

Michael Collins (1996) Si ce film de Neil Jordan fit l'objet de critiques en raison de certaines erreurs historiques, Liam Neeson fut largement salué pour son portrait passionné du leader de 1916.

Mise Éire (1959) Images d'archives et contenu original alimentent ce documentaire sur les évènements révolutionnaires de 1916 et les années qui suivirent.

04 Bol d'air marin vers DALKEY

PLEIN AIR | PAYSAGES | LITTORAL

Emportez un pique-nique pour une balade vivifiante sur la côte depuis la ville historique de Dalkey, qui comptait sept châteaux au Moyen Âge. Un sentier en escalier à travers la forêt mène au sommet de Killiney Hill et de Dalkey Hill, d'où vous bénéficierez d'une belle vue sur la mer. Un autre chemin conduit à une plage de galets.

LAURIE NOBLE/GETTY IMAGES ©

À l'assaut du rocher

Pendant plusieurs décennies, **Dalkey Quarry** servit de carrière de granit. Sa roche très convoitée fut ainsi exploitée pour la construction des jetées de la cité balnéaire de Dún Laoghaire entre 1815 et 1817, et du Great South Wall au port de Dublin en 1795. Désaffectée, la carrière est à présent un lieu d'escalade apprécié. Réservez un cours auprès de **Go Beyond Adventure** (p. 81).

En pratique

S'y rendre Prenez le train DART (irishrail.ie) depuis le centre de Dublin jusqu'à Dalkey (environ 30 min). Si vous êtes en voiture, laissez votre véhicule à la gare DART de Dalkey ou dans la rue (payant). L'endroit n'est pas recommandé à vélo en raison des collines escarpées et du parc qu'il faut traverser.

Quand Toute l'année, mais le printemps, l'été et l'automne sont les saisons les plus agréables.

Notre conseil Rendez-vous aux **Select Stores** (selectstoresdalkey.ie) à Dalkey pour des jus de fruits frais et des smoothies.

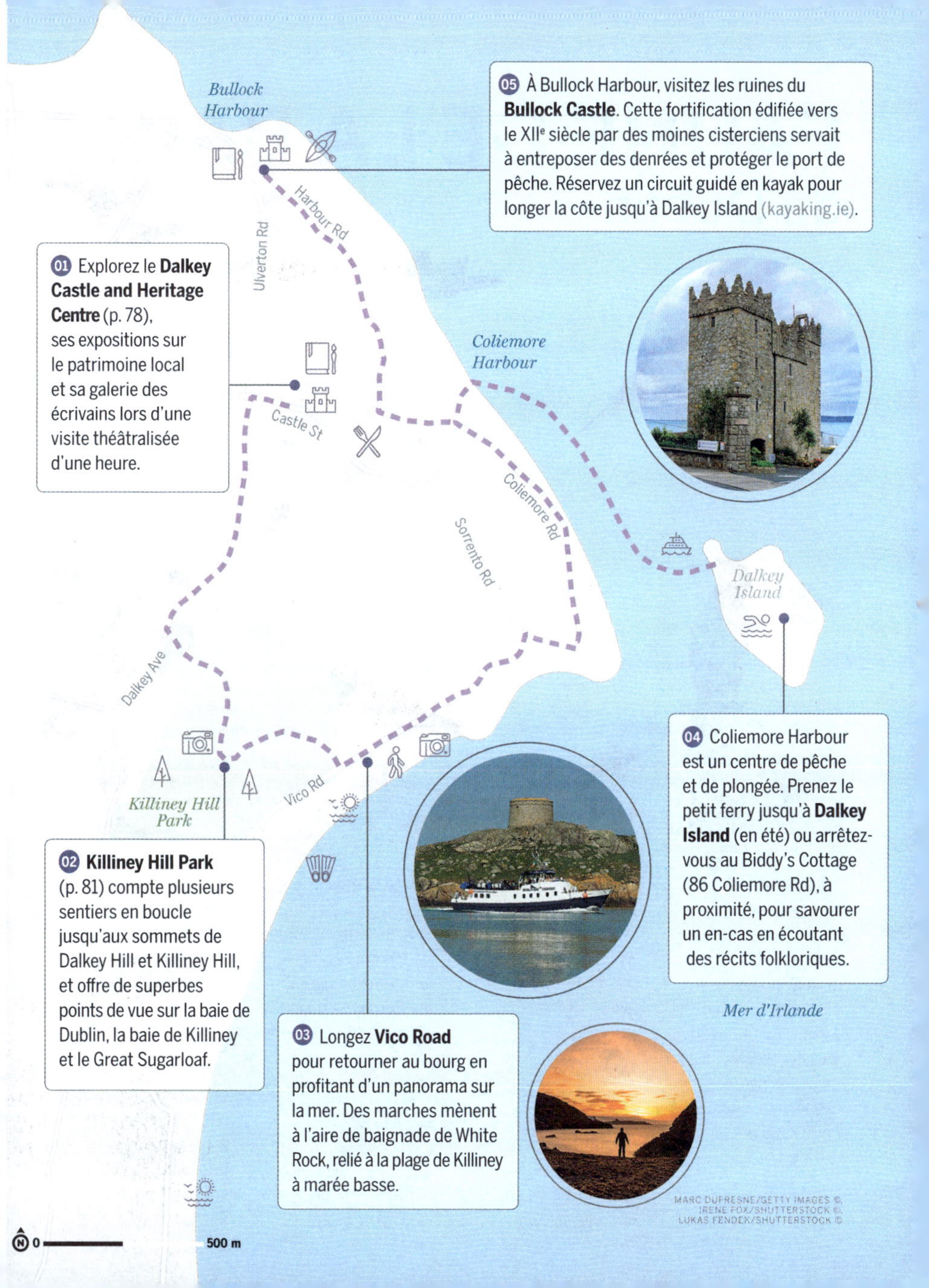

01 Explorez le **Dalkey Castle and Heritage Centre** (p. 78), ses expositions sur le patrimoine local et sa galerie des écrivains lors d'une visite théâtralisée d'une heure.

02 **Killiney Hill Park** (p. 81) compte plusieurs sentiers en boucle jusqu'aux sommets de Dalkey Hill et Killiney Hill, et offre de superbes points de vue sur la baie de Dublin, la baie de Killiney et le Great Sugarloaf.

03 Longez **Vico Road** pour retourner au bourg en profitant d'un panorama sur la mer. Des marches mènent à l'aire de baignade de White Rock, relié à la plage de Killiney à marée basse.

04 Coliemore Harbour est un centre de pêche et de plongée. Prenez le petit ferry jusqu'à **Dalkey Island** (en été) ou arrêtez-vous au Biddy's Cottage (86 Coliemore Rd), à proximité, pour savourer un en-cas en écoutant des récits folkloriques.

05 À Bullock Harbour, visitez les ruines du **Bullock Castle**. Cette fortification édifiée vers le XIIe siècle par des moines cisterciens servait à entreposer des denrées et protéger le port de pêche. Réservez un circuit guidé en kayak pour longer la côte jusqu'à Dalkey Island (kayaking.ie).

MARC DUFRESNE/GETTY IMAGES ©, IRENE FOX/SHUTTERSTOCK ©, LUKAS FENDEK/SHUTTERSTOCK ©

FAUNE DE LA BAIE
de Dublin

01 Mouettes et goélands
Diverses espèces de mouettes et de goélands sont présentes toute l'année, y compris les mouettes mélanocéphales, mouettes rieuses et goélands argentés, qui nichent autour de Dalkey Island.

02 Cormorans
Repérez les cormorans sur les rochers autour de la baie, lorsqu'ils sèchent leurs ailes après une session de pêche sous-marine.

03 Huîtriers
Faciles à repérer avec leur bec orange vif et leurs pattes roses, les huîtriers barbotent dans les zones rocheuses en quête de vers et de coquillages.

04 Sternes
Oiseaux marins parmi les plus rares en Europe, les sternes arctiques, les sternes caugeks, les sternes pierregarins et les sternes de Dougall, visitent régulièrement la baie.

05 Bernaches cravants
Les bernaches cravants à ventre clair migrent depuis le Canada arctique pour passer l'automne et l'hiver autour de North Bull Island et à la Booterstown Nature Reserve.

06 Hérons cendrés
Des hérons cendrés solitaires se tiennent souvent immobiles sur les rochers, le long du littoral autour de la baie, à l'affût d'une proie.

07

10

11

09

12

08

07 Hiboux des marais
On aperçoit souvent les hiboux des marais en chasse, le plus souvent sur North Bull Island et parfois Dalkey Island.

08 Lapins et lièvres
Les étendues herbeuses de North Bull Island forment un habitat idéal pour les lièvres irlandais et les lapins. Dalkey Island abrite aussi une population de lapins.

09 Marsouins et dauphins
On voit fréquemment des marsouins communs autour de Dalkey Island, tandis que des petits groupes de grands dauphins et de dauphins communs évoluent dans la baie.

10 Papillons
Les espèces de papillons observées autour de la baie de Dublin incluent le damier des marais, dont les ailes arborent des motifs orange et crème.

11 Méduses
Les méduses communes, au corps transparent marqué de quatre anneaux distincts, sillonnent les eaux de la baie d'avril à septembre.

12 Phoques
Des populations de phoques communs et de phoques gris, plus gros, vivent à North Bull Island et à Lamb Island, à côté de Dalkey Island.

05 Randonnée à HOWTH

PLEIN AIR | FRUITS DE MER | VUE MER

Jadis une île, la péninsule de Howth a conservé une atmosphère typiquement insulaire. Promenez-vous sur les falaises ou faites une randonnée parmi les ajoncs à Howth Head pour échapper à la frénésie urbaine et vous ouvrir l'appétit avant de retourner au village vous régaler de poisson et de fruits de mer ultrafrais.

35007/GETTY IMAGES ©

Les secrets de Howth

Réservez le Howth Safari Hiking Tour, une randonnée guidée de quatre heures proposée par **Shane's Howth Adventures** (p. 81) pour tout savoir sur la nature et l'histoire de la péninsule. Du château de Howth au Cliff Path, sentier sur la falaise, en passant par des chemins secrets, Shane vous fera découvrir les lieux tout en vous contant des légendes locales.

En pratique

S'y rendre Le meilleur moyen pour rallier Howth depuis Dublin est de prendre le DART (environ 26 min) ou le Dublin Bus n°31.

Quand Le printemps et l'été pour le parfum des ajoncs et les rhododendrons. Le port et le principal sentier de la falaise sont parfois très fréquentés pendant les vacances et les week-ends ensoleillés.

Conseil gourmand Village de pêcheurs, Howth est l'endroit idéal où déguster un *fish and chips* ; celui de Beshoffs (p. 83) est particulièrement frais.

01 Flânez autour du **port** (photo page de gauche) et de la jetée, jetez un œil aux vestiges de **St Mary's Abbey** qui aurait été fondée en 1042 par le roi viking Sitric. Achetez de quoi faire un délicieux pique-nique au **Howth Market** (p. 83) avant votre balade.

02 Le sentier du **Howth Cliff Path** (fléchage vert) part de la gare, longe les falaises de la péninsule et serpente au-delà du **Baily Lighthouse**, joli phare au bout de la péninsule. Une fois atteint le parking The Summit, une boucle permet de revenir au village.

03 H. G. Wells écrivit un jour que la vue depuis **Muck Rock** sur le port de Howth, l'île d'Ireland's Eye et la baie de Dublin était "l'une des plus belles au monde".

04 Le dolmen d'**Aideen's Grave** serait le lieu de sépulture d'Aideen. Son époux, Oscar, était le petit-fils du guerrier légendaire Fionn MacCumhaill.

05 Promenez-vous dans le domaine du **Howth Castle** (p. 81) dont une partie de la structure date du XVe siècle. Vous pourrez y admirer les jardins de rhododendrons en fleur, explorer les sentiers envahis par la végétation et découvrir le portail où se tint jadis la célèbre pirate Grace O'Maley.

06 Dublin, ville CULTURELLE

CULTURE | ARTS | FESTIVALS

L'un des attraits majeurs de Dublin repose sur sa riche diversité culturelle. Vous pourrez ainsi admirer le *Book of Kells*, écouter des anecdotes littéraires au Dublin Writers Museum et découvrir l'histoire de l'émigration irlandaise au XIXe siècle un jour puis, le jour suivant, assister à une pièce de théâtre ou un concert et vous laisser emporter par l'ambiance d'un festival.

NIALL CARSON/PA IMAGES VIA GETTY IMAGES ©

En pratique

S'y rendre La plupart des grands lieux culturels se trouve à Dublin. Vous pourrez facilement les rejoindre à pied.

Tarifs La plupart des musées, tels la National Gallery, le National Museum of Ireland et la RHA, sont gratuits. Les tarifs varient en ce qui concerne le théâtre, les concerts et les sessions musicales.

Rats de bibliothèque La **Chester Beatty** (p. 52), bibliothèque-musée au sein du Dublin Castle, possède une collection fascinante d'ouvrages et de manuscrits rares du monde entier.

JONATHAN SMITH/LONELY PLANET ©

NIALL CARSON/PA IMAGES VIA GETTY IMAGES ©

Ci-contre La compagnie de cirque Gandini Juggling, Dublin Dance Festival **À gauche en haut** Spectacle de MACNAS, Dublin Fringe Festival **À gauche en bas** Rare exemplaire de Coran enluminé, Chester Beatty

RHA Gallery (p. 79) Un mélange d'œuvres d'art irlandaises et internationales sont exposées dans les cinq galeries de la Royal Hibernian Academy (RHA), dont l'une est consacrée aux artistes irlandais émergents. "J'adore visiter la RHA, l'endroit est immense", déclare Sheena Barrett, conservatrice de la LAB Gallery (p. 79), galerie et incubateur de talents.

National Museum of Ireland – Decorative Arts and History (p. 78) Installé dans l'ancienne caserne de Collins Barracks, jadis la plus grande caserne militaire au monde, ce splendide bâtiment néoclassique a été achevé en 1704 sur les plans de Thomas Burgh, qui a également réalisé l'Old Library de Trinity College. "Quand on pénètre dans la cour, on a l'impression d'entrer dans l'histoire", assure Sheena. "J'aime y découvrir le travail de créateurs irlandais comme Sybil Connolly et j'adore l'histoire sociale. Ici, on peut avoir un aperçu de la vie des populations du passé, comme dans l'exposition sur Dublin à l'époque georgienne, qui dévoile la vaisselle somptueuse que les Dublinois utilisaient."

14 Henrietta Street (p. 78) Découvrez comment cette ancienne demeure georgienne se mua en immeuble d'habitation au fil du temps et l'histoire de ceux qui y vécurent. "C'est une maison qui raconte différentes époques" explique Sheena. "On peut réellement y voir les strates de l'histoire et les guides qui assurent les visites sont souvent des Dublinois. Ils transmettent ainsi les récits de leurs grands-parents qui ont habité dans le secteur."

EPIC (p. 79) À la pointe de l'innovation, l'Irish Emigration Museum vous fera découvrir l'histoire de célèbres émigrés irlandais et l'impact que l'Irlande a sur le monde, que ce soit dans le domaine de la musique, des sports, du design ou de l'innovation, à travers une exposition interactive. Les visiteurs peuvent même enquêter sur leurs propres racines irlandaises à l'Irish Family History Centre.

Les meilleurs festivals dublinois

Dublin Fringe Festival Au mois de septembre, durant 16 jours et 16 nuits, des spectacles mettant en scène des talents très divers animent toute la ville. (fringefest.com)

Dublin Dance Festival durant deux semaines en mai, des spectacles de danse irlandaise et internationale, novateurs et visionnaires, se succèdent à travers la ville. (dublindancefestival.ie)

International Literature Festival Dublin Écrivains, poètes, dramaturges, scénaristes et paroliers irlandais et internationaux sont à l'honneur durant deux semaines en mai. Lectures, projections et promenades guidées. (ilfdublin.com)

Bloomsday Dans son roman *Ulysse*, James Joyce raconte les pérégrinations de Leopold Bloom au long du 16 juin 1904. Cette journée est désormais célébrée chaque année avec entre autres des lectures et des spectacles. (bloomsdayfestival.ie)

Carnet d'adresses

Les grands classiques (p. 52)

Brú na Bóinne
(041-988 0300 ; www.worldheritageireland.ie ; Donore ; adulte/enfant centre des visiteurs 4/3 €, centre des visiteurs et Newgrange 7/4 €, centre des visiteurs et Knowth 6/4 €, les 3 sites 13/8 € ; 9h-19h juin à mi-sept, 9h-18h30 mai et mi-sept à début oct, 9h30-17h30 fév-avr et début oct-début nov, 9h-17h nov-jan)

Chester Beatty
(01-407 0750 ; www.cbl.ie ; Dublin Castle ; entrée libre ; 10h-17h lun-ven, 11h-17h sam-dim mars-oct, 10h-17h mar-ven, 11h -17h sam-dim nov-fév)

Christ Church Cathedral
(www.christchurch cathedral.ie ; Christ Church Pl ; adulte/enfant 7/2,50 €, avec Dublinia 15/7,50 € ; 9h30-17h lun-sam, 12h30-17h dim, horaires étendus mars-oct)

Dublinia
(01-679 4611 ; www.dublinia.ie ; Christ Church Pl ; adulte/enfant 10/6,50 €, avec Christ Church Cathedral 15/7,50 € ; 10h-17h30 mars-sept, 10h-16h30 oct-fév)

Dublin Castle
(01-645 8813 ; www.dublincastle.ie ; Dame St ; visite guidée tarif plein/enfant 12/6 €, sans guide 8/4 € ; 9h45-17h45, dernière entrée 17h15)

Guinness Storehouse
(01-408 4800 ; www.guinness-storehouse.com ; St James's Gate, S Market St ; tarif plein/réduit/enfant à partir de 22/19/10 € ; 9h30-19h sept-juin, 9h-20h juil-août)

Kilmainham Gaol
(01-453 5984 ; www.kilmainhamgaolmuseum.ie ; Inchicore Rd ; adulte/enfant sur place 9/5 €, en ligne 8/4 € ; 9h-19h juin-août, 9h30-17h30 oct-mars, 9h-18h avr-mai et sept)

National Gallery
(www.nationalgallery.ie ; Merrion Sq W ; entrée libre ; 9h15-17h30 mar-sam, jusqu'à 20h30 jeu, 11h-17h30 dim-lun)

National Museum of Ireland – Archeology
(01-677 7444 ; www.museum.ie ; Kildare St ; entrée libre ; 10h-17h mar-sam, 13h-17h dim-lun)

National Museum of Ireland – Decorative Arts & History
(01-677 7444 ; www.museum.ie ; Collins Barracks, Benburb St ; entrée libre ; 10h-17h mar-sam,13h-17h dim-lun)

Old Library
(www.tcd.ie ; Trinity College, Library Sq ; tarif plein/réduit/famille 11/12/28 €, coupe-file 14/12/28 € ; 8h30-17h lun-sam, 9h30-17h dim mai-sept, 9h30-17h lun-sam, 12h-16h30 dim oct-avr)

St Patrick's Cathedral
(01-453 9472 ; www.stpatrickscathedral.ie ; St Patrick's Close ; tarif plein/réduit 8/7 € ; 9h30-17h lun-ven, 9h-18h sam, 9h-10h30, 12h30-14h30 et 16h30-18h dim mars-oct, jusqu' à 17h sam et 14h30 dim nov-fév)

St Stephen's Green
(7h30-coucher du soleil lun-sam, à partir de 9h30 dim)

Trinity College
(01-896 1000 ; www.tcd.ie ; College Green ; entrée libre ; 8h-22h)

Un peu d'histoire

14 Henrietta Street
Voir p. 77. (01-524 0383 ; www.14henriettastreet.ie ; 14 Henrietta St ; adulte/enfant 10/6 € ; visites guidées uniquement 10h-16h mer-dim)

Arbour Hill Cemetery
Voir p. 65. (01-821 3021 ; www.heritageireland.ie ; Arbour Hill, Stoneybatter ; 8h-16h lun-ven, 11h-16h sam, 9h30-16h dim)

Dalkey Castle and Heritage Centre
Voir p. 70. (01-285 8366 ; www.dalkeycastle.com ; Castle St, Dalkey ; adulte/enfant 10/8 € ; 10h-17h30 lun-ven, 11h-17h30 sam-dim, fermé mar sept-mai)

Four Courts
Conçu par James Gandon, l'imposant bâtiment des Four Courts abrite la Cour suprême du pays. Son nom vient des ses 4 cours intérieures de style néoclassique. Voir p. 65. (☎01-886 8000 ; Inns Quay ; entrée libre ; 9h-17h lun-ven)

Garden of Remembrance
Voir p. 61. (www.heritageireland.ie ; E Parnell Sq ; 8h30-18h avr-sept, 9h30-16h oct-mar)

Glasnevin Cemetery
Voir p. 65. (☎01-882 6500 ; www.glasnevintrust.ie ; Finglas Rd ; 10h-17h, visites guidées ttes les heures 10h30-16h30 ; visite guidée 13,50 €)

GPO Museum
Voir p. 65. (www.gpowitnesshistory.ie ; General Post Office, Lower O'Connell St ; 10h-16h30 lun-sam, 12h-16h30 dim ; adulte/enfant 14/7 €)

Musées gratuits

Chester Beatty, National Gallery, National Museum of Ireland (Decorative Arts & History et Archeology)
Voir p. 52. (infos pratiques p. 78)

Hugh Lane Gallery
Les remarquables collections de ce musée installé dans la Charlemont House présentent le meilleur de l'art contemporain irlandais, certains grands noms de l'impressionnisme, et la reconstitution de l'atelier de Francis Bacon. (☎01-222 5550 ; www.hughlane.ie ; 22 N Parnell Sq ; entrée libre ; 9h45-18h mar-jeu, 9h45-17h ven, 10h-17h sam, 11h-17h dim)

Irish Museum of Modern Art
La plus importante collection d'art moderne et contemporain d'Irlande occupe le les espaces élégants du Royal Hospital Kilmainham, ancienne maison de retraite militaire construite entre 1684 et 1687. (www.imma.ie ; Military Rd ; entrée libre ; 11h30-17h30 mar-ven, 10h-17h30 sam, 12h-17h30 dim)

RHA Gallery (Royal Hibernian Academy)
L'un des musées d'art moderne et contemporain les plus prestigieux d'Irlande. Ses expositions de premier ordre méritent le détour. Voir p. 77. (☎01-661 2558 ; www.rhagallery.ie ; 15 Ely Pl, Dublin ; entrée libre ; 11h-17h lun-mar et jeu-sam, 11h-20h mer, 12h-17h dim)

Collins Barracks, National Museum of Decorative Arts (p. 53)

The LAB Gallery
Voir p. 77. (☎01-222 5455 ; Foley St, Dublin ; entrée libre ; lun-sam 10h-18h)

Expositions interactives

Guinness Storehouse
Apprenez à servir une pinte parfaite à la Guinness Academy ou apposez votre visage sur un verre à bière avant d'admirer la vue depuis le Gravity Bar, situé au sommet du bâtiment. Voir p. 54. (infos pratiques p. 78)

Irish Emigration Museum (EPIC)
À l'Irish Emigration Museum, les visiteurs tournent les pages des livres sur un écran, écoutent l'histoire de personnages irlandais, envoient une carte postale numérique et enquêtent sur la diaspora irlandaise dans le monde. Voir p. 77. (☎01-906 0861 ; www.epicchq.com ; CHQ Bldg, Custom House Quay ; adulte/enfant 17,50/9 €, en ligne 16,50/8 € ; 10h-18h45 tlj, dernière entrée 17h)

Kilmainham Gaol
Visitez l'une des cellules de cette ancienne prison ouverte en 1796 où de nombreux rebelles irlandais furent incarcérés. Entre le 3 et le 12 mai 1916, 14 des 15 leaders de l'insurrection de Pâques furent abattus dans la cour. Voir p. 54. (infos pratiques p. 78)

Museum of Literature Ireland (MoLI)
Visitez le MoLI pour admirer le premier exemplaire d'*Ulysse* et écouter les conseils audio d'écrivains irlandais. Au sein de la Newman House, bel édifice georgien qui accueillit la Catholic University of Ireland, où étudièrent James Joyce, Patrick Pearse et Eamon de Valera. (☎01-477 9810 ; www.moli.ie ; 85-86 St Stephen's Green ; tarif plein/réduit 10/8 €, visite guidée 12 € ; ⏲10h30-18h mar-dim)

The Little Museum of Dublin
Ce musée primé raconte l'histoire de Dublin au XXe siècle, à travers une impressionnante collection de souvenirs et photos donnés par la population et exposés dans les salles d'une jolie maison georgienne. Visite en français tous les jours à 10h30. (☎01-661 1000 ; www.littlemuseum.ie ; 15 St Stephen's Green N ; visite guidée adulte/enfant 10/8 €, visite libre 15 € ; ⏲10h-17h tlj)

Des mots dans la ville

Dublin Literary Pub Crawl
En route pour une tournée divertissante des pubs historiques de Dublin, ponctuée de sketches de comédiens racontant le passé des lieux et la vie des écrivains qui les ont fréquentés. (☎01-670 5602 ; www.dublinpubcrawl.com ; 9 Duke St ; tarif plein/réduit 15/13 € ; ⏲19h30 tlj avr-oct, 19h30 jeu-dim nov-mar)

Gutter Bookshop
Cette librairie populaire de Temple Bar est l'endroit idéal pour se fournir en livres sur l'histoire et les légendes irlandaises ainsi qu'en ouvrages contemporains de qualité. (☎01-679 9206 ; www.gutterbookshop.com ; Cow's Lane ; ⏲10h-18h30 lun-mer, ven et sam, 10h-19h jeu, 11h-18h dim)

Long Room de l'Old Library, Trinity College (p. 52)

SALVADOR MANIQUIZ/SHUTTERSTOCK ©

Marsh's Library
Faites un saut dans le temps en visitant la première bibliothèque de Dublin, ouverte en 1707. Ses allées bordées de hauts rayonnages abritent plus de 25 000 livres anciens du monde entier, dont certains remontent au XVe siècle. (marshlibrary.ie ; St Patrick's Close ; adulte/enfant 5 €/gratuit ; ⏲9h30-17h lun et mer-ven, à partir de 10h sam)

Old Library, Trinity College
Voir p. 52. (infos pratiques p. 78)

The Last Bookshop
Sous l'œil des chiens Bertie et Gussie, poussez les portes de cette librairie dont les trésors incluent ouvrages d'art, d'histoire et de littérature ou livres de collection comme ceux du poète Seamus Heaney. (☎086-851 7419 ; last-bookshop.business.site ; 61 Camden St Lower, Saint Kevin's ; ⏲10h-17h lun-sam, 14h-17h dim, 11h-18h dim)

Ulysses Rare Books
Jetez un œil dans cette boutique pour dénicher des livres d'écrivains irlandais comme Patrick Kavanagh, Seamus Heaney et John Banville, ainsi que des éditions plus rares de James Joyce, Oscar Wilde et W. B. Yeats. (☎01-671 8676 ; www.rarebooks.ie ; 10 Duke St ; ⏲9h30-17h45 lun-sam)

Échappées vertes

Blackrock Park
Voir p. 63. (www.dlrcoco.ie ; 14 Rock Rd, Blackrock ; ⏲8h-20h, jusqu'à 16h30 en hiver)

Blessington Street Basin
Voir p. 61. (28 Primrose Ave ; ⏲10h-17h déc-jan, 10h-17h30 fév et nov, 10h-18h30 mars et oct, 10h-20h30 avr, 10h-21h mai et août, 10h-22h juin-juil)

Corkagh Park

Voir p. 62. (Naas Rd ; 10h-17h nov-jan, 10h-18h fév-mars, 10h-19h avr et oct, 10h-20h mai et sept, 10h-21h juin-août)

Dublin Zoo

Voir p. 62. (www.dublinzoo.ie ; tarif plein/réduit/3-15 ans/famille 19,50/14,50/14/53 € ; 9h30-18h mars-sept, 9h30-coucher du soleil oct-fév)

Go Beyond Adventure

Agence spécialisée dans la randonnée et l'escalade, notamment à Dalkey. Voir p. 70. (087-935 3868 ; gobeyondadventure.ie)

Grand Canal

Une paisible balade le long des berges bordées d'arbres du Grand Canal, qu'adorait le poète Patrick Kavanagh, vous permettra peut-être d'apercevoir la faune locale ou les cygnes de Portobello.

Howth Castle

Voir p. 75. (01-832 1027 ; howthcastle.ie ; Howth ; jardins ouverts au public uniquement)

Iveagh Gardens

Ces jardins proches de St Stephen's Green, un peu plus rustiques que les autres parcs du sud de la ville, abritent des allées secrètes bordées d'arbres vénérables, un labyrinthe et un ancien cadran solaire. (Clonmel St ; lever-coucher du soleil)

Killiney Hill Park

Voir p. 71. (www.dlrcoco.ie ; Killiney Hill Rd, Killiney ; 8 depuis Dublin, puis 10 min de marche ou train DART jusqu'à Dalkey ou Killiney)

Marlay Park

Voir p. 62. (Grange Rd, Rathfarnham ; 10h-coucher du soleil)

National Botanic Gardens

Voir p. 62. (www.botanicgardens.ie ; Botanic Rd, Glasnevin ; 9h-17h lun-ven, 10h-18h sam-dim mar-oct, 9h-16h30 lun-sam, 10h-16h30 dim nov-fév)

Phoenix Park

Voir p. 61. (www.phoenixpark.ie ; accès libre ; 24h/24)

St Anne's Park

Voir p. 62. (01-222 8933 ; Clontarf East, Raheny)

St Stephen's Green

Voir p. 55. (infos pratiques p. 78)

Shane's Howth Adventure

Activités de plein air et randonnées à Howth. Voir p. 74. (08-125 0055 ; www.shaneshowthadventures.com ; 7 Balglass Rd, Howth)

Les dessous de Dublin

Dublin Sightseeing

Circuits à arrêts multiples (*hop-on hop off*) en bus à impériale ralliant les différents sites touristiques de la ville. Commentaires préenregistrés disponibles en français. (01-872 0000 ; www.dublinsightseeing.ie ; 59 Upper O'Connell St ; billets 24/48h 24/28 €, billet enfant gratuit pour l'achat d'un billet adulte)

Dublin Ulysses Tours

Nul besoin d'avoir lu *Ulysse* pour s'imprégner de l'univers de James Joyce lors de cette découverte à pied des lieux mentionnés dans le roman, à commencer par le Palace Bar. (085-711 2069 ; dublinulyssestours.com)

Fab Food Trails

Goûtez des produits irlandais typiques lors de ce circuit culinaire placé sous le signe des nouvelles tendances et des hauts lieux gastronomiques dublinois. Possibilité de circuits privés en français. (www.fabfoodtrails.ie ; visite guidée 3 heures 65 € ; 10h sam)

Pat Liddy's Walking Tours

Pat et ses guides connaissent quasiment toute l'histoire de Dublin ; suivez-les pour découvrir tous ses secrets. Certaines visites en français. (www.walkingtours.ie ; visite guidée tarif plein/réduit 20/15 €)

True Crime Tour

Découvrez la face sombre de la ville lors de ce circuit à pied de deux heures, où l'on vous contera des récits historiques terrifiants mettant en scène pilleurs de tombes, tortionnaires et tueurs en série. (www.alternativedublincity.com ; visite guidée 13 €)

Spiritueux dublinois

Jameson Distillery

Lors de la visite de cette distillerie de whiskey emblématique de Dublin, vous en saurez plus sur la fabrication du breuvage ambré et comparerez les différentes saveurs lors d'une dégustation. (www.jamesonwhiskey.com ; Bow St ; tarif plein/réduit 25/19 € ; 11h30-18h dim-jeu, 11h-19h ven-sam)

Pearse Lyons Distillery

Après la visite d'un ancien cimetière, dernière demeure d'une population locale éclectique, allant des marins aux vicaires, vous explorerez ce qui était autrefois la St James' Church, aujourd'hui transformée en distillerie. (01-691 6000 ; www.pearselyonsdistillery.com ; 121-122 James's St ; tarif plein/réduit/enfant 25/23/10 € ; 11h30-18h jeu-sam)

Roe & Co Distillery

Goûtez les différents ingrédients du whiskey et découvrez les secrets de la distillation, avant de préparer votre propre mixture au Cocktail Workshop Experience et vous détendre au Power House Bar. (www.roeandcowhiskey.com ; 92 James's St ; visites 23-28 € ; 15h-19h jeu-ven, 13h-18h30 sam, 13h-17h dim)

Teeling Whiskey Distillery

Apprenez comment Dublin fut jadis un haut lieu de production du whiskey et découvrez la zone de fabrication de cette boisson, le tout suivi d'une dégustation. (01-531 0888 ; teelingwhiskey.com ; 13-17 Newmarket ; visites 17-30 € ; 10h-17h40)

The Dublin Liberties Distillery

Dégustez une liqueur au miel et écoutez des récits de la vie dublinoise au Moyen Âge dans cette distillerie du quartier des Liberties. (thedld.com ; 33 Mill St ; tarif plein/réduit 16/14 € ; 9h30-18h lun-jeu, jusqu'à 19h ven-sam, 11h-19h dim avr-août, 10h-17h30 lun-sam, jusqu'à 11h dim sept-mars)

Bonnes tables dublinoises

Craft €€

Voir p. 57. (01-497 8632 ; craftrestaurant.ie ; 208 Harold's Cross Rd ; menus déj/dîner 34-39/45-55 € ; midi sam-dim, soir mer-sam)

Liath €€€

Voir p. 57. (01-212 3676 ; liathrestaurant.com ; Blackrock Market, 19a Main St, Blackrock ; plats 65-130 € ; 10h-minuit mar-ven)

Locks Brasserie €€

Voir p. 57. (01-416 3655 ; locksrestaurant.ie ; 1 Windsor Terrace ; plats 21-28 € ; midi dim, soir mer-jeu, midi et soir ven-sam)

Shouk €

Voir p. 57. (01-5322114 ; shouk.ie ; 40 Drumcondra Rd Lower, Drumcondra ; plats 8,50-18 € ; 12h-22h mer-dim)

Volpe Nera €€

Voir p. 57. (01-278 8516 ; volpenera.ie ; 22 Newtown Park, Blackrock ; plats 21-30 € ; 17h-21h30 mer-jeu, 15h-21h30 ven-sam, 14h-18h dim)

Cuisine avec vue

Canalboat Restaurant €€€

Partez pour un dîner-croisière de deux heures sur le Grand Canal, dans le sud de la ville. Vous découvrirez au passage le fonctionnement de certaines écluses. (01-473 1000 ; canalboat restaurant.ie ; Mespil Rd ; dîner-croisière 49 € ; 20h-22h jeu-sam avr-oct)

Sophie's at The Dean €€

Profitez d'une vue à 360° sur la ville en sirotant un cocktail ou en dînant dans cet établissement très prisé de Harcourt St. (01-607 8100 ; www.sophies.ie ; 33 Harcourt St ; plats 14-34 € ; matin, midi et soir tlj)

Oliveto at Haddington House €€

Régalez-vous de cuisine italienne dans ce restaurant de Dún Laoghaire, à 15 km au sud de Dublin, avec vue sur Sandycove, au loin. (haddingtonhouse.ie ; 9-12 Haddington Terrace, Dún Laoghaire ; plats 18-36 € ; soir tlj sauf mar)

Rooftop Bar at The Marker Hotel €€

Installez-vous sur la terrasse panoramique de cet hôtel avec vue sur la baie de Dublin et les montagnes du Wicklow pour siroter un cocktail et partager une planche. (www.anantara.com/

the-marker-dublin ; Grand Canal Quay, Docklands ; cocktails 14 €, planche 24-29 € ; 9h-23h tlj)

The Blue Light €€

Voir p. 59. (01-216 0487 ; thebluelight.ie ; Barnacullia, comté de Dublin ; tlj sauf mar)

The Pepper Pot €

Regardez les gens passer depuis le balcon du Powerscourt Townhouse Centre tout en savourant un petit déjeuner, un déjeuner ou un café avec une pâtisserie maison. (thepepperpot.ie ; Powerscourt Townhouse, 59 William St South ; plats 6-10 € ; 10h-17h45 lun-ven, 9h-17h45 sam, 11h-17h45 dim)

The Winding Stair €€

Dégustez des plats irlandais face à la Liffey ; pour une soirée spéciale, réservez la petite salle donnant sur le Ha'penny Bridge. (01-873 7320 ; www.winding-stair.com ; 40 Lower Ormond Quay ; menu déj 24 €, plats 25-32 € ; midi et soir tlj)

Street food et sandwichs

Bites by Kwanghi

Voir p. 58. (089-427 4176 ; www.bitesbykwanghi.com ; Grand Canal St Lower, Food Yard ; plats 10-15 € ; 12h-20h tlj sauf lun)

Griolladh

Voir p. 58. (griolladh.ie ; 41 Thomas St ; plats 6-8 € ; 8h-16h lun-ven, 10h-16h sam, 11h-16h dim)

Grogan's

Voir p. 58. (groganspub.ie ; 15 South William St ; midi et soir dim-mar, midi ven-sam)

La Cocina Cuevas

Voir p. 58. (lacocinacuevas.com ; R108, Rath Great, Naul ; plats 8,50-11 € ; soir jeu-sam, midi sam-dim)

The Salty Buoy

Voir p. 58. (saltybuoy.ie ; 11h-17h dim à Harold's Cross, 12h-14h20 à St James Hospital)

Tír Deli

Voir p. 58. (tirfood.ie ; 9 Upper Baggot St ; plats 8-10 € ; 8h-15h lun-ven, 9h-15h sam)

Queen of Tarts (p. 84)

Marchés et fish and chips

Beshoff – Dublin €€

Voir p. 51. (01-872 4400 ; www.beshoffrestaurant.com ; 7 Upper O'Connell St ; 9h-20h lun-jeu, 9h-21h ven-sam, 12h-20h dim)

Beshoffs – Howth €€

Voir p. 74. (01-839 7555 ; www.beshoffs.ie ; 17-18 West Pier, Howth ; fish and chips 19 € ; 12h-15h30 lun-mer, 12h-21h30 jeu-sam, 12h-20h dim)

Fish Shop €

Voir p. 51. (01-557 1473 ; www.fish-shop.ie ; 76 Benburb St ; fish and chips 15 € ; 12h-13h mar-ven, 16h-22h sam-dim)

Leo Burdock – Christchurch €

Voir p. 51. (leoburdock.com ; 2 Werburgh St ; fish and chips 10,95-13,95 € ; 11h30-minuit dim-jeu, 11h30-1h ven-sam)

Leo Burdock–Temple Bar €

Voir p. 51. (leoburdock.com ; 4 Crown Alley ; fish and chips 9,95-13,95 € ; 11h-22h lun, 11-23h mar-mer, 11h-minuit jeu, 11h-3h ven-sam, 12h-23h dim)

Blackrock Market

Voir p. 57. (theblackrockmarket.com ; 19a Main St, Blackrock ; 11h-17h30 sam-dim)

Howth Market

Voir p. 75. (howthmarket.ie ; 3A Harbour Rd, Howth ; 9h-18h sam-dim)

PAUL KEELING/SHUTTERSTOCK ©

Vicar Street

Red Stables Market

Voir p. 57. (www.facebook.com/RedStablesMarket ; St Anne's Park, Mount Prospect Ave, Raheny ; 10h-17h sam)

L'heure du thé

Bewley's €

Commandez un thé Irish Breakfast et un petit pain aux cerises en regardant les gens passer dans ce café traditionnel de Grafton St. (www.bewleys.com ; 78-79 Grafton St ; 10h-17h lun-ven, 9h-18h sam-dim, 13h-dim)

Bread 41 €

Savourez toutes sortes de pains au levain, croissants et viennoiseries du jour à la table commune de cette boulangerie (venez tôt le week-end, tout part très vite). (bread41.ie ; 41 Pearse St ; 10h-15h mer-ven, 10h-16h sam-dim)

Queen of Tarts €

Dégustez gâteaux, crumbles, pâtisseries et délicieuses tartes de toutes sortes. Autres adresses dans Dame St et dans Cow's Lane. (01-670 7499 ; www.queenoftarts.ie ; 4 Cork Hill ; 5-13 € ; 8h-19h lun-ven, 9h-19h sam-dim)

The Shelbourne €€€

Offrez-vous un véritable *afternoon tea* traditionnel dans le Lord Mayor's Lounge du très chic hôtel Shelbourne, face à St Stephen's Green. (01-663 4500 ; theshelbourne.com ; 27 St Stephen's Green ; 12h, 14h30 et 17h lun-dim, sur réservation)

Wall & Keogh €

Cet incontournable de Portobello propose un vaste choix de thés, de l'Oolong à l'Earl Grey en passant par le rooibos et le maté. En-cas et douceurs sont aussi au menu. (wallandkeogh.com ; 45 Richmond St South ; 7h30-19h30 lun-ven, 9h-18h30 sam-dim)

Pubs et snugs discrets

Doheny & Nesbitt

Installez-vous dans l'un des *snugs* ce pub de la rue ; à l'époque victorienne, ces pièces minuscules près du bar étaient cloisonnées pour plus d'intimité. Leinster House, siège du Parlement irlandais, est à deux pas : il n'est donc pas rare de croiser ici personnalités politiques et journalistes. (01-676 2945 ; www.dohenyan dnesbitts.ie ; 5 Lower Baggot St ; 9h-12h30 lun-mar, 9h-1h mer-jeu, 9h-2h ven, 9h30-2h sam, 10h30-minuit dim)

John Kavanagh – "The Gravediggers"

Voir p. 59. (087-296 3713 ; www.facebook.com/JohnKavanaghTheGravediggers ; 1 Prospect Sq, Glasnevin ; 10h30-22h30 tlj)

Leonard's Corner

Voir p. 59. (01-454 2332 ; @leonardscorner ; 117 S Circular Rd ; 10h30-23h30 lun-jeu, 10h30-0h30 ven-sam, 12h-23h dim)

Kehoes

Cette perle rare de South Ann St date de 1803. On y voit encore ses vénérables cloisons, ses meubles à tiroirs et son comptoir d'épicerie en bois de l'époque victorienne. (kehoesdublin.ie ; 9 South Ann St ; 11h-23h30 lun-jeu, 11h-0h30 ven-sam, 12h30-23h dim)

Mulligan's (John Mulligan's)

Voir p. 59. (www.mulligans.ie ; 8 Poolbeg St ; 12h-23h30 lun-jeu, 11h-0h30 ven, 11h30-0h30 sam, 12h30-23h dim)

The Stag's Head

L'arrière de ce beau bar victorien de 1770, réaménagé en 1895, cache un vaste *snug*. Les boiseries, miroirs, vitraux et sièges cossus ainsi que l'éclairage à la bougie contribuent à son ambiance particulière. (stagshead.ie ; 1 Dame Ct ; 10h-23h dim-jeu, 10h-1h ven-sam)

The Wren's Nest

Voir p. 59. (01-869 9009 ; thewrensnest.ie ; Strawberry Beds, Chapelizod ; 17h-23h30 lun-jeu, 17h-0h30 ven, 12h30-0h30 sam, 12h-23h dim)

Toners

Les places sont convoitées dans ce *snug* à l'avant du Toners. Le poète W. B. Yeats avait ses habitudes dans ce pub plein de caractère. (01-676 3090 ; www.tonerspub.ie ; 139 Lower Baggot St ; 10h30-23h30 lun-jeu, 10h30-0h30 ven-sam, 11h30-23h30 dim)

Le rythme dans la peau

O'Donoghue's

C'est dans ce célèbre bar musical de Merrion Row que le groupe The Dubliners fit ses débuts. Choisissez un tabouret près de la scène si vous voulez chanter en chœur lors de l'une des fréquentes sessions de musique traditionnelle. (www.odonoghues.ie ; 15 Merrion Row ; 10h-minuit lun-jeu, 10h-1h ven-sam, 11h-minuit dim)

The Cobblestone

Tapez du pied en cadence dans ce pub populaire de Smithfield où l'on joue de la musique traditionnelle tous les soirs. Concerts réguliers de cornemuse irlandaise, *sean-nós* (chants traditionnels), *céilithe* (bals) et *set dancing* (quadrilles). (www.cobblestonepub.ie ; N King St ; 16h30-23h30 lun-jeu, 14h-0h30 ven, sam, 13h30-23h dim)

Vicar Street

Réservez votre place dans cette salle intimiste d'environ 1 000 places qui accueille concerts et spectacles. Guettez la troupe d'humoristes irlandais Foil Arms and Hog, très populaire. (01-454 5533 ; www.vicarstreet.com ; 58-59 Thomas St ; billets 25-60 € ; 19h-minuit)

Whelan's

Berceau spirituel des *songwriters* locaux, cette salle de concerts incontournable accueille des groupes locaux ou de passage sur l'une de ses trois scènes. Le bar situé à l'avant propose souvent des concerts gratuits. (01-478 0766 ; www.whelanslive.com ; 25 Wexford St)

Boutiques vintage et antiquaires

Delphi Antiques

Régalez vos yeux chez cet antiquaire, qui déborde de bijoux anciens, d'argenterie et de porcelaines. (delphiantiques.com ; Powerscourt Townhouse Centre, 59 William St South ; 50 Drury St ; 10h30-18h lun-sam)

Jenny Vander

Une merveilleuse boutique où dénicher des pièces pouvant remonter au XVIIIe siècle ainsi que des sacs à main brodés de perles, des foulards et des bijoux de créateur des XIXe et XXe siècles. (01-677 0406 ; 50 Drury St ; 10h-17h30 lun-sam, 13h-18h dim)

Nine Crows Vintage

Cette boutique de Temple Bar, très prisée pour ses vêtements vintage et d'occasion, propose de nombreux articles jamais portés ou retravaillés dans un esprit tendance. (01-551 0223 ; www.shopninecrows.com ; 22 Temple Lane South ; 11h-19h mar-dim, 12h-18h dim-lun)

O'Sullivan Antiques

Remontez le temps dans cette boutique de Francis St, connue pour ses antiquaires, où sont exposés meubles georgiens et Régence, œuvres d'art et luminaires. (01-454 1143 ; www.osullivanantiques.com ; 43-44 Francis St ; 10h-18h lun-sam)

Spindizzy Records

Fouillez dans les bacs de vinyles et de CD de ce disquaire de Market Arcade, spécialisé dans les 33-tours dance d'occasion. (www.spindizzyrecords.com ; 32 Market Arcade, South Great George's St ; 10h30-18h30 lun-mer et ven-sam, 10h-19h30 jeu, 12h-18h dim)

COMTÉ DE WICKLOW

NATURE | JARDINS | PARC NATIONAL

Wicklow National Park

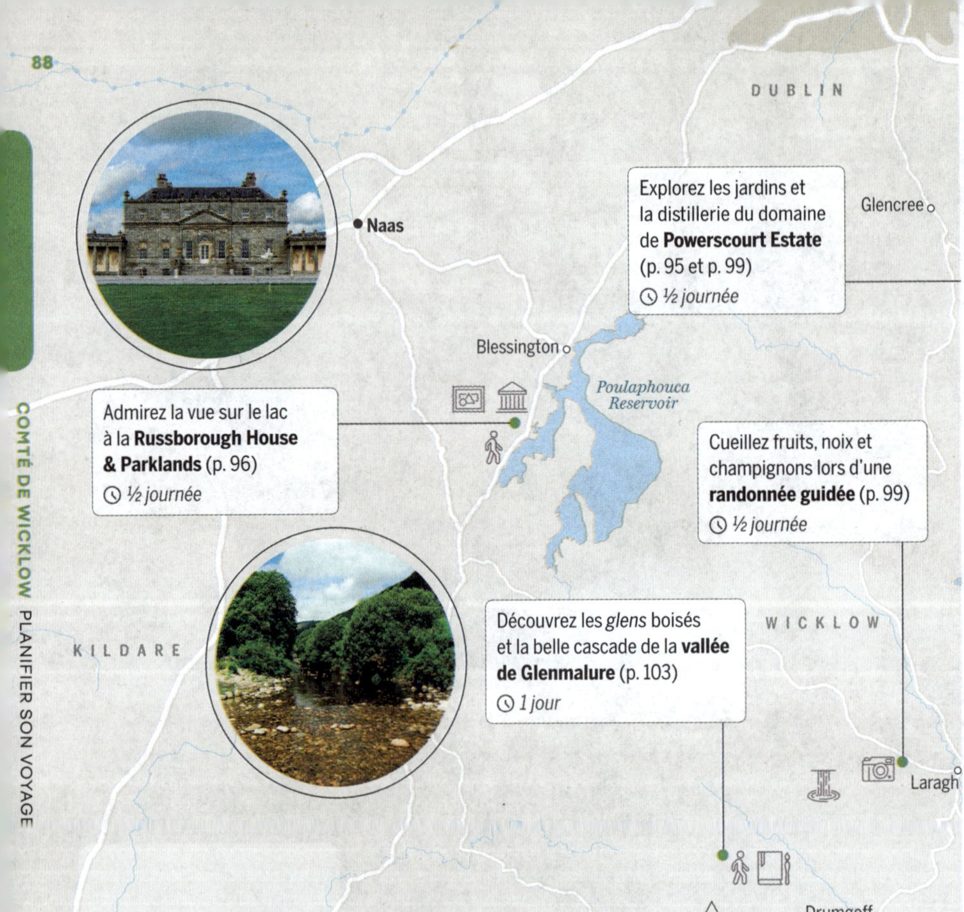

LE WICKLOW
à la carte

Marche en forêt, promenade dans les jardins d'un imposant manoir, randonnée en montagne avec panoramas à couper le souffle à l'arrivée, vous n'aurez pas le temps de vous ennuyer dans le Wicklow, surnommé le "Jardin de l'Irlande". Pénétrez au cœur de ses paysages fabuleux ou échappez-vous vers la côte pour d'agréables balades le long des plages de sable blanc du littoral.

Enniskerry
Bray
Greystones
Partez en kayak à la rencontre des phoques à **Bray Head** (p. 101)
½ journée
Imprégnez-vous de l'atmosphère à l'ancienne de la **Killruddery House & Gardens** (p. 96)
½ journée
Roundwood
Pique-niquez en bordure de rivière dans la **Clara Vale Nature Reserve** (p. 105)
½ journée
Wicklow
Flânez sur les sentiers bordés d'arbres et de fleurs sauvages des **National Botanic Gardens**, à Kilmacurragh (p. 97)
½ journée
Rathdrum
Adonnez-vous au surf, au paddle ou à la bronzette à **Brittas Bay** (p. 101)
½ journée
Woodenbridge
0
10 km

Informations pratiques

ELECTRIC EGG/SHUTTERSTOCK ©

À L'ARRIVÉE

Train Le DART relie Dublin à Bray et Greystones tandis que le réseau d'Irish Rail dessert Wicklow, Rathdrum et Arklow. De là, continuez en bus ou taxi.

Voiture L'autoroute M11/N11, qui part vers le sud de Dublin, traverse le comté de Wicklow. Si vous allez à Glendalough, notez que les parkings sont souvent complets le week-end et les jours fériés.

BUDGET

Leçon de surf 45 €

Dégustation de whiskey 25 €

Visite de jardin 8,50 €

COMMENT CIRCULER

Train Les trains desservent surtout les destinations côtières.

Bus Des liaisons existent ver les villes principales, mais les sites d'intérêt sont mal desservis par les transports en commun.

Voiture Le plus pratique pour se déplacer. Les sites touristiques attirent de nombreux Dublinois le week-end et pendant les vacances : le trafic peut y être important.

QUAND Y ALLER

JAN - MARS

Temps frais et journées courtes, mais les soirées s'allongent à l'approche du printemps.

AVR - JUIN

Temps plus chaud et plus sec. Explosion de couleurs dans les jardins. Averses fréquentes.

JUIL - SEPT

C'est en juillet-août qu'il fait le plus beau.

OCT - DÉC

Temps très frais. Les forêts se parent de leurs couleurs d'automne.

SE RESTAURER ET PRENDRE UN VERRE

Manger bio Le Wicklow est considéré comme le "jardin de l'Irlande" – mangez bio chez Strawberry Tree (p. 109) ou partez cueillir vos propres ingrédients avec Wicklow Wild Foods (p. 99).

Écoles de cuisine Apprenez à mitonner des plats de saison à l'institut culinaire de Ballyknocken (p. 108) ou la cuisine au feu de camp avec Tipi Adventures (p. 99).

Meilleure dégustation de whiskey
Powerscourt Distillery (p. 99)

Meilleur dégustation de vin de baies
Wicklow Way Wines (p. 99)

SE CONNECTER ET S'ORIENTER

Wi-Fi Gratuit dans la plupart des cafés, restaurants et hébergements. Le réseau 4G est plutôt fiable, à part dans les montagnes.

S'orienter Planifiez vos itinéraires avant de partir sur les petites routes. Des agences peuvent s'occuper du transport de vos bagages si vous faites la Wicklow Way à pied.

OÙ LOGER

Lieu	Caractéristiques
Glendalough	Village paisible avec un accès direct à la vallée de Glendalough.
Ashford	Quelques hébergements comme la Tinakilly Country House, avec jardin et vue sur la mer, le Hunter's Hotel et la Ballyknocken House.
Enniskerry	Magnifique village, à côté du Powerscourt Estate et de la cascade.
Dunlavin	Le chic domaine hotellier Rathsallagh House déploie ses 200 ha et ses milliers d'arbres.
Macreddin Village	Produits bio chez BrookLodge, golf, pubs et cadre rural idyllique.

LE WICKLOW PASSPORT

Avec le Wicklow Passport (2 €), à faire tamponner dans les villes et villages que vous traverserez, vous pourrez conserver une trace de vos visites dans le comté (visitwicklow.ie/passport).

ARGENT

Les cartes bancaires sont acceptées presque partout, mais il peut s'avérer difficile de trouver un DAB : gardez des espèces sur vous.

Les grands classiques

Pour les infos pratiques de chaque site, reportez-vous au Carnet d'adresses p. 106.

Glendalough

À seulement 50 km au sud de Dublin, Glendalough est l'un des plus beaux sites d'Irlande. Fondée par saint Kevin au VIe siècle, la cité monastique de Glendalough était devenue plus importante que Clonmacnoise au IXe siècle, lorsqu'elle accueillait des centaines de disciplines. Pillée à maintes reprises par les Vikings, elle fut entièrement détruite par les Anglais en 1398. Le site resta occupé par quelques moines jusqu'au XVIIe siècle, avant sa désaffection complète. Les vestiges du site (dont une tour ronde du Xe siècle ainsi que les ruines d'églises en pierre et de la Cathedral of St Peter and St Paul du Xe-XIIe siècle), au coeur d'un cadre naturel splendide et romantique, sont inoubliables.

SAKHANPHOTOGRAPHY/STOCK.ADOBE.COM ©

Randonnée dans la vallée de Glendalough

Au cœur des montagnes de Wicklow, la vallée de Glendalough se prête merveilleusement à la randonnée. Elle se compose de deux lacs de toute beauté, le Lower Lake et l'Upper Lake, et compte 9 sentiers balisés, dont le plus long fait 10 km (4 heures de marche). Avant de vous lancer, faites une halte au National Park Information Office pour vous procurer brochures et carte des sentiers.

ALLASTASY/SHUTTERSTOCK ©

Mount Usher Gardens

Créés par Edward Walpole en 1868, près d'Ashford, les 8 ha luxuriants des Mount Usher Gardens, où se côtoient plantes tropicales, forêt et cascades, forment une étendue de style Robinsonien – selon les préceptes du célèbre jardinier irlandais William Robinson (1838-1935) –, libérée des carcans du jardin classique.

OSHER AVZIROV/SHUTTERSTOCK ©

COILLTE ©

Avondale House

L'Avondale House est un beau manoir palladien entouré d'un merveilleux domaine de 209 ha, où vécut Charles Stewart Parnell (1846-1891), l'un des personnages clés du mouvement pour l'indépendance du pays. Autour du manoir, la forêt et le parc sont sillonnés de sentiers de randonnée.

Vallée de l'Avoca

Densément boisée, la vallée de l'Avoca offre l'un des plus beaux paysages du comté de Wicklow. C'est dans le minuscule village d'Avoca qu'est née la célèbre marque de tissus irlandais, Avoca Handweavers. La filature Avoca Mill y fabrique tweed, lainages et autres tissus de qualité depuis 1723.

GIM42/ISTOCKPHOTO.COM ©

DUDLAJZOV/STOCK.ADOBE.COM ©

Powerscourt Estate

Adossé au village d'Enniskerry, cet immense domaine est le site le plus visité du comté. La propriété existe depuis 1 300, lorsque la famille LePoer (Power) y fit construire un château. Point d'orgue du domaine, les 20 ha de jardins paysagers, créés dans les années 1740, furent réaménagés au XIXe siècle par Daniel Robinson, éminent horticulteur qui imagina un ensemble de jardins classiques, terrasses, statues, allées et lacs ornementaux avec le Great Sugarloaf en toile de fond.

07 Jardins et DEMEURES

JARDINS | EXCURSIONS À LA JOURNÉE

Les amoureux de la nature apprécieront le calme qui règne dans les jardins des majestueuses demeures du comté de Wicklow. Imprégnez-vous de leur grandeur historique, flânez parmi les chênes centenaires et contemplez des prairies tapissées de fleurs sauvages.

DAVID K PHOTOGRAPHY/SHUTTERSTOCK ©

En pratique

Circuler Des bus desservent Powerscourt (village d'Enniskerry) et Killruddery (à 2,5 km de Bray). Les liaisons sont plus limitées pour Russborough House (Blessington), et une voiture sera indispensable pour rejoindre Kilmacurragh.

Quand Au printemps pour les rhododendrons, en été pour les fleurs sauvages, en automne pour les couleurs de la nature. Par beau temps, les Dublinois affluent dans les jardins du comté.

L'heure du thé Tous les jardins disposent de cafés ou de buvettes pour se rafraîchir.

CINEMATOGRAPHPICTURES/SHUTTERSTOCK ©

Noblesse oblige Le splendide domaine de **Powerscourt Estate** (p. 106), ouvert sur la campagne du Wicklow et le mont Sugarloaf, est l'un des plus majestueux du comté. La maison et les jardins datent de 1730. Les 19 ha de la propriété comprennent des sentiers paysagers, des jardins clos, un jardin japonais, un café avec terrasse et une distillerie.

"Powerscourt est le jardin aristocratique par excellence, avec ses gigantesques urnes, ses imposantes fontaines, ses balustrades victoriennes en fer forgé et ses portes ornementées," souligne Seamus O'Brien, jardinier en chef des National Botanic Gardens de Kilmacurragh. "Le domaine est planté d'arbres remarquables tels que des séquoias géants et une avenue de hêtres majestueux, qui se déploient depuis un portail superbement ouvragé. En automne, ces

DACOWLEY/GETTY IMAGES ©

Autres découvertes

Parmi les autres demeures, parcs et jardins du Wicklow, visitez l'**Avondale House & Forest Park** (p. 106) pour de belles marches en forêt et une visite historique de la maison ; **Glendalough** (p. 92), dans le **Wicklow Mountains National Park**, pour ses les lacs et sa cité monastique du VIe siècle ; et les **Mount Usher Gardens** (p. 93), à Ashford, pour une belle balade en bordure de rivière.

À gauche Glendalough (p. 93)
En haut à gauche Powerscourt Estate
En haut à droite Russborough House

hêtres prennent une couleur rouille, formant une toile de fond tout simplement sublime."

À l'ancienne Au cœur d'un domaine de 320 ha, la **Killruddery House & Gardens** (p. 106) possède l'un des plus anciens jardins à la hollandaise d'Irlande et de Grande-Bretagne. Le manoir est habité par la famille Brabazon (comtes de Meath) depuis 1618. Des visites guidées de la demeure sont proposées et vous pourrez découvrir une ferme en activité avec boutique, café, salon de thé et excellent marché de producteurs tous les samedis.

"Si vous longez les canaux, vous trouverez sur votre chemin un fossé effondré. Cet obstacle naturel permet de se passer de clôtures," explique Seamus. "On bénéficie ainsi d'une superbe perspective depuis l'élégante demeure néo-élisabéthaine et les jardins bien plus anciens qui l'entourent."

Manoir avec vue Autre belle demeure du Wicklow, les **Russborough House & Parklands** (p. 106) datent des années 1740. Vous pourrez visiter le manoir de style palladien et sa collection d'art, explorer les

Les conseils du jardinier

Si vous aimez les arbres,vous trouverez à **Powerscourt** (p. 95) le plus haut d'Irlande (un sapin de Douglas de 61,5 m) et des hêtres à perte de vue.

Killruddery (voir ci-dessus) déploie des kilomètres de promenades bordées d'arbres, ainsi qu'une serre remplie de statues de marbre, rapportées d'un périple en Italie par l'un des comtes de Meath. Les haies de hêtres et de charmes se parent de couleurs éclatantes en automne.

Mount Usher Gardens (p. 93) Le jardin est enchanteur au printemps lorsqu'éclosent les fleurs sauvages et que les scilles à deux feuilles recouvrent par endroits les pelouses d'un tapis bleuté.

Recommandé par Seamus O'Brien, jardinier en chef des National Botanic Gardens de Kilmacurragh (ci-contre)

À gauche Killruddery House & Gardens **Ci-dessous** Mount Usher Gardens aux couleurs d'automne

sentiers du domaine et admirer le panorama sur les lacs de Blessington et les montagnes du Wicklow.

"Le charme de Russborough tient au paysage historique au milieu duquel trône la demeure – les hêtres immenses, la vue sur Blessington Lake et la superbe façade classique du manoir," indique Seamus. "L'endroit est merveilleux au printemps, lorsque les bulbes fleurissent et que le Spring Garden, un jardin secret, se pare de jolis rhododendrons."

Fleurs sauvages La maison et les jardins d'origine des **National Botanic Gardens de Kilmacurragh** (p. 106) datent de 1697 tandis que le jardin le plus récent, plus sauvage, fut créé dans les années 1850. Le manoir n'a pas encore été restauré, mais vous pourrez vous promener parmi des épicéas d'Orient vieux de 150 ans, des cèdres du Japon et dans une allée d'ifs séculaires.

La visite guidée gratuite des jardins vous conduira au milieu de parterres de rhododendrons de l'Himalaya, d'un rose éclatant au printemps, de myrtes du Chili à l'écorce rouille, de pins King Billy de Tasmanie et de fuchsias de Nouvelle-Zélande, hauts de 10 m. "J'aime beaucoup le caractère sauvage de ce jardin," commente Seamus. "Ici, pas de pelouses parfaites, mais plutôt des prairies de fleurs qui se parent de milliers d'orchidées sauvages en été. On ne fait pas plus romantique."

08 Le cellier de L'IRLANDE

GASTRONOMIE | DÉGUSTATIONS | NATURE

Les paysages enchanteurs du Wicklow ont valu au comté le surnom de “Jardin de l'Irlande”, mais leur magie ne s'apprécie pas qu'avec les yeux : certains des meilleurs produits du pays sont issus des collines et prairies fertiles de la région, et font la fierté des producteurs locaux. Goûtez au vin de baies, visitez une distillerie et partez à la cueillette d'incroyables délices sauvages.

FOTOGRAFIE - SCHMIDT/SHUTTERSTOCK ©

En pratique

Circuler Le comté est mal desservi par les transports en commun. Il est préférable de louer une voiture pour s'éviter de nombreuses correspondances.

Quand Le printemps est la saison idéale pour admirer genêts jaune vif et autres fleurs sauvages. Pour la cueillette des champignons, venez en automne.

Train avec vue Si vous avez du temps, prenez le DART depuis Dublin jusqu'au joli village de Greystones, sur la côte, puis visitez la région en bus ou en taxi.

ROMAN_OVERKO/SHUTTERSTOCK ©

Ci-contre Powerscourt Distillery **À gauche en haut** Démonstration de cuisine sauvage **À gauche en bas** Baies de saison

Garde-manger naturel Partez pour une session cueillette à travers la campagne du comté avec Geraldine Kavanagh de **Wicklow Wild Foods** (p. 108), qui a tout appris dans les collines du Wicklow. Elle vous enseignera comment identifier et cuisiner des produits on ne peut plus bio pour des festins de saison à base des fruits, fleurs, noix, champignons et jeunes pousses de la région. Au printemps, Geraldine partage ses recettes de glace aux fleurs de genêts et de pesto à l'ail des ours.

Vins sauvages Les baies d'Irlande sont à l'honneur chez **Wicklow Way Wines** (p. 108), où Pamela et Brett, passionnés de cuisine et de nature, les transforment en vins primés. Brett vous guidera à travers le domaine pour vous faire découvrir comment les fruits sont pressés avant d'être transformés en vin. La visite se conclut par une dégustation de vins de fraise, de mûre et de framboise, accompagnés de fromages et de chocolats irlandais.

Whiskey et histoire Les dégustations de whiskey de la **Powerscourt Distillery** (p. 109) sont exceptionnelles. Santina Kennedy, passionnée d'histoire de la gastronomie irlandaise, vous propose sa visite Fercullen, Food and Folklore, qui marie le whiskey Fercullen à des délices sauvages et locales (demandez-lui ses recettes de cocktails aux baies). Fercullen est le nom gaélique qui fut donné jadis à ces terres où l'on cultive désormais l'orge pour la fabrication du whiskey. La distillerie occupe une partie de l'Old Mill House, où se trouvait autrefois le cœur agricole du domaine de Powerscourt Estate (p. 95).

La crème de la gastronomie

Cuisine sauvage
Partez camper dans les bois avec **Tipi Adventures** pour un festin de produits sauvages et locaux comme le méchoui d'agneau de Wicklow nourri à l'herbe. Tipi propose aussi des cours de cuisine à base d'ingrédients sauvages, au cœur d'une forêt paisible sur les rives de l'Avonmore.

Festivals culinaires
Fin juin ou début juillet se tient **Taste of Wicklow** (tasteofwicklow.ie), évènement incontournable pour les gourmets de la région. Le week-end prolongé d'octobre est l'occasion de célébrer l'**October Feast** (wicklow naturally.ie/events). En hiver, goûtez les produits artisanaux et bières locales du **Christmas Market** (wicklowchristmasmarket.com) de la ville de Wicklow.

09 Plaisirs CÔTIERS

PLEIN AIR | PLAGES | SPORTS NAUTIQUES

Le Wicklow est peut-être réputé pour ses montagnes et ses terres fertiles, mais son littoral, ponctué de longues plages de sable, de criques secrètes et de ports abrités, est tout aussi remarquable. Les eaux calmes bordant la côte se prêtent à de nombreuses explorations sportives, entre plongeons depuis les rochers, découvertes de grottes en kayak, surf et paddle sous le regard curieux des phoques et des dauphins.

AKSRU44/SHUTTERSTOCK ©

En pratique

Circuler Depuis Dublin, les villes de Bray et de Wicklow sont bien desservies par les transports en commun, mais il vous faudra une voiture pour rejoindre Brittas Bay.

Quand L'été est synonyme de temps plus chaud, mais aussi de vacances scolaires : la côte est bondée à cette période. Si vous n'aimez pas l'eau froide, venez tout de même en juillet-août.

Observation de la faune La meilleure période s'étend de juin à septembre, quand dauphins et baleines de Minke montrent le bout de leur nez.

KEITHGORDONPHOTOGRAPHY/SHUTTERSTOCK ©

NIALL CARSON/PA IMAGES VIA GETTY IMAGES ©

Ci-contre Kayak de mer à Bray
À gauche en haut Brittas Bay
À gauche en bas Phoque gris

Kayak de mer Débutant ou confirmé, les **excursions en kayak** de Bray Adventures (p. 107) vous feront découvrir quelques merveilleuses criques secrètes du littoral de Wicklow. Commencez par une session d'initiation dans les eaux calmes de Bray Harbour, ou, si la mer est agitée, sur la rivière Dargle, tout près du port. Des guides expérimentés vous emmèneront ensuite autour de **Bray Head** à la rencontre des phoques et des oiseaux migrateurs qui trouvent refuge dans un sanctuaire protégé.

Canyoning côtier Plongeons depuis les falaises, sessions spéléo et baignade en pleine mer parmi les trésors cachés de la côte du Wicklow sont autant d'occasions de vous dépenser. Les guides de Bray Adventures (p. 107), seule agence proposant du **canyoning côtier** (ou *coasteering*) à Dublin et Wicklow, connaissent les meilleurs spots de la région.

Surf **Brittas Bay**, l'une des plus belles plages Pavillon bleu du pays, est une étendue de sable blanc de 5 km qui se prête aussi bien à la baignade qu'au surf. Les débutants pourront prendre des leçons à la Brittas Bay Surf School (p. 107), tandis que les surfeurs confirmés y loueront une planche pour deux heures avant de s'attaquer aux vagues du large. D'excellents clubs pour enfants proposent jeux de plage et initiation au surf sur des petites vagues.

Excursions en bateau Embarquez pour une session de **pêche à la ligne** avec Wicklow Boat Charters (p. 107), et attrapez émissoles, lieus noirs, aiguillats et maquereaux. Autrement, un tour en bateau vous conduira à la découverte des sites historiques et de la faune marine du comté.

Surf et paddle, les conseils d'un pro

Hugh Arthur qui gère la Brittas Bay Surf School (p. 107), surfe depuis 30 ans. L'un de ses spots préférés se trouve à **Magheramore Beach**, plus petite et moins connue que la plage de Brittas Bay. Les conditions sont idéales pour les surfeurs de niveau intermédiaire.

En paddle, Hugh recommande la balade du **port** (Wicklow Harbour) au **phare de Wicklow** (Wicklow Lighthouse). Attention aux courants : si vous êtes débutants, ne tentez pas l'aventure en solo, et laissez-vous guider par Hugh pour découvrir cette superbe portion du littoral du Wicklow.

10 Le Wicklow de long EN LARGE

PLEIN AIR | RANDONNÉE | NATURE

Ascension du plus haut sommet de la région, randonnées au-dessus d'anciennes vallées glaciaires, sentiers perdus au cœur des forêts et promenades côtières : le comté de Wicklow a tout pour plaire aux marcheurs, d'autant que ses sites sont accessibles en une journée depuis Dublin.

ANNA GORIN/GETTY IMAGES ©

En pratique

Circuler Louer une voiture reste le plus pratique : la plupart des randonnées ne sont pas accessibles en transports en commun, à l'exception notable de la vallée de Glendalough (glendaloughbus.com).

Quand Le temps est idéal en été, mais on croise du monde sur les sentiers. Les couleurs sont magnifiques au printemps et à l'automne.

À emporter On vit parfois quatre saisons en une seule journée – prévoyez plusieurs couches de vêtements, de quoi vous protéger de la pluie et de bonnes chaussures.

RR PHOTO/SHUTTERSTOCK ©

Nature et cascades

Longue de 20 km, reculée et sauvage, la **vallée de Glenmalure** permit aux rebelles irlandais de repousser les troupes anglaises durant des siècles grâce à son relief accidenté. Vous apercevrez un mémorial en leur honneur ainsi que les vestiges d'anciennes mines de plomb à proximité du Baravore Carpark. De là, un sentier abrupt de 3 km traverse la **Baravore Forest** et rejoint la cascade de **Fraughan Rock Glen**, un lieu féerique aux mille nuances de vert. Des chèvres sauvages, descendantes de troupeaux jadis employés dans les mines, s'y promènent régulièrement.

Un court sentier, le Miner's Path, part de la **cascade de Ballinafunshogue**, offrant un vaste panorama sur la vallée, avant de passer devant la **cascade de Carrowaystick** (le petit cottage en pierre chaulée à sa base

KRZYSZTOF SKALNY/SHUTTERSTOCK ©

Tutoyer les nuages

L'ascension du **Lugnaquilla** (925 m), plus haut sommet du Leinster, est éprouvante (5 à 8 heures) mais splendide. Attention, la météo est changeante et les excursions en solo sont déconseillées. Si vous faites appel à un guide, assurez-vous qu'il ait reçu l'accréditation Mountain Leader Qualification.

Recommandé par Russell Mills, guide chez Mountain Trails (p. 107) @mnttrailsie

À gauche Lugnaquilla **En haut à gauche** Vallée de Glendalough (p. 104) **En haut à droite** Lough Tay (p. 104)

servit de cachette aux rebelles). Le chemin rejoint ensuite la **Wicklow Way**, l'un des plus beaux chemins de randonnée d'Europe. Les 14 km qui vous séparent de Glendalough en sont l'une des sections les moins éprouvantes (et les plus belles). Un bon équipement de randonnée est indispensable.

Prendre de la hauteur

Le balisage en couleur des itinéraires de la **vallée de Glendalough** (p. 106) est facile à comprendre. Vous croiserez du monde sur la crête du **Spinc**, une montée éprouvante de 3 heures 30, récompensée par un panorama à couper le souffle 500 m au-dessus des lacs, et vous aurez peut-être la chance d'apercevoir des cerfs sika.

Le sommet de la **Djouce Mountain** (725 m), l'un des plus accessibles de la région, se rejoint depuis le parking du JB Malone Memorial. La montée au mémorial, courte (300 m) mais abrupte, permet d'admirer la vue sur le **Lough Tay** avant de parcourir les 8 km restants jusqu'au sommet (sur des planches presque tout le temps), où vous attend un panorama à 360°. Bonnes chaussures et vêtements chauds indispensables.

Après l'effort...

De septembre à avril, dans une prairie face au **Glenmalure Lodge** (où l'on se régale de pintes et d'une bonne cuisine au coin du feu ; p. 109), un sauna chauffé au bois, le **Bosca Beatha** (p. 109), est installé sur la rive de l'Avonbeg pour les randonneurs exténués. Après avoir bien transpiré, piquez une tête dans la piscine alimentée par l'eau de la rivière. Et, pour finir, prenez un cours de yoga dans la yourte du Bosca Beatha, dispensé par l'énergéticienne Shirley Fitzpatrick. Réservation en ligne conseillée pour le sauna et le yoga.

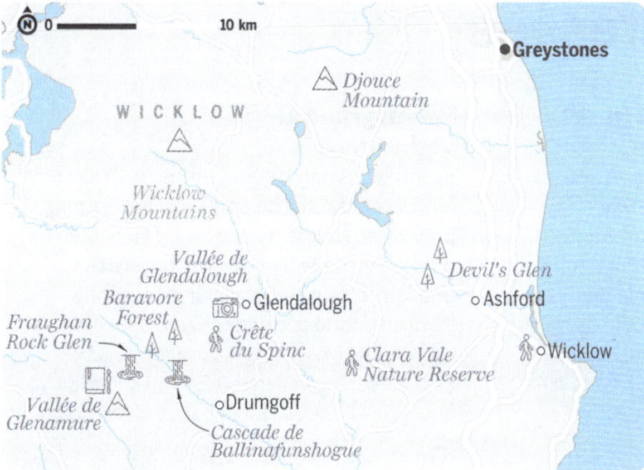

À gauche Clara Vale Nature Reserve
Ci-dessous Phare de Wicklow Head

Vallées secrètes

Certains itinéraires splendides et méconnus se nichent au fond des vallées reculées du comté, traversant des forêts anciennes et grouillant de vie animale. Le **Devil's Glen** abrite ainsi un sentier forestier enchanteur (4 km) sur les traces du poète irlandais Seamus Heaney, jalonné de sculptures d'artistes renommés. Suivez aussi la **Waterfall Walk** (5 km) jusqu'à la Devil's Glen Waterfall, une impressionnante cascade.

Randonnées au fil de l'eau L'Avonmore Way (An Abhainn Mhór, "grande rivière" en irlandais) est une randonnée de 12 km à travers la **Clara Vale Nature Reserve**, où poussent des chênes, devenus rares en Irlande. L'entrée de la réserve, 200 m au nord de l'arche de pierre du Clara Vale Bridge, marque le point de départ de plusieurs sentiers de 2 à 9,5 km, faciles et bien balisés. Prévoyez un pique-nique, à déguster en trempant vos pieds fourbus dans les eaux fraîches de l'Avonmore.

Sentiers côtiers Un court trajet en train depuis Dublin mène à la **Bray to Greystones Cliff Walk**, un chemin de 7 km, idéal pour contempler la mer depuis le sommet des falaises avant un festin de poissons et de fruits de mer – au Happy Pear (p. 108), à Greystones, par exemple. Attention : certaines parties du sentier peuvent être fermées pour cause d'érosion côtière, il est impératif de

respecter les déviations imposées. Plus escarpée, la **Glen Beach Cliff Walk** (4 km) relie le sud de la ville de Wicklow au phare historique de **Wicklow Head**, vous conduisant dans des criques secrètes et près d'une colonie de phoques. Vous aurez peut-être la chance d'apercevoir des dauphins. Le sentier est boueux par endroits – prévoyez de bonnes chaussures.

Carnet d'adresses

Les grands classiques (p. 92)

Avondale House & Forest Park

Entièrement repensé et rénové, le site doit rouvrir ses portes à l'été 2022, avec un centre des visiteurs flambant neuf, un parcours dans les arbres, une visite guidée de la maison natale de Charles Stewart Parnell et un café sur place. (0404-46111 ; www.coillte.ie/site/avondale-forest-park ; Rathdrum ; parc forestier parking 7h-21h avr-sept, 8h-17h oct-mars)

Glendalough

(0404-45352 ; www.heritageireland.ie ; adulte/enfant et étudiant/famille 5/3/13 € ; 9h30-18h mi-mars à mi-oct, 9h30-17h mi-oct à mi-mars)

Mount Usher Gardens

(0404-49672 ; www.mountushergardens.ie ; Ashford ; tarif plein/réduit 9/5 € ; 10h-17h30 mars-sept, 10h-17h oct-fév)

Powerscourt Estate

(01-204 6000 ; www.powerscourt.com ; Bray Rd, Enniskerry ; jardins adulte/enfant 10/5 € mars-oct, 8,50/4 € nov-fév, cascade 6,50/3,50 €, bâtiment en accès libre ; 9h30-17h30 mars-oct, 9h30-coucher du soleil nov-fév)

Vallée de Glendalough – Glendalough National Park

Consultez le bureau du parc national pour les randonnées autour de l'Upper Lake et du Lower Lake. (0404-45425 ; www.wicklowmountainsnationalpark.ie ; Bolger's Cottage, parking de l'Upper Lake ; 10h-17h30 tlj mai-sept, 10h-coucher du soleil sam-dim oct-avr)

Vallée de l'Avoca – Avoca Handweavers (filature, boutique et café)

Voir aussi les boutiques Avoca, p. 109. (0402-35105 ; village d'Avoca, The Mill ; visite de la filature gratuite)

Au grand air

Greenan Maze

Égarez-vous dans un labyrinthe de 2 000 m^2 aux parois hautes de plus de 2 m, ou optez pour le labyrinthe du solstice si vous êtes d'humeur méditative. Vous trouverez une ferme-musée sur place et un sentier de promenade parmi des arbres aux fées. (086-884 5624 ; www.greenanmaze.com ; Ballinanty ; tarif plein/réduit 8/7 € ; 10h-18h tlj juin-août, 10h-18h sam-dim avr-mai et sept)

Killruddery House & Gardens

Voir p. 96. (01-286 3405 ; www.killruddery.com ; Southern Cross Rd, Bray ; maison et jardins adulte/enfant 15,50/5,50 €, jardins uniquement 8,50/3 € ; maison 9h30-18h sam-jeu mai-sept, jardins 9h30-18h tlj mai-sept, maison et jardins sam-dim seulement avr et oct)

National Botanic Gardens – Kilmacurragh

Voir p. 97. (01-804 0300 ; www.botanicgardens.ie ; Kilmacurragh ; 9h-17h tlj mars-sept, 9h-16h30 tlj oct-fév)

Powerscourt Waterfall

À 6 km au sud du Powerscourt Estate, cette cascade de 121 m est la plus haute d'Irlande. Un chemin de randonnée en contourne le bas. (www.powerscourt.com/waterfall ; Powerscourt Estate ; adulte/enfant 6,50/3,50 € ; 9h30-19h mai-août, 10h30-17h30 mars-avr et sept-oct, 10h30-16h nov-fév)

Russborough House & Parklands

Voir p. 96. (045-865 239 ; www.russborough.ie ; Blessington ; visite guidée adulte/enfant 12/6 € ; 10h-17 tlj mai-sept, horaires restreints en sem reste de l'année)

Sally Gap

Rejoignez ce col par la R115, également appelée Old Military Road, à travers des paysages d'une beauté sauvage.

Wicklow Boat Charters

Voir p. 101. (☎087-683 2179 ; wicklowboatcharters.ie ; 10C Wicklow Heights, Wicklow ; circuit bateau 1 heure adulte/enfant 20/10 €, 2 heures 30/15 €)

Wicklow Mountains National Park

Explorez un sentier, gravissez une montagne, observez la faune, faites le tour des lacs ou découvrez en voiture les paysages de ce superbe parc national. Voir *Vallée de Glendalough* page ci-contre.

Aux quatre coins du comté

Excursions à la journée

De nombreux opérateurs proposent des excursions en car d'une journée au départ de Dublin pour Glendalough, le village d'Avoca et les Wicklow Mountains. La plupart des bus partent de O'Connell Street.

Wild Wicklow Tours (☎01-280 1899 ; www.wildwicklow.ie ; adulte/enfant 33/28 € ; ⏲départ 8h50-retour 18h)

St Kevins Bus (☎01-281 8119 ; www.glendaloughbus.com ; aller simple/aller-retour 13/20 €, 1 heure 30)

Wicklow Goal

Rencontrez des personnages hauts en couleur derrière les murs de la prison de Wicklow, ouverte en 1702 et désaffectée en 1924. Les plus courageux tenteront les visites Gates of Hell ("Portes de l'Enfer") ou un circuit nocturne. (☎0404-61599 ; www.wicklowshistoricgaol.com ; Kilmantin Hill ; adulte/enfant visite guidée incluse 10,50/8 €, Gates of Hell 16/12 €, circuit nocturne 21 € ; ⏲11h-15h30 lun-ven, 10h30-16h30 sam-dim)

Aventures sportives

Ballinastoe Mountain Bike Trail

La forêt au nord de Roundwood est sillonnée de 14 km de sentiers VTT exigeants, dont certains offrent une vue splendide sur le Lough Tay.

Bray Adventures

Voir p. 101. (☎01-276 0973, 087-366 9999 ; brayadventures.ie ; Bray Harbour, Bray ; sorties kayak 45-60 €, coasteering 60 €)

Labyrinthe de Greenan (page ci-contre)

PETER KROCKA/SHUTTERSTOCK ©

Brennanstown Riding School

Prenez un cours d'équitation ou partez pour un trek à cheval (demi-journée ou journée) à travers les campagnes du comté, au départ de Brennanstown. (☎01-286 3778 ; www.brennanstownrs.ie ; Hollybrook, Kilmacanogue)

Brittas Bay Surf School

Voir p. 101. (☎086-263 3075 ; brittasbaysurfschool.com ; Brittas ; location planche de surf et combi 25 €, cours 2 heures 45 €)

Mountain Trails

Randonnées guidées dans les montagnes de Wicklow. Voir p. 103. (☎086-446 6997 ; mountaintrails.ie ; journée 35 €)

Wicklow Way

Il vous faudra 6 ou 7 jours pour parcourir les 129 km de cette randonnée reliant Marlay Park (p. 62), dans le sud du comté de Dublin, à Clonegal, dans le comté de Carlow. Vous traverserez des paysages parmi les plus beaux du Wicklow. (visitwicklow.ie/the-wicklow-way)

Nos amies les bêtes

Glenroe Farm

Cajolez lapins ou cochons d'Inde et apprenez-en davantage sur les animaux de la ferme. Après une promenade en pleine nature, tentez de sortir du labyrinthe. (☎01-287 2288 ; glenroefarm.ie ; Ballygannon, Kilcoole ; adulte/enfant/famille 7,50/7,50/27 € ; ⏲10h-17h sam-dim mars-mai et sept-oct, 10h-17h lun-ven, 10h-18h sam-dim juin-août)

K2 Alpacas

Emmenez un alpaga en randonnée et découvrez ces curieux animaux qui communiquent entre eux en fredonnant. (k2alpacas.ie ; Callow Hill Upper, Newtown-mountkennedy ; randonnée 2 heures 38 €, à partir de 8 ans ; 10h et 14h sam-dim)

Sealife

Saluez les habitants aquatiques de ce superbe aquarium du front de mer de Bray. (01-286 6939 ; www.visitsealife.com/bray ; Strand Rd, Bray ; tarif plein/réduit 14,50/11,50 € ; 10h30-16h30 lun-ven, 10h-18h sam-dim oct-mars, 10h-18h tlj avr-sept)

Cours de cuisine

Ballyknocken House & Cookery School

Apprenez à cuisiner à l'irlandaise avec les produits du jardin de cette demeure champêtre, gérée par la cheffe médiatique Catherine Fulvio. (0404-44627 ; ballyknocken.ie ; Glenealy, Ashford ; cours de cuisine 4 heures 155 €)

Tipi Adventures

Voir p. 99. (tipiadventures.ie ; Rathdrum)

Wicklow Way Wines

Voir p. 99. (wicklowwaywines.ie ; Wicklow)

Wicklow Wild Foods

Voir p. 99. (wicklowwildfoods.com)

NO_LIMIT_PICTURESS/GETTY IMAGES ©

Vue sur les Wicklow Mountains

Papilles en fête

Burrito Box €

Garé dans le Boatyard (chantier naval) de Greystones, ce food truck sert burritos et nachos accompagnés de frites de patate douce. (01-901 0456 ; burritobox.ie ; Trafalgar Rd, Rathdown Lower, Greystones ; burritos 8-9,50 €, box 7-11 € ; 13h-21h mer-dim)

Firehouse Bakery €

Une vaste gamme de pains et pâtisseries sortent chaque matin du four à bois de cette boulangerie artisanale de Delgany. Et, l'été, c'est glaces pour tout le monde ! (01-287 6822 ; www.thefirehouse.ie ; Old Delgany Inn, R762 Delgany ; pains et pâtisseries 2,50-5,50 €, plats 7,50-13,50 € ; 8h30-17h lun-ven, 9h30-17h sam-dim)

Happy Pear €

Faites le plein d'énergie positive dans ce café-boutique diététique, fondé par les jumeaux Dave et Steve, authentiques passionnés de cuisine végétarienne. (www.thehappypear.ie ; Church Rd, Greystones ; plats 2,80/7,50 € ; 9h-17h lun-ven, 9h-18h sam-dim)

Platform Pizza Bar €

Cap sur cet établissement prisé de Bray pour une pizza au porc effiloché ou végane à l'épeautre, accompagnée d'un cocktail Bray Bré maison. (01-538 4000 ; www.platformpizzabar.com ; Strand Rd, Bray ; pizzas 12,50-15,75 € ; 12h-22h dim-jeu, 12h-23h ven-sam)

Délices des campagnes

Hunter's Hotel €€€

Tenu en famille, cet hôtel à l'ancienne de Rathnew propose petits déjeuners, déjeuners, dîners et *afternoon teas*. Ne manquez pas de faire un tour dans le jardin. (0404-40106 ; www.hunters.ie ; Newrath Bridge, Newrath, Rathnew ; menu déj/dîner 26,50/30,75 €)

Poppies €

Une fantastique cuisine maison dans le village d'Enniskerry ! Venez pour du thé et des gâteaux, un déjeuner léger ou de belles parts de quiche et de tarte. (01-282 8869 ; www.facebook.com/poppiesireland ; The Square, Enniskerry ; plats 6,5-12 € ; 8h-17h lun-ven, 8h-18h sam-dim)

Strawberry Tree €€€

Le restaurant de l'hôtel Brooklodge sert des repas 100% bio, composés de nombreux produits locaux. Jetez un œil au cellier, qui déborde d'ingrédients sauvages. (04-023 6444 ; www.brooklodge.com ; Brook Lodge, Macreddin ; menu dîner 65 € ; 19h-21h tlj juil-août, 19h-21h mar-dim mars-juin et sept-oct, 19h-21h sam-dim nov-fév)

Brasseries et distilleries

Glendalough Distillery

Cette distillerie propose des gins saisonniers à base de plantes récoltées dans les forêts de Wicklow, ainsi que des whiskeys vieillis dans des fûts de chênes locaux et durables. (www.glendaloughdistillery.com).

Powerscourt Distillery

Voir p. 99. (01-506 5656 ; powerscourtdistillery.com ; Powerscourt Estate, Enniskerry ; visites 25-35 € ; visites 12h et 14h lun-mer, 11h, 13h et 14h jeu-sam, 12h, 13h et 14h dim)

Wicklow Wolf

On trouve les IPA et la Ranchero Rauchbier (parfumée au bacon) de cette brasserie indépendante du Wicklow dans de nombreux pubs et boutiques spécialisées du comté. (01-5676993 ; wicklowwolf.com ; Moneycarroll, Newtown Mount Kennedy ; 8h-14h lun-jeu, 8h-19h ven, 10h-19h sam).

Souvenirs et artisanat

Avoca

Avoca possède 13 établissements dans toute l'Irlande où s'approvisionner en cadeaux, souvenirs et articles de maison de qualité (plaids, bougies, livres de recettes). Le magasin de Kilmacanogue dispose d'une section alimentaire, d'un café et d'un restaurant, le Fern House. (01-274 6900 ; www.avoca.com ; Main St, Kilmacanogue ; 9h-18h lun-ven, 9h30-18h sam-dim)

Boat Yard Gallery

À deux pas du port de Greystones, dans la cour du Boat Yard, vous pourrez acheter des œuvres et des photographies d'artistes locaux. (01-503 0917 ; www.theboatyardgallery.ie ; Greystones Harbour ; 11h-17h mar-sam, 12h-17h dim)

Fishers

Ce magasin de Newtownmountkennedy, géré en famille, vend vêtements et souvenirs. Café-terrasse sur place (brunchs, déjeuners, goûters). (01-281 9404, café 01-281 2892 ; fishers.ie ; The Old School House, Newtownmountkennedy ; 10h-17h30 lun-sam, 11h-17h30 dim)

Tinahely Farm Shop

Entre la boutique de produits artisanaux et de souvenirs, le restaurant, les animaux de la ferme et la grange avec activités pour les enfants, vous aurez largement de quoi vous occuper ici ! (087-816 8457 ; tinahelyfarm.ie ; Coolruss, Tinahely ; grange enfant 7,50 € ; 10h-16h30 sam-dim hiver, 10h-16h30 mer-dim été)

Lodges et bien-être

Bosca Beatha

Yourte nomade dispensant sessions de sauna, yoga et méditation. Voir p. 104. (boscabeatha.ie ; face au Glenmalure Lodge, Glenmalure ; sept-avr)

Glenmalure Lodge €

B&B et restaurant. Voir p. 104 (04-044 6188 ; www.glenmalurelodge.ie ; Wicklow Way, Carriglinneen, Glenmalure ; d avec petit déj 60 €/pers, plats 9-15,50 € ; restaurant 7h30-10h et 12h-21h, bar 10h-23h)

Tinakilly Country House €€€

Voir p. 91 (0404-69274 ; tinakilly.ie ; Rathnew ; d avec petit déj à partir de 189 €)

Rathsallagh House €€€

Voir p. 91 (045-403 112 ; www.rathsallagh.com ; Dunlavin ; s/d à partir de 150/200 € ; P)

LE SUD-EST

PLAGES | AVENTURE | ACTIVITÉS SPORTIVES

Saltee Islands

LE SUD-EST
à la carte

Aventures dans le sable, festivals et divertissements en famille vous attendent dans le sud-est de l'Irlande. Assistez à un match de hurling et imprégnez-vous d'histoire médiévale à Kilkenny, explorez un superbe géoparc classé au patrimoine mondial de l'Unesco dans le Waterford et terminez sur les plages du Wexford.

Carlow
Glissez sur une tyrolienne et grimpez en haut des arbres du **Castlecomer Discovery Park** (p. 125)
1 jour
Escaladez les falaises puis allez vous baigner à la **plage de Ballymoney** (p. 119)
1 jour
CARLOW
WEXFORD
Courtown
Mt Leinster
Découvrez pourquoi la **plage de Curracloe** a conquis Steven Spielberg (p. 122)
½ journée
KILKENNY
Blackwater
Wexford Bay
Curracloe
New Ross
Promenez-vous dans les dunes de sable blanc de la **Furlongs Road Loop** (p. 120)
½ journée
Wexford
Wexford Harbour
Admirez le coucher du soleil en kayak dans le Sud près de **Hook Head** (p. 121)
½ journée
Waterford
Rosslare Harbour
Duncormick
Canal Saint-Georges
Ballyteigue Bay
Kilmore Quay
Waterford Harbour
Churchtown
Saltee Islands
Voguez vers les sauvages **Saltee Islands** (p. 121)
1 jour
Mer Celtique
0
20 km

Informations pratiques

SURA ARK/MOMENT MOBILE/GETTY IMAGES ©

À L'ARRIVÉE

Gare de Kilkenny MacDonagh Liaisons directes avec Waterford ; gare routière à l'extérieur.
Gare de Wexford O'Hanrahan Liaisons directes avec Dublin au nord, et la gare de Rosslare Strand, à 20 minutes au sud, pour rejoindre Rosslare Beach.

Gare de Waterford Plunkett À 5 minutes à pied du centre-ville.

BUDGET

Une glace 99 2 €

Un billet pour un match de hurling 35 €

Une pinte de Smithwicks 4,50 0

COMMENT CIRCULER

Voiture Le moyen de transport le plus pratique, idéal pour explorer la côte sud-est et ses nombreuses plages.

Train Des trains relient Dublin aux villes de Kilkenny, Waterford et Wexford. Le comté de Waterford ne disposant que d'une seule gare, il vous faudra prendre un bus ou un taxi pour rejoindre ses secteurs plus éloignés.

QUAND Y ALLER

JAN - MARS
Temps très frais. Idéal pour un séjour en ville et pour explorer l'intérieur des terres.

AVR - JUIN
Températures plus douces. Avec l'ouverture de la saison touristique, les plages sont à nouveau fréquentées.

JUIL - SEPT
Température agréable dans l'ensemble. Littoral très animé en juillet.

OCT - DÉC
Temps froid et pluvieux. Paressez au coin du feu.

SE RESTAURER ET PRENDRE UN VERRE

Jackford Potato Gin Délicieux alcool à base de pommes de terre, fabriqué à Enniscorthy.

Blaa Ce petit pain blanc moelleux du Waterford bénéficie d'une indication géographique protégée (IGP). Goûtez celui de la Barron's Bakery (www.barronsbakery.ie), à Cappoquin.

Meilleur black pudding
L'Anocht (p. 136), à Kilkenny, sert une cuisine irlandaise moderne, dont une excellente terrine au boudin noir.

Régals glacés
Savourez les délicieuses glaces 99 (photo ci-contre) et les sundaes de chez Henry's à Campile (p. 119).

SE CONNECTER ET S'ORIENTER

Wi-Fi La couverture Wi-Fi et 4G est généralement bonne dans les comtés de Kilkenny, Wexford et Waterford. La connectivité devrait s'améliorer avec le déploiement de la fibre et d'un nouveau réseau à très haut débit en zone rurale.

Orientation Les offices du tourisme des villes de Kilkenny, Waterford et Wexford distribuent cartes et guides et donnent des renseignements.

ITINÉRAIRE GOURMAND DANS LE WATERFORD

La carte Food the Waterford Way (foodthewaterfordway.com) indique l'emplacement des producteurs locaux, restaurants, épiceries et marchés de petits producteurs.

OÙ LOGER

Lieu	Caractéristiques
Ville de Waterford	Hôtels et pensions au bord du fleuve ; ville très touristique, réservez bien à l'avance.
Ville de Kilkenny	Hébergements allant des auberges de jeunesse aux hôtels de luxe ; capitale irlandaise des enterrements de vie de jeune fille ; assez bruyant.
Rosslare	En bord de plage, idéal pour les familles et les randonneurs ; destination prisée, mais possibilités d'hébergement réduites.
Nire Valley	Camping écologique et chic. Transports en commun limités.

ARGENT

Les paiements par carte sont largement acceptés partout. Prévoyez du liquide pour acheter des glaces à la plage.

Les grands classiques

Pour les infos pratiques de chaque site, reportez-vous au Carnet d'adresses p. 134.

Kilkenny Castle

Dominant la Nore, le château de Kilkenny est l'un des sites historiques les plus visités d'Irlande. L'histoire de ce bastion de la famille Butler remonte au XIIe siècle, lorsque Richard de Clare, conquérant anglo-normand de l'Irlande, plus connu sous le nom de Strongbow, choisit cet emplacement stratégique au bord de la Nore pour bâtir un donjon en bois en 1172. Racheté en 1391 par la puissante famille Butler, qui y vécut jusqu'en 1935, le château fut finalement cédé à la ville de Kilkenny en 1967 pour la modique somme de 50 £. Il doit le plus clair de son actuel aspect aux remaniements de l'ère victorienne. Un parc de 20 ha avec roseraie, bois et aires de jeux entoure les lieux. À l'intérieur, la Long Gallery, au plafond ornementé en bois, abrite les portraits de la famille Butler.

DANIEL POLOHA/SHUTTERSTOCK ©

St Canice's Cathedral

La deuxième grande cathédrale d'Irlande, admirablement préservée et dotée de jolis vitraux, est chargée d'histoire. Construite entre le XIIIe et le XVIe siècle sur le site d'un ancien monastère bâti dès le VIe siècle par saint Canice, patron de Kilkenny, elle abrite le sépulcre de la dynastie des Butler, maîtres du château de Kilkenny. La vue depuis le sommet de la tour circulaire de 30 m (XIe siècle) jouxtant la cathédrale est superbe.

IVICA DRUSANY/ SHUTTERSTOCK ©

Rock of Cashel

Symbole de pouvoir et de légitimité pour les rois et les prêtres pendant plus de 1 000 ans, le Rock of Cashel est l'un des sites historiques les plus spectaculaires du pays. En haut d'une colline dressée au milieu d'une plaine herbeuse trônent les vestiges d'ouvrages fortifiés. On y trouve une tour ronde bien conservée, une cathédrale gothique du XIIIe siècle, et, la Cormac's Chapel, bijou d'architecture romane du XIIe siècle – sans doute la plus belle chapelle d'Irlande, avec ses portes magnifiquement sculptées et ses précieux vestiges de fresques –, le tout protégé par de solides remparts. Cinq minutes de marche suffisent pour atteindre le Rock depuis le centre-ville. De là, la vue sur la campagne du comté est superbe.

DAVID MAURER/500PX ©

Cahir Castle

Superbe ouvrage de défense, le château de Cahir trône au-dessus de la rivière Suir. Érigé par Conor O'Brien en 1142, le château passa aux mains de la famille Butler en 1375. En 1599, le comte d'Essex tenta de le démolir, puis il tomba aux mains de Cromwell en 1650, qui l'épargna. Aujourd'hui, c'est l'un des plus grands châteaux d'Irlande, et surtout l'un des mieux conservés.

PETRU/ STOCK.ADOBE.COM ©

11

Le Wexford EN MAILLOT

FAMILLE | PLAGE | ACTIVITÉS NAUTIQUES

Réputée pour ses belles plages, la côte du Wexford mérite que l'on prenne le temps de la découvrir. Certains des rivages les plus propres de toute l'Irlande se trouvent ici, ce qui en fait un endroit idéal pour se relaxer et passer une journée en famille.

4x4 PHOTOGRAPHY/SHUTTERSTOCK ©

En pratique

S'y rendre Depuis Dublin, comptez moins de deux heures pour rallier le comté de Wexford et ses plages en voiture, ou prenez un train direct pour Rosslare Strand.

Quand Le comté de Wexford est connu pour son ensoleillement, généreux toute l'année. On peut se prélasser sur la plage dès les mois de mai/juin.

Incroyabes dunes Explorez Ballyteigue Burrow, l'un des plus grands ensembles dunaires d'Irlande.

PETER KROCKA/SHUTTERSTOCK ©

Paresser sur le sable **Kilgorman Strand**, qui s'étend sur 2,5 km, inclut une grève de sable doux, **Clone Strand**. Il n'y a pas de parking ; les résidents se garent généralement le long de la route d'accès. La plage est large et les familles y seront à l'aise, tant pour s'allonger que pour nager dans l'océan.

La **plage de Ballymoney Beach**, populaire et sans danger, est surveillée en haute saison (juillet-août) et dispose de toilettes publiques. En été, venez tôt pour trouver une place de stationnement.

Plus au sud, la belle **plage de Duncannon** (juste à l'extérieur du village) est un régal par beau temps. On peut stationner au bord de l'eau ou même conduire sur le sable blanc. La vue sur Hook Head (p. 121) depuis la plage est superbe et un festival de sculptures sur sable est organisé tous les ans début août.

VEEJEY/SHUTTERSTOCK ©

La folie des glaces

L'ambiance balnéaire du Wexford ne serait pas complète sans un festin glacé. Les habitants adorent les glaces 99 (glaces italiennes à la vanille piquées d'une barre de chocolat friable) et les sundaes de chez Henry's (p. 137), à Campile ; Goûtez aussi les Scúp de Bella Napoli, à Kilmuckridge (p. 137), ou les délicieuses glaces d'Izmoo Gelato (p. 137), à Rosslare.

À gauche Plage de Ballymoney **En haut à gauche** Morriscastle Beach (p. 120) **En haut à droite** Phare de Hook Head

Surnommée "Golden Mile" en raison de sa vaste étendue de sable doré, la splendide plage de **Morriscastle Beach**, à Kilmuckridge, est également surveillée en haute saison. Cette plage propre et adaptée aux familles est bordée de dunes au creux desquelles il fait bon s'abriter du vent.

Vacances sportives Enfilez une combinaison et fendez l'eau sur votre paddle ou prenez un cours de kitesurf avec **Hooked Kite Surfing** (p. 135). Basé à Duncannon Beach, ce prestataire organise un festival annuel de kitesurf, le Hooked Kitefest, au mois d'août.

Randonnée Le Wexford compte d'excellents itinéraires de randonnée, notamment la **Furlongs Road Loop**, une boucle de 4,5 km débutant à Kilmore Quay et longeant la plage et les dunes de **Ballyteigue Burrow** (p. 134). Les plus hautes d'entre elles offrent une superbe vue sur les environs, notamment sur le Ballyteigue Castle et Forth Mountain.

Le top des activités en famille

Curracloe Strand Prenez des cours de surf avec The Surf Shack (p. 135) ou parcourez à pied ou à vélo le sentier de Ravenwood, qui traverse une forêt en direction de la plage.

Plage de Duncannon Les eaux peu profondes et la présence de sauveteurs garantissent une baignade sans danger. Les jeunes enfants apprécieront l'aire de jeux un peu en retrait de la plage, à l'abri des dunes.

Plage de Ballymoney Explorez les flaques entre les rochers et grimpez en haut des falaises pour découvrir un panorama qui s'étend jusqu'au Pays de Galles par temps clair.

Plage de Carne Hazelwood Stables (p. 135) organise des balades à cheval sur la plage.

Recommandé par Sinéad Fox, maman et blogueuse sur BumblesofRice.com (@bumblesofrice)

Le Wexford depuis la mer

Rendez-vous au village de Fethard-on-Sea pour l'une des plus belles excursions que le littoral du Wexford puisse offrir : une **balade en kayak au coucher du soleil** avec The Irish Experience (p. 135). Un guide local vous fera découvrir la côte autour de **Hook Head** avec ses grottes marines, arches et falaises grandioses. Des phoques curieux pourraient vous rejoindre, et, si vous avez de la chance, vous apercevrez même des dauphins et des requins pèlerins. Vous serez aussi aux premières loges pour voir le soleil se coucher à l'horizon tout en savourant un chocolat chaud dans votre kayak. Comptez au moins trois heures pour cette balade en soirée.

Découverte en bateau de l'île de Great Saltee

Embarquez pour une **croisière en famille** avec Saltee Ferry (p. 135). À seulement 5 km de Kilmore Quay, les **Saltee Islands**, composées de deux îles (Great Saltee et Little Saltee), abritent une vaste population d'oiseaux tels que les guillemots et les petits pingouins. Des macareux moines y séjournent également d'avril à mi-août. Organisez votre excursion au début de l'été pour admirer les vastes étendues de jacinthes sauvages.

Si vous préférez la terre ferme, The Irish Experience propose des circuits à vélo auto-guidés et des randonnées dans le Wexford tandis que les amateurs de sensations fortes pourront s'essayer au canyoning côtier.

À gauche Plage de Carne
À droite Macareux, Saltee Islands

Quand Spielberg a débarqué à Curracloe

LES DESSOUS D'UN BLOCKBUSTER HOLLYWOODIEN

Durant l'été 1997, une plage sablonneuse du comté de Wexford fut transformée en Omaha Beach pour ce qui devint l'une des meilleures scènes d'ouverture d'un film sur la Seconde Guerre mondiale. *Il faut sauver le soldat Ryan* connut un succès retentissant, rapportant 4 millions de livres sterling à l'économie du comté et laissant un héritage durable.

À gauche et à droite Scènes du film *Il faut sauver le soldat Ryan* (1998)
Au centre Plage de Curracloe

CBS PHOTO ARCHIVE/GETTY IMAGES ©

Si beaucoup s'étonnèrent lorsque Steven Spielberg choisit la plage de Curracloe pour filmer les scènes du Débarquement pour son film *Il faut sauver le soldat Ryan*, les habitants de la région, eux, connaissaient déjà bien ses atouts. Longue de 11 km, l'étendue de sable est un lieu de promenade très apprécié localement, et Spielberg comprit que cette immensité pourrait lui donner toute la liberté dont il avait besoin pour tourner des scènes particulièrement intenses. Les séquences filmées sur la plage de Curracloe reconstituent l'attaque cruciale qui fut menée par des milliers de soldats de l'infanterie américaine en 1944 à Omaha Beach, en Normandie, pour tenter d'écraser l'artillerie allemande. Cette dernière, qui les pilonnait depuis les hauteurs, causa une véritable hécatombe.

La production fit appel à plus de 1 000 figurants pour ces scènes. Mick Delahunty, ancien membre de la FCA (An Fórsa Cosanta Áitiúil ; devenue Reserve Defence Forces) et résident de Tipperary, fut l'un d'eux. Il tourna durant plus de quatre semaines avec l'un des principaux groupes de soldats. Selon Mick, l'équipe de Spielberg s'était rapproché de l'armée irlandaise pour y recruter des figurants en raison de sa discipline et de son expérience des conflits. "Ils voulaient des gens qui savaient ce qu'ils faisaient", explique-t-il – reproduire la tension et la sombre réalité de la Seconde Guerre mondiale n'était en effet pas une tâche aisée.

Lors de son audition, Mick dut nager plusieurs longueurs en survêtement dans une piscine afin de démontrer sa capacité à supporter les conditions de tournage. Chaque matin, les figurants étaient conduits à la plage et un historien leur expliquait exactement ce qu'ils devaient faire pour simuler le Débarquement. Si les étés irlandais sont connus pour leur météo variable, 1997 fut une année ensoleillée, au

grand désarroi de Spielberg. Pour évoquer la sinistre atmosphère de la Normandie en guerre, le réalisateur dut se résoudre à allumer des feux qui permirent d'assombrir les images.

Comme pour tout tournage hollywoodien, les équipes étaient tenues au secret, et certains figurants furent renvoyés après avoir été découverts avec un appareil photo. D'après Mick, ce n'est que le dernier jour de tournage que l'équipe s'adressa aux figurants pour leur proposer de prendre quelques clichés en souvenir : "Écoutez, les gars, nous savons que vous n'avez pas d'appareil photo, mais si par hasard vous en aviez un sur vous...". Il s'amuse : "Vous auriez vu le nombre d'appareils qui sont sortis des poches des gens à ce moment-là !" Les clichés pris par Mick ce jour-là, notamment une photo de lui en compagnie de Tom Hanks, sont fièrement exposés au Templemore Arms Hotel dans le comté de Tipperary.

> L'équipe de Spielberg s'est rapprochée de l'armée irlandaise pour y recruter des figurants en raison de leur discipline et de leur expérience des conflits.

À sa sortie en salle l'année suivante, *Il faut sauver le soldat Ryan* engrangea plus de 481 millions de dollars de recettes. Nommé 11 fois aux Oscars, le film en remporta 5, dont celui du meilleur réalisateur pour Spielberg. Les scènes poignantes d'Omaha Beach sont considérées comme l'une des meilleures représentations filmées de la réalité du Débarquement en Normandie, et ont considérablement marqué les esprits.

En plus d'*Il faut sauver le soldat Ryan*, Mick a été figurant pour les films *Braveheart* et *Le Dernier Duel* – et peut maintenant dire qu'il a travaillé avec Steven Spielberg, Mel Gibson et Ridley Scott. "Pas mal pour un simple figurant !", plaisante-t-il.

Curracloe Strand dans la réalité

Cette merveilleuse étendue de sable fut choisie pour ses similarités géographiques avec Omaha Beach, située dans le Calvados en Normandie. Curracloe reste l'une des plages préférées des habitants de la région, qui apprécient la finesse et la douceur de son sable blanc. Les dunes alentour, tapissées d'oyat, ajoutent à l'ambiance sereine des lieux.

La plage est réputée pour être un lieu de baignade particulièrement sûr, et sa propreté lui vaut d'être labellisée Pavillon bleu. Elle est surveillée en juillet-août.

Les places de stationnement ne manquent pas ; privilégiez les zones de White Gap, Ballinesker et Culleton's Gap.

12 En famille dans le KILKENNY

NATURE | ACTIVITÉS | ANIMAUX

Célèbre pour son patrimoine médiéval, le comté de Kilkenny offre également d'innombrables occasions de s'amuser en extérieur. Les familles apprécieront la région, où les enfants peuvent cajoler des animaux de la ferme et vivre des aventures dans les bois, tandis que petits et grands adoreront s'élancer en tyrolienne, faire du VTT et partir en balade en kayak.

MARIUS ROMAN/GETTY IMAGES ©

En pratique

Circuler Il est préférable d'être motorisé pour visiter les sites éloignés du chef-lieu et s'arrêter librement pour une balade, un pique-nique ou une séance photo.

Quand De nombreuses activités de plein air se pratiquent toute l'année, mais la période idéale reste de mars à septembre.

Notre conseil Si vos enfants aiment le sport, ils pourraient être fascinés par une passion locale : le hurling. Renseignez-vous sur les matchs à venir.

BOULENGER XAVIER/SHUTTERSTOCK©

CASTLECOMER DISCOVERY PARK ©

Castlecomer Discovery Park

À 20 minutes en voiture au nord de Kilkenny, les familles actives se réjouiront des aventures proposées par le Castlecomer Discovery Park (p. 135), qui déroule quelque 32 ha de forêts et de lacs sur les anciennes terres du Wandesforde Estate. Les activités vont de la plus longue tyrolienne d'Irlande à des parcours dans les arbres en passant par du tir à l'arc, du kayak, du VTT et des parcours d'orientation.

"Voir les familles renouer avec la nature tout en pratiquant une activité physique me réjouit", déclare Kathy Purcell, directrice du parc. "C'est là tout l'esprit des lieux."

Les moins de 7 ans s'émerveillent devant l'elfe magique et le village des fées, le filet rebondissant, l'aire de jeux et le mini-parcours dans les arbres. Les plus de 7 ans peuvent effectuer un parcours de 140 m dans les cimes, à 10 m au-dessus du sol. Enfin, les plus de 12 ans glissent dans les airs sur une tyrolienne longue de 300 m qui passe au-dessus de deux lacs et d'un pont. Cette traversée peut être réservée en même temps que l'Octagon, parcours de cordes octagonal, version plus exigeante du circuit dans les arbres.

Le domaine accueille aussi le Castlecomer Craft Yard, où travaillent artistes, céramistes, potiers et bijoutiers, le Coal Mining Museum, petit musée de l'Extraction du charbon, ainsi qu'un restaurant.

Ci-contre Castlecomer Discovery Park
À gauche en haut château de Kilkenny
À gauche en bas Installation artistique au château de Kilkenny

Explorateurs en herbe

National Reptile Zoo (p. 135). Initiez-vous aux écosystèmes et à la protection des reptiles dans ce zoo aussi divertissant qu'éducatif où abondent tortues, serpents et lézards.

Shenanigans – Tour of Kilkenny (p. 134). Cette amusante visite de Kilkenny le long du "Medieval Mile", mélange histoire et magie, entre deux récits de sorcellerie et de chevalerie.

Nore Valley Park (p. 135). Nichée dans une paisible vallée à 15 minutes en voiture de Kilkenny, cette ferme aux animaux permet aux enfants de nourrir des agneaux au biberon, tenir des porcelets dans les bras et interagir avec des autruches. Camping rural ou plus chic sur place.

Woodstock Gardens (p. 134). Surplombant le joli village d'Inistioge, à 30 minutes en voiture au sud-est de Kilkenny, ce jardin du XIXe siècle fait une agréable excursion à la journée avec son arboretum et ses allées bordées d'arbres.

13

Passion HURLING

CULTURE | SPORT | SENSATIONS FORTES

Profondément ancré dans l'identité irlandaise, le hurling se pratique depuis très longtemps sur l'île. Les habitants du comté de Kilkenny lui vouant une véritable passion, il n'y a pas meilleur endroit pour assister à un match : allez applaudir l'équipe locale, les Cats, et découvrez les traditions liées à ce sport gaélique.

RAY MCMANUS/SPORTSFILE VIA GETTY IMAGES ©

En pratique

S'y rendre Le comté de Kilkenny est émaillé de terrains de hurling. Il est conseillé de disposer d'une voiture (ou d'un vélo) pour se rendre aux matchs.

Quand Les matchs entre clubs locaux ont lieu de février à novembre, le soir en milieu de semaine ou bien le week-end.

Assister à un match On recense 41 clubs locaux. Renseignez-vous sur le programme des rencontres sportives sur kilkennygaa.ie/fixtures-results.

RAY MCMANUS/SPORTSFILE VIA GETTY IMAGES ©

La légende du hurling

Sport gaélique traditionnel, le hurling ressemble en partie au base-ball et à la lacrosse, avec toute l'intensité du hockey sur glace, mais sur un terrain engazonné.

Son histoire, qui remonte à plusieurs millénaires, se mêle aux mythes et aux légendes irlandaises. L'un des récits les plus connus concernant ce sport met en scène le jeune héros Sétanta. Invité par son oncle, le roi Conor d'Ulster, à un festin organisé au domaine du forgeron Culain, Sétanta devait terminer une partie de hurling avant de rejoindre la fête. Il partit donc en retard, mais, lorsqu'il arriva sur place, il trouva porte close et le féroce chien de garde de Culain l'attaqua. Pour sauver sa vie, le garçon tua le molosse à l'aide de sa crosse de hurling et de sa balle.

MARK_GUSEV/SHUTTERSTOCK ©

Assister à un match

Le succès du hurling dans le comté de Kilkenny repose sur les matchs entre clubs : ces derniers se tiennent pendant tout le printemps, l'été et l'automne et la saison se conclut par une finale de championnat. En dépit de leurs prouesses, tous les joueurs sont des amateurs, et les matchs ont donc lieu en dehors des heures de bureau.

À gauche But de hurling **En haut à gauche et à droite** Matchs de hurling

Voyant la détresse de Culain désormais privé de son compagnon, Sétenta s'engagea à devenir son nouveau chien de garde jusqu'à ce qu'un autre animal puisse prendre sa place : c'est ainsi qu'il prit le nom de Cú Chulainn, le Molosse de Culain. Les aventures de cet adolescent guerrier et amateur de hurling sont racontées dans des manuscrits du XIIe siècle, publiés en français sous le nom de *La Razzia des vaches de Cooley* et basés sur des récits oraux bien plus anciens.

Aujourd'hui, l'un des plus grands honneurs de l'Irlande rurale est de jouer pour son comté, et surtout de remporter la finale du championnat irlandais. Traditionnellement, ce sont les hommes qui pratiquent le hurling ; la version féminine du jeu, qui requiert la même adresse, s'appelle le *camogie*. La finale du championnat irlandais de hurling est l'évènement sportif le plus important du pays, attirant plus de 82 000 spectateurs.

Fabrication du hurley

En bois de frêne (d'où l'expression "*clash of the ash*" ou le "choc des frênes" pour désigner les matchs de hurling), le *hurley* est encore fabriqué à la main. Cette crosse doit avoir un manche arrondi et une base large, tout en étant équilibrée et dotée d'une surface plate. Une bonne élasticité est essentielle afin que le *hurley* ne casse pas ni n'éclate. C'est donc tout autant une œuvre d'art qu'un accessoire de sport.

Voir un artisan fabriquer un *hurley* dans le respect des traditions centenaires est une expérience typiquement irlandaise, à découvrir notamment à l'atelier **Star Hurley** (p. 136), à Jenkinstown.

D. RIBEIRO/SHUTTERSTOCK ©

Ci-contre Match de *camogie*, version féminine du hurling **À gauche** Un artisan façonne un *hurley* **Ci-dessous** Crosses de *camogie*

À la découverte du hurling

Kilkenny Way Conçu pour les visiteurs étrangers qui connaissent mal ce sport national, le **Kilkenny Way** (p. 136) est un circuit guidé unique de deux heures qui comprend une démonstration de hurling. Vous découvrirez l'histoire du sport et des anecdotes sur ses joueurs emblématiques puis vous pourrez prendre part à des séances pratiques où l'on vous enseignera les gestes de base. Vous aurez aussi l'occasion de visiter le stade Nowlan Park, à Kilkenny, où sont basés les Cats, l'équipe du comté et l'une des plus titrées du pays. Une expérience unique et typique de la région !

La visite débute au **Lanigan's Bar** (p. 136), également le musée officieux du hurling, en compagnie de deux anciens joueurs. Le bar mérite une visite à lui seul pour ses souvenirs et photos exposés. D'excellentes fêtes, qui battent leur plein au son de la musique irlandaise (que les résidents appellent des "*hoolies*"), s'y déroulent jusque tard le soir. Pensez à réserver.

Prêtez-vous au jeu Pour une approche plus concrète, réservez une visite auprès de **Hurling Tours Ireland** (p. 135). Vous aurez la possibilité de marquer un point dans un stade de légende après avoir découvert l'histoire et les gestes de base du jeu de terrain le plus rapide du monde.

À GAUCHE : RAMSEY CARDY/SPORTSFILE VIA GETTY IMAGES © À DROITE : D. RIBEIRO/SHUTTERSTOCK ©

Toute la famille est bienvenue pour participer aux formidables ateliers pratiques, animés par d'anciens joueurs de clubs. La visite est si passionnante que certains voyageurs rejoignent un club local tenu par des Irlandais une fois de retour dans leur pays ! Cette activité de groupe est à réserver en ligne.

14 Balade tonique sur la COPPER COAST

LITTORAL | HISTOIRE | ACTIVITÉS SPORTIVES

Les formations géologiques de la Copper Coast, dans le Waterford, rappellent le passé minier de la région, spécialisée dans l'exploitation du cuivre. Classée géoparc mondial par l'Unesco, la côte abrite une voie verte spectaculaire, la Cycling Greenway, ainsi qu'une célèbre cascade, les Mahon Falls, que les visiteurs peuvent facilement rallier depuis la voie verte. C'est l'une des plus belles excursions à réaliser dans le sud-est de l'Irlande, que vous vous déplaciez en voiture, à vélo ou à pied.

ANDREA PISTOLESI/SHUTTERSTOCK ©

En pratique

Circuler Le Copper Coast Geopark (p. 134) se parcourt en voiture, à vélo ou à pied, voire de ces trois manières dans certains secteurs. Le O'Mahony's Pub, à Durrow, près de Stradbally, loue des vélos juste à côté d'un joli point d'accès à la Waterford Greenway (greenwaysireland.org/waterford-greenway).

Quand Les températures sont plus douces et et le temps plus sec d'avril à septembre.

Notre conseil La Waterford Greenway est ponctuée d'endroits où s'arrêter pour pique-niquer ou prendre un café.

Doneraile Walk

Pour échapper à l'agitation de la plage de Tramore aux beaux jours, parcourez la Doneraile Walk. Ponctué de bancs, cet itinéraire de randonnée de difficulté moyenne est généralement moins fréquenté que le rivage, et la vue y est superbe depuis le sommet des falaises. Le trajet jusqu'à Newton Cove fait 2 km.

01 Empruntez un sentier à travers la chaîne glaciaire des Comeragh Mountains, sous le regard des moutons errants, pour rejoindre une cascade haute de 80 m, les **Mahon Falls**. Facile et adapté aux familles, l'itinéraire garantit une vue époustouflante sur la mer depuis le sommet.

05 Très fréquentée, la **plage de Tramore** s'étend sur 5 km et la baignade y est sûre. L'endroit est encadré par certaines des plus hautes dunes d'Irlande.

03 D'abruptes formations rocheuses et des arches marines encadrent la superbe **plage d'Annestown**, prisée des baigneurs et des talentueux surfeurs locaux.

04 L'anse isolée de **Newtown Cove** est parfaite pour nager. À une époque, seuls les hommes avaient le droit de s'y baigner. Guettez la vieille enseigne et le Metal Man, une statue en métal peint.

02 Depuis le pub O'Mahony's, rejoignez la belle **Waterford Greenway** (longue de 46 km), une voie ferroviaire désaffectée qui passe notamment par un tunnel et un ancien viaduc.

SOMPTUEUX PAYSAGES
du Waterford

02

01

03

04

01 Tramore Bay
Longue plage idéale pour la baignade. Très beaux points de vue depuis le Doneraile Walk.

02 Guillamene Swimming Cove
Très prisé des habitants, ce lieu de baignade sûr est entouré de beaux paysages rocheux.

03 Durrow Viaduct
Traversez à vélo ce joli viaduc ferroviaire du XIXe siècle en empruntant la Waterford Greenway.

04 Ballyvooney Cove
À marée basse, guettez le bateau échoué sur la gauche et explorez les grottes, à la recherche d'une plage secrète.

05 Reginald's Tower
Érigée au Xe siècle par les Vikings et encore utilisée aujourd'hui, cette tour (p. 134) est le bâtiment civil le plus ancien d'Irlande.

06 Mahon Falls
Les moutons qui errent près de cette cascade sont habitués à la vue spectaculaire et aux paysages glaciaires des Comeragh Mountains.

07 Newtown Cove
Au-dessus d'une petite crique, des tables de pique-nique

05

06

07

08

09

10

11

installées sur la falaise permettent de profiter de la vue sur la baie de Tramore.

08 Crough Wood
Charmante balade escarpée en forêt, au pied des Comeragh Mountains, sur la route de Dungarvan.

09 Dunmore East Cliff Walk
Promenade facile de 2 km au sommet des falaises pour admirer la mer ; vous aurez peut-être la chance de voir une baleine.

10 Bunmahon Ogham Stones
Exposées au sein d'un "jardin géologique" près de Bunmahon, ces pierres anciennes sont gravées d'oghams, un alphabet gaélique primitif datant du IVe siècle environ.

11 Ballyvoyle Tunnel
Rugissez et écoutez l'écho se réverbérer dans ce tunnel long de 400 m, l'un des temps forts de la voie verte Waterford Greenway.

Carnet d'adresses

Les grands classiques (p. 116)

Cahir Castle
(052-744 1011 ; www.heritageireland.ie ; Castle St, Cahir ; tarif plein/réduit 5/3 € ; 9h-18h30 mi-juin à août, 9h30-17h30 mars à mi-juin et sept à mi-oct, 9h30-16h30 mi-oct à fév)

Kilkenny Castle
(056-770 4100 ; www.kilkennycastle.ie ; The Parade, Kilkenny ; tarif plein/réduit 8/4 €, avec visite guidée 12/6 € ; 9h15-17h30 avr-sept, 9h30-17h oct-mars, parc et jardins fermeture plus tardive 16h30 en hiver, 20h30 en été environ)

Rock of Cashel
(062-61437 ; www.heritageireland.ie ; St Patrick's Rock of Cashel, Cashel ; tarif plein/réduit 8/4 €, avec Cormac's Chapel 11/7 € ; 9h-19h début juin à mi-sept, 9h-17h30 mi-mars à début juin et mi-sept à mi-oct, 9h-16h30 mi-oct à mi-mars ; P)

St Canice's Cathedral
(056-776 4971 ; www.stcanicescathedral.ie ; Coach Rd, Kilkenny ; cathédrale/tour circulaire/billet combiné tarif plein 4,50/4/7 €, réduit 4/4/6,50 € ; 9h-18h lun-sam, 13h-18h dim juin-août, horaires restreints sept-mai)

Histoire, jardins et sites naturels

Ballyteigue Burrow Nature Reserve
Voir p. 120. (www.npws.ie ; Kilmore Quay)

Black Abbey
L'"Abbaye noire", abbaye dominicaine fondée en 1225 par William Marshall, est l'une des plus anciennes églises d'Irlande. Elle doit son nom à la couleur de l'habit des moines dominicains. En 1543, l'édifice fut transformé en cour de justice. L'essentiel de ce qui en reste aujourd'hui date des XVIIIe et XIXe siècles, mais l'on devine dans la structure des arches en pierre bien plus anciennes. Si vous le pouvez, assistez à un concert dans ce cadre magnifique. (www.dominicans.ie ; Abbey Sq, Kilkenny ; 7h30-19h lun-sam, 9h-19h dim avr-sept, 7h30-17h30 lun-sam, 9h-17h30 dim oct-mars)

Copper Coast Unesco Global Geopark
Voir p. 130. (051-292828 ; coppercoastgeopark.com ; Knockmahon, Bunmahon)

Irish National Heritage Park
Dans le Wexford, ce parc de 16 ha reconstitue les maisons et villages des premières populations d'Irlande jusqu'à l'invasion normande. (053-912 0733 ; www.irishheritage.ie ; en retrait de la N11, Ferrycarrig ; adulte/enfant 11/6 € ; 9h30-18h30 mai-août, 9h30-17h30 sept-avr)

Lismore Castle
Le château de Lismore, à Waterford, ne se visite pas, mais le domaine comprend deux jardins de 3 ha datant des XVIIe et XIXe siècles, où vous pourrez admirer des plantes superbes, des fleurs parfumées et un beau potager. C'est ici, sous un magnifique if, que le poète anglais Edmund Spenser aurait écrit *La Reine des fées*. (058-54061 ; www.lismorecastlegardens.com ; Castle St, Lismore ; jardins adulte/enfant 8/6,50 € ; 10h30-17h30 mi-mars à mi-oct)

Reginald's Tower
Cette tour fortifiée abrite une exposition sur les Vikings du Waterford. Voir p. 132. (076-110 2501 ; The Quay, Waterford ; adulte/enfant 5/3 € ; 9h30-17h fin mars à mi-déc, 9h30-17h jan-mars)

Shenanigans
Visites guidées historiques de Kilkenny. Voir p. 125. (www.shenaniganswalks.ie ; The Parade, College Park, Kilkenny ; adulte/-12 ans 25 €/gratuit)

Woodstock Gardens
Voir p. 125. (087-854 9785 ; www.woodstock.ie ; 5 €/véhicule ; Inistioge ; 9h-19h30 avr-sept, 9h-16h oct-mars)

Activités sportives

Dunmore East Adventure Centre
Aménagé au bord d'anses protégées qui font

d'excellents terrains de jeu naturels, ce centre propose un éventail d'activités nautiques, de la descente en rappel et du tir à l'arc. (☎051-383 783 ; dunmoreadventure.com ; The Harbour, Dunmore East)

Hazelwood Stables

Balades équestres. Voir p. 120. (hazelwoodstables.ie ; Ballycronigan, Kilrane, Rosslare Harbour)

Hooked Kite Surfing

Voir p. 120. (hookedkitesurfing.ie ; South Beach, Duncannon)

The Gap Walk

Cette randonnée de 6 km aller-retour au cœur des superbes Comeragh Mountains, dans le comté de Waterford, traverse un col naturel emprunté par les habitants de la région depuis des siècles. Pour un parcours plus long, suivez l'une des deux boucles au départ du parking. (Nire Valley Car Park, Knockanaffrin)

The Irish Experience

Sorties en kayak. Voir p. 121. (☎087-661 2299 ; theirishexperience.com ; Main St, Fethard-on-Sea)

The Surf Shack

Voir p. 120. (☎087-9154786 ; surfshackireland.com ; Curracloe Beach)

Sensations fortes et loisirs famille

Axe Junkies

Cet amusant centre de lancer de hache vous permet de viser dans le mille en musique. Réservé aux plus de 18 ans. (axejunkies.ie ; 15-16 O'Connell St, Waterford ; 1 heure à partir de 25 € ; 18h-22h jeu-ven et dim, 12h-22h sam)

Castlecomer Discovery Park

Un parc d'activités pour familles en plein air au cœur de la forêt. Voir p. 125. (☎056-444 0707 ; www.discoverypark.ie ; Estate Yard, Castlecomer ; activité individuelle 5-15 €, expo sur les mines adulte/enfant 5/3 € ; 9h30-17h lun-ven, plus 10h-17h sam-dim mai-août, 10h30-16h sam-dim sept-avr)

Quadventure

Offrez-vous sensations fortes et boue à gogo, sur un quad dans les contreforts des Blackstairs Mountains, dans le Wexford. (☎053-9244660 ; www.quadventure.ie ; Clonroche, Enniscorthy ; session 1 heure 30 40-55 €)

Lismore Castle

National Reptile Zoo

Voir p. 125. (www.nationalreptilezoo.ie ; Hebron Business Park, Kilkenny ; adulte/enfant 13/11 € ; 10h-28h tlj)

Nore Valley Park

Voir p. 125. (☎056-772 7747 ; www.norevalleypark.com ; Annamult House, Bennettsbridge ; adulte/enfant 8,50/8 € ; 9h-19h lun-sam mars-oct)

Saltee Ferry

Croisières sur les Saltee Islands. Voir p. 121. (☎087-252 9736 ; 736 salteeferry.com ; Kilmore Quay ; ferry AR + exploration libre de l'île 3 heures 30 adulte/enfant 30/15 €)

Suir Valley Railway

Faites une excursion unique en train (40 min) sur une étroite voie ferrée construite en 1878. Vous bénéficierez d'un panorama sur une vallée fluviale du comté de Waterford. (☎051-384058 ; www.wsvrailway.ie ; Kilmeadan Station ; adulte/enfant/famille 10/5/23 € ; 11h-15h lun-sam, 12h-16h dim avr et sept, 11h-16h lun-sam, 12h-17h dim mai-août)

Passion hurling

Hurling Tours Ireland

Voir p. 129. (☎087-970 0795 ; hurlingtoursireland.ie ; Hebron Rd, Kilkenny ; 50 €/pers)

The Kilkenny Way
Voir p. 129. (056-772 1718 ; thekilkennyway.com ; Lanigans Bar & Restaurant 28/29 Rose Inn St, Kilkenny ; adulte/enfant 30/25 €)

Star Hurley
Fabrication de crosses. Voir p. 128. (083-434 7775 ; starhurley.ie ; Jenkinstown Park, Kilkenny ; crosse à partir de 35 €)

Lanigan's Bar & Restaurant
Voir p. 129. (056-772 1718 ; www.lanigans.ie ; 28/29 Rose Inn St, Kilkenny)

Art et artisanat

Made in Kilkenny
Kilkenny est un centre de création artisanale réputé. Ce collectif d'artisans procure une liste complète de studios et galeries à visiter de potiers, souffleurs de verre, céramistes, artisans du métal et bien d'autres (plan en ligne). (056-775 2111 ; www.madeinkilkenny.ie)

Nicholas Mosse
Cette ancienne minoterie en pierre appartient à la même famille depuis 1840, et des potiers y exercent leur talent depuis 40 ans. Regardez-les travailler, puis visitez la boutique et le salon de thé. (056-772 7505 ; www.nicholasmosse.com ; Annamult Rd, Bennettsbridge ; 10h-18h lun-sam, 13h30-17h dim)

Jerpoint Glass
À Stoneyford, les visiteurs peuvent voir des souffleurs de verre créer comme par magie des formes complexes à partir de verre fondu.

Kilkenny, un centre d'artisanat reconnu

(www.jerpointglass.com ; Glenmore, Stoneyford ; 10h-17h30 lun-sam, 12h-17h dim avr-sept, 10h-17h lun-sam oct-mars)

The Makers House
Collections d'art, d'artisanat et de design irlandais contemporains réunies sous un seul toit à Wexford. (089-422 9619 ; facebook.com/themakershousewexford ; Creative Hub, North Main St, Wexford ; 10h-17h30 lun-sam)

Cuisine "de la ferme à la table"

Anocht €€
Restaurant gastronomique logé dans une belle salle ancienne au-dessus du Kilkenny Design Centre, l'Anocht concocte une cuisine moderne d'inspiration irlandaise et européenne. (056-772 2118 ; facebook.com/AnochtKilkenny ; The Castle Yard, The Parade, Kilkenny ; plats 12-41 € ; 18h-21h30 jeu-sam)

Barrow's Keep €€€
Ce restaurant "de la ferme à la table" propose une succulente carte à base de produits locaux. (056-772 4728 ; www.facebook.com/BarrowsKeep1 ; Marsh's St, Thomastown ; plats 22-44 € ; 18h-22h jeu, 17h30-22h ven-sam, 12h30-15h30 dim)

Bodega €€
Ce restaurant haut en couleur et plusieurs fois primé fait la part belle aux produits locaux de qualité, issus de la mer et des terres alentour. (051-844 177 ; www.bodegawaterford.com ; 54 John St, Waterford ; plats déj 11-19 €, dîner 16,50-29 € ; 17h-22h lun-mer, 12h-15h et 17h-22h jeu-sam)

Everett's €€
Simple et confortable, ce bistrot de Waterford propose des plats concoctés à base des meilleurs produits irlandais de saison, dans un édifice du XVe siècle. (051-325 174 ; www.everetts.ie ; 22 High St, Waterford ; menus dîner/déj 36-46/30 € ; 17h30-21h30 mar-jeu, 12h30-14h et 17h30-21h30 ven-sam)

Rive Gauche Kitchen & Cocktails €€
Dans le centre-ville de Kilkenny, cette table chic accorde toute son attention à l'expérience culinaire, dans un cadre qui réinterprète les

codes de l'élégance traditionnelle. (056-777 5604 ; www.rivegauche.ie ; 2 The Parade, Kilkenny ; plats déj 12,50-18,50 €, dîner 29-32 € ; cuisine 17h-21h jeu-ven, 12h-16h et 17h-21h sam-dim)

Silver Fox Seafood Restaurant €€€

Ce restaurant irlandais du comté de Wexford, est réputé pour ses poissons et fruits de mer issus de la pêche locale. (053-912 9888 ; www.thesilverfox.ie ; The Quay, Kilmore Quay ; plats 16-35 € ; 12h-21h Pâques-oct, 17h-20h ven, 12h-20h sam-dim nov-mars)

Spinnaker Bar €€

Décoration nautique pour ce bar-restaurant de produits de la mer adapté aux familles. L'ambiance est sympathique et le service excellent. (051-383 133 ; www.thespinnaker.ie ; Glenville Tce, Dunmore East ; plats 15,50-29 € ; 15h-21h lun-jeu, 12h30-22h ven-sam, 12h30-21h dim)

Restaurants gastronomiques

Beaches Restaurant €€€

Le restaurant primé de l'Hotel Rosslare propose un menu de saison renouvelé quotidiennement et une carte des vins réputée. (053-9132114 ; www.kellys.ie/beaches.html ; 1 Kelly's Resort Hotel and Spa, Rosslare ; menu dîner 46 € ; 18h30-21h tlj)

Restaurant Lady Anne €€€

Doté d'une élégante salle à manger de style georgien, le Lady Anne fait la part belle aux produits locaux et propose un remarquable menu dégustation. (056-440 0080 ; restaurantladyanne.ie ; Castlecomer ; menu déj/dîner 55/ 65-85 € ; à partir de 19h ven-sam, 14h-17h dim)

Ristorante Rinuccini €€€

Savourez une cuisine italienne classique dans ce restaurant primé, tenu par une famille depuis plus de 30 ans. (056-776 1575 ; www.rinuccini.com ; 1 The Parade, Kilkenny ; plats 17-29 €, menu déj 2/3 plats 24/29 € ; midi et soir tlj).

Tannery Restaurant €€€

Ce restaurant de Dungarvan, l'un des meilleurs du comté de Waterford, propose des plats délicieux, inventifs et joliment présentés. (058-45420 ; www.tannery.ie ; 10 Quay St, ; menu déj 2/3 plats 26/33 €, dîner 45,50/58,50 € ; 17h30-21h30 mer-sam, 12h30-15h dim)

Repas à petits prix

Cathedral Café €

Soupes, en-cas, desserts et boissons sont au menu de ce café pittoresque niché dans la St Mary's Cathedral de Kilkenny. (056-770 3885 ; www.cathedralcafekk.ie ; St Mary's Cathedral, James St, Kilkenny ; sandwichs 6 €, petit déj 4-9 € ; 9h30-15h lun-ven)

Ohana Café €

Au nord du Wexford, ce café prépare des plats savoureux à petits prix et d'excellents déjeuners. (087 161 4757 ; facebook.com/Ballytramonhouse ; Ballytramon House, Ballycrane, Fahey's Cross ; 9h-16h mar-sam, 10h-16h dim)

The Olive Café €

Excellent endroit pour savourer un petit déjeuner irlandais traditionnel. (051-852 829 ; facebook.com/theolivecafejrs ; 24 John Roberts Sq, Waterford ; 9h-16h30 mar-sam, 9h30-15h dim)

The Yard Café €

Au cœur de Kilkenny, la terrasse du Yard Café est idéale pour observer la vie de cette petite ville. (085-177 7376 ; facebook.com/theyardcafe1 ; 27 St Kieran's St, Kilkenny ; 9h-19h lun-mer et ven-sam, 9h-17h jeu et dim)

Vee Bistro €

Installé dans le centre de Tramore, ce bistrot contemporain à l'ambiance décontractée sert des plats irlandais et européens. (051-386 144 ; facebook.com/theveebistro ; 1 Lower Main St, Tramore ; plats 12-15 € ; 9h-16h30 lun-mer, 9h-21h30 jeu-sam, 9h-18h30 dim)

Divines glaces

Bella Napoli

Voir p. 119. (facebook.com/BellaNapoliWexford ; Main St, Kilmuckridge ; 8h45-17h tlj sauf mar)

Henry's – Henry Hayes Ice Cream

Voir p. 119. (hayesdaybreak.com ; Daybreak, North Main St, Ballyvelig, Campile ; 8h-22h30 tlj)

Izmoo Gelato

Voir p. 119. (www.izmoo.ie ; 1 Silversands, Rosslare)

COMTÉ DE CORK

CULTURE | HISTOIRE | LITTORAL

Mizen Head

MONICAMI/SHUTTERSTOCK ©

LE COMTÉ DE CORK
à la carte

Cork est le plus grand comté d'Irlande, et, d'après ses habitants, le plus beau. Vous aurez du mal à les contredire après avoir découvert ses côtes au relief accidenté, ses paysages sauvages exceptionnels et son histoire fascinante. Le "comté rebelle" n'a pas fini de vous émerveiller.

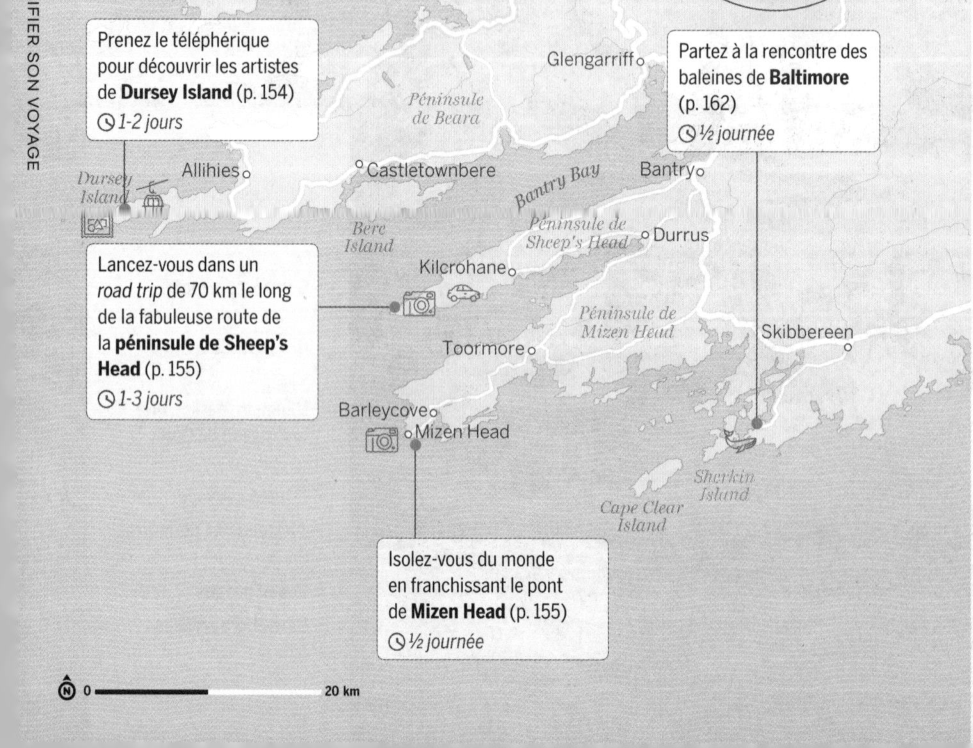

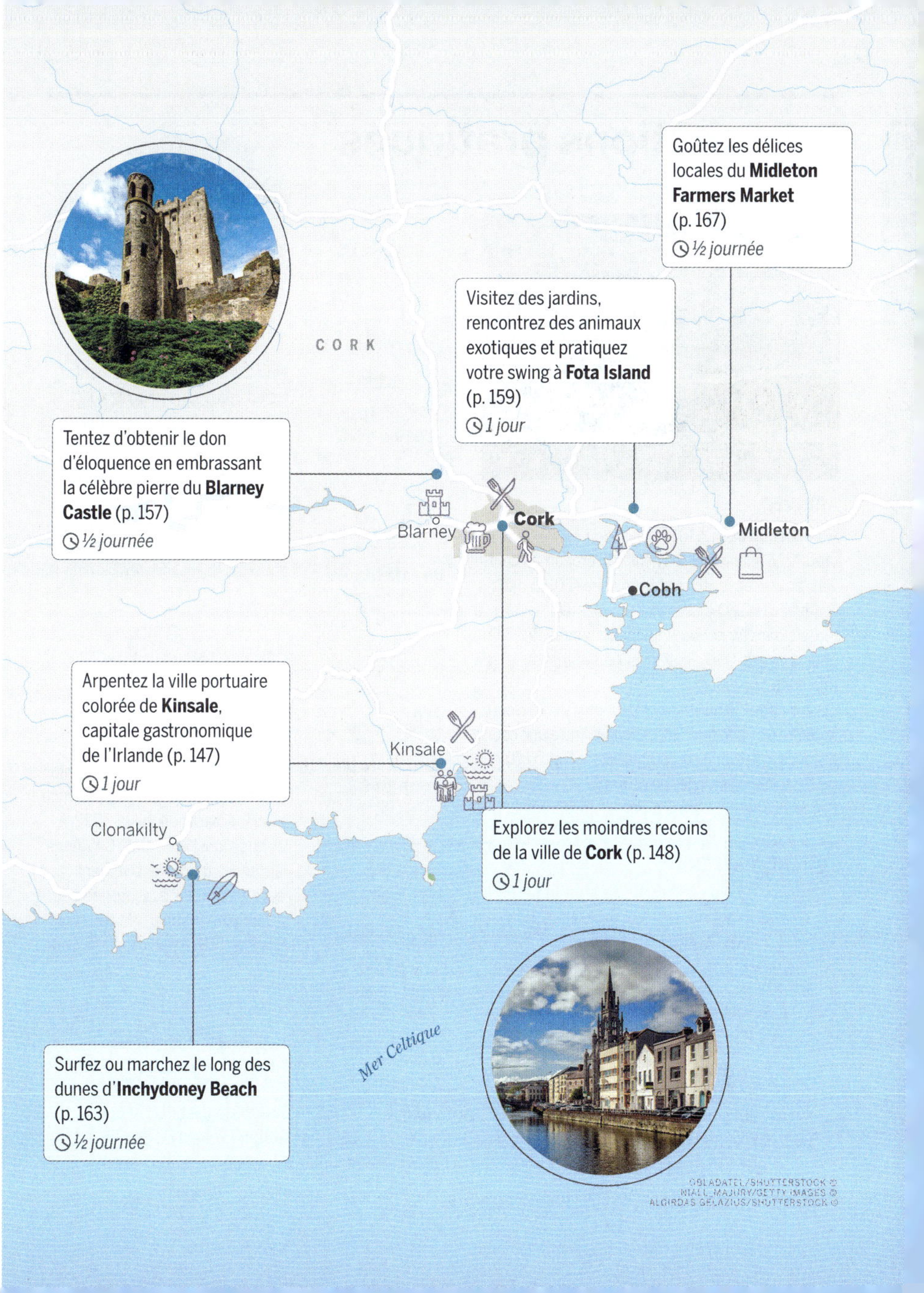

Goûtez les délices locales du **Midleton Farmers Market** (p. 167)
½ journée
Visitez des jardins, rencontrez des animaux exotiques et pratiquez votre swing à **Fota Island** (p. 159)
1 jour
CORK
Tentez d'obtenir le don d'éloquence en embrassant la célèbre pierre du **Blarney Castle** (p. 157)
½ journée
Blarney
Cork
Midleton
Cobh
Arpentez la ville portuaire colorée de **Kinsale**, capitale gastronomique de l'Irlande (p. 147)
1 jour
Kinsale
Clonakilty
Explorez les moindres recoins de la ville de **Cork** (p. 148)
1 jour
Surfez ou marchez le long des dunes d'**Inchydoney Beach** (p. 163)
½ journée
Mer Celtique

Informations pratiques

ARRIVÉE

Aéroport de Cork À 10 km au sud-ouest de Cork. Le bus n°226 relie toutes les heures l'aéroport au centre-ville, aux gares routière et ferroviaire (20-35 min ; trajet adulte 2,80 € ; espèces uniquement) ainsi qu'à Kinsale dans l'autre sens. En taxi, comptez 15-25 € pour la ville de Cork. Pour louer une voiture sur place, mieux vaut réserver.

Gare de Kent Station (Cork) Le bus n°205 dessert le centre de Cork, qui n'est cependant qu'à une courte distance à pied. En taxi, comptez entre 5 et 20 € pour les destinations proches du centre.

Gare routière de Cork Sur Parnell Pl, dans le centre.

BUDGET

Une pinte de Beamish 5 €

Un café torréfié localement 3,50 €

Un *potato pie* 1,80 €

QUAND Y ALLER

JAN - MARS
La nuit tombe vite et il fait froid : idéal pour se détendre au pub et pour les défilés de la Saint-Patrick.

AVR - JUIN
Temps plus chaud, sites saisonniers ouverts, Midsummer Festival.

JUIL - SEPT
Temps idéal, festival gastronomique Taste of West Cork.

OCT - DÉC
Le Guinness Jazz Festival de Cork et le Gourmet Festival de Kinsale battent leur plein.

COMMENT CIRCULER

Vélo Cork s'explore facilement à pied, mais vous pourrez aussi utiliser les vélos partagés, dont les stations sont présentes près de la plupart des sites d'intérêt. Un abonnement de 3 jours coûte 3 €, avec une caution de 150 €. Les 30 premières minutes sont gratuites (bikeshare.ie/cork.html).

Bus Des bus passent par les villes principales du comté, le plus souvent avec une correspondance à Cork. À partir de juillet 2022, les bus touristiques Cork City Tours reprendront progressivement leurs excursions à la journée pour la Jameson Distillery, Mizen Head et le Ring of Kerry au départ de Cork.

Voiture Indispensable pour explorer l'ouest du comté (West Cork), mal desservi par les transports.

SE RESTAURER ET PRENDRE UN VERRE

Petit déjeuner Goûtez le boudin noir (*black pudding*) de Clonakilty et les saucisses de O'Flynn's (p. 166), accompagnés d'un thé Barry's.
Fromage Gubbeen fumé, fromage à pâte molle de Carrigaline, mozzarella de chez Toons Bridge Dairy (p. 167).
Bière À Cork, oubliez la Guinness. Si vous voulez boire une stout brune, c'est Beamish ou Murphy's.
Tourte à la pomme de terre Savourez cette spécialité (*potato pie*) de chez KC's (p. 147) avec un Tanora – un "mineral" (expression locale pour "soda") goût mandarine.

Le sandwich ultime
"The Cork Boi" de O'Flynn's (p. 166)

Paradis du fromage
Mahon Point (p. 167)

SE CONNECTER ET S'ORIENTER

Wi-Fi Disponible partout, avec points d'accès dans les bibliothèques et jardins publics. Certaines parties reculées du comté ne sont pas couvertes par la 4G.

S'orienter Google Maps est relativement précis et vous trouverez des panneaux d'indications partout. À défaut, demandez votre chemin aux sympathiques habitants.

VOYAGER SANS SE RUINER

Au restaurant, pensez aux menus "pré-théâtre" ou de début de soirée, moins chers. L'eau du robinet est potable et gratuite. Certains supermarchés tels que Centra vendent des repas cuisinés du jour à prix raisonnables.

OÙ LOGER

Le comté est cher, surtout à Cork ; une chambre d'hôtel coûte environ 120 € la nuit. Auberges de jeunesse, B&B et Airbnb sont plus abordables. Nombreux hébergements complets en haute saison, lors des festivals et longs week-ends.

Ville	Caractéristiques
Cork	Centre de transports ; vaste choix d'hébergements, tour-opérateurs, restaurants, pubs et clubs.
Ballincollig	Proche de Cork, avec liaisons en bus 24h/24. On y trouve un parc régional avec sentiers et des moulins à poudre historiques.
Kinsale	Départ de la Wild Atlantic Way ; centre-ville coloré avec d'excellents restaurants.
Clonakilty	Village côtier émaillé de plages. Habitants chaleureux, boudin noir réputé et concerts au De Barra.
Skibbereen	Marché le samedi matin, atmosphère historique et artistique. Proche des sites d'intérêt.
Bantry	Marché le vendredi. Superbe vue sur la baie. Accès facile aux péninsules de Beara et Sheep's Head ainsi qu'à la forêt de Gougane Barra.

ARGENT

Taxis FREE NOW propose des courses à prix réduit (free-now.com/ie).
Leap Card Carte de transport permettant de bénéficier de 30% de réduction sur les trajets en bus, à Cork et dans d'autres villes. Forfaits visiteurs (leapcard.ie).

Les grands classiques

Pour les infos pratiques de chaque site, reportez-vous au Carnet d'adresses p. 164.

Cork

Aux yeux de ses habitants, la deuxième ville du pays est la "véritable capitale de l'Irlande". Cette cité progressiste, jeune et cosmopolite a sans doute autant à offrir que Dublin, mais à une échelle plus humaine et avec encore plus de chaleur. La rivière Lee encercle son centre compact entouré d'une myriade d'édifices historiques, de restaurants cosmopolites, de marchés, tel l'emblématique English Market (p. 150), et de confortables bars traditionnels.

SLONGY/ISTOCKPHOTO.COM ©

GOVICINITY/STOCK.ADOBE.COM ©

ANDREI NEKRASSOV/STOCK.ADOBE.COM ©

BORISB17/STOCK.ADOBE.COM ©

Blarney Castle

À 8 km au nord-ouest de Cork, Blarney Castle (p. 157) est un imposant château du XVe siècle au cœur d'un somptueux domaine. Les visiteurs se pressent autour de la Blarney Stone ("pierre de Blarney") pour y coller leurs lèvres, rituel censé accorder le don d'éloquence. Promenez-vous dans les jardins enchanteurs.

Kinsale

Le port de plaisance de Kinsale (Cionn tSáile) est l'un de ces nombreux joyaux colorés émaillant le littoral du comté de Cork. Ses rues étroites ponctuées de galeries, de boutiques de souvenirs, de bars animés et ses excellents restaurants, à 25 km au sud de Cork, en font une agréable excursion à la journée (p. 147).

Charles Fort

À 3 km au sud-est de Kinsale, cette vaste forteresse (p. 164) du XVIIe siècle est l'un des forts d'artillerie en étoile les mieux préservés d'Europe. Le magnifique panorama justifierait à lui seul une visite, mais les vestiges des XVIIIe et XIXe siècles, à l'intérieur de l'enceinte, font tout le sel de sa découverte.

JÜRGEN HAMANN/STOCK.ADOBE.COM ©

Mizen Head et Sheep's Head

Point le plus méridional d'Irlande, Mizen Head offre une vue hypnotique sur le large. À sa pointe se dresse une ancienne station de signalisation et un phare, que l'on atteint par un pont enjambant un gouffre. Enserrée entre les péninsules de Mizen Head et de Beara, Sheep's Head est la moins fréquentée. Elle a pourtant un charme bien à elle. Une route panoramique (p. 155) en fait le tour.

Péninsule de Beara

À cheval sur les comtés de Cork et de Kerry, la péninsule de Beara abrite l'une des plus jolies routes péninsulaires d'Irlande, avec le Ring of Kerry et la péninsule de Dingle, la foule en moins. Au bout de la péninsule, Dursey Island est accessible par le seul téléphérique de l'île (p. 162).

FABIANO'S PHOTOS/SHUTTERSTOCK ©

Bantry House & Garden

Dominant la baie de Bantry, l'impressionnante Bantry House (p. 159), demeure d'aristocrates irlandais du XVIIIe siècle, abrite de somptueux jardins à la française et un long escalier de pierre dévoilant un superbe panorama sur la baie.

DARREN/STOCK.ADOBE.COM ©

Gougane Barra Forest Park

Ce vaste parc forestier (p. 154) s'étend sur plus de 130 ha au pied des Sheehy Mountains. On y trouve un lac avec une île minuscule sur laquelle se dresse la jolie St Finbarr's Church, qui porte le nom du saint patron de Cork. Une bonne excursion à la journée depuis Cork.

BACOTHELOCK/STOCK.ADOBE.COM ©

15 Comté GOURMET

GASTRONOMIE | MARCHÉS | EXCURSION GOURMANDE

Doté du littoral le plus long du pays et de terres fertiles, le comté de Cork a depuis longtemps la réputation d'être le chef de file de la gastronomie irlandaise. On y trouve des marchés célèbres et une école de cuisine tandis que plus de 75% des producteurs artisanaux du pays sont installés à West Cork, la partie ouest du comté. La région est donc une destination de choix pour les gourmets, qui trouveront leur bonheur aussi bien dans les cafés décontractés que dans les restaurants haut de gamme.

JOHN ANGERSON/ALAMY STOCK PHOTO ©

En pratique

Restaurants Pensez à réserver, notamment les soirs de week-end et jours fériés, et pendant les festivals.

Saveurs traditionnelles *Buttered eggs* (œufs brouillés au beurre), *crubeens* (pieds de porc bouillis, panés et frits), *drisheen* (boudin noir ressemblant au *black pudding*) et tripes de bœuf ou de mouton.

Bon à savoir Vous allez bien manger : évitez les vêtements trop serrés.

EMFAI/SHUTTERSTOCK ©

TYLER W STIPP/SHUTTERSTOCK ©

Ci-contre The Bulman, Kinsale
À gauche en haut Préparation d'un plat à la Ballymaloe Cookery School **À gauche en bas** Goémon blanc (Carrageen Moss ou mousse d'Irlande)

Expériences culinaires dans le comté de Cork

Ballymaloe House (p. 165) Pionnier du concept "de la ferme à la table" depuis les années 1960, la famille Allen entretient génération après génération une philosophie "slow food" appliquée à la cuisine rurale. Passez la nuit sur place, venez simplement dîner ou prenez des cours de cuisine à la **Ballymaloe Cookery School** (p. 164), l'école primée de l'établissement.

Skibbereen Farmers Market (p. 167) Tous les samedis, ce village historique de West Cork s'anime grâce à son marché fermier qui rassemble les meilleurs producteurs de la région.

Les secrets des algues Partez récolter des "légumes de la mer" sur les plages de Skibbereen avec l'excursion "Secrets of Seaweed" d'**Atlantic Sea Kayaking** (p. 165). À marée basse, un guide vous apprendra à identifier les algues comestibles et à les récolter en respectant l'environnement. Vous découvrirez aussi leurs usages culinaires, cosmétiques et médicinaux. Rendez-vous ensuite à la Ballymaloe House pour goûter le pudding au goémon blanc (Carrageen Moss).

Kinsale la gastronome Kinsale cultive depuis longtemps une réputation de capitale culinaire de l'Irlande. Avec plus de 50 restaurants, il y en a pour tous les goûts. **Fishy Fishy** (p. 165), **Man Friday** (p. 165) et **The Bulman** (p. 166) ne désemplissent pas, mais, pour une cuisine récompensée d'une étoile au Michelin, cap sur **Bastion** (p. 165). Si vous préférez vous régaler à petits prix, goûtez les *fish and chips* avec purée de petits pois de **Dino's** (p. 166). Enfin, **Blacks of Kinsale** (p. 166) propose une gamme unique de bières et d'alcools artisanaux.

Délices modernes

Friteries À Cork, c'est la modeste *potato pie* (boule de pommes de terre écrasées aux herbes, panée puis frite, avec en option du fromage et/ou oignons) qui a la faveur des habitants dans les friteries. KC's (p. 166), à Douglas (goûtez la pita garnie) et Jackie Lennox's (p. 166), sur Bandon Rd, se disputent le titre de meilleure *chipper* (friterie) en ville.

Café artisanal À Cork, les amateurs de café se délecteront des breuvages de Badger & Dodo, servis dans tous les cafés de la ville ; vous trouverez également un café de la marque dans Barrack St et South Mall, ainsi qu'un stand sur les marchés de Midleton et de Douglas le samedi.

16 Promenade à CORK

PROMENADE | HISTOIRE | CULTURE

Avec son centre compact, Cork s'explore aisément à pied. Vous y découvrirez l'histoire du plus grand marché au beurre du monde, le joli campus de l'University College Cork et un beau panorama sur la ville depuis le clocher de St Anne's Church. Suivez le guide !

TRISH PUNCH/KEYWORDS/GETTY IMAGES ©

En pratique

Départ La balade commence à la Saint Fin Barre's Cathedral (p. 164), à 10 minutes de marche du centre-ville.

Quand Commencez par visiter la cathédrale dès son ouverture, à 10h. Vous aurez ensuite toute la journée pour terminer l'itinéraire.

Durée Comptez une à deux heures pour l'ensemble de la promenade (un peu plus si vous voulez traîner en route), qui fait 5 km environ.

C'est votre anniversaire ? Faites jouer "Happy Birthday" aux cloches de l'église Saint-Anne (Shandon Bells, p. 165) !

Pique-nique au Fitzgerald's Park

Après avoir passé l'University College Cork, faites une pause pique-nique sur les berges de la Lee au Fitzgerald's Park (p. 164), espace vert favori des habitants de Cork. Repérez le pont de Daly (photo ci-dessus), une passerelle à suspension, au nord du parc, surnommée "Shaky Bridge" (le pont branlant) par les habitants. Pourquoi ce surnom ? Traversez-le, et vous comprendrez.

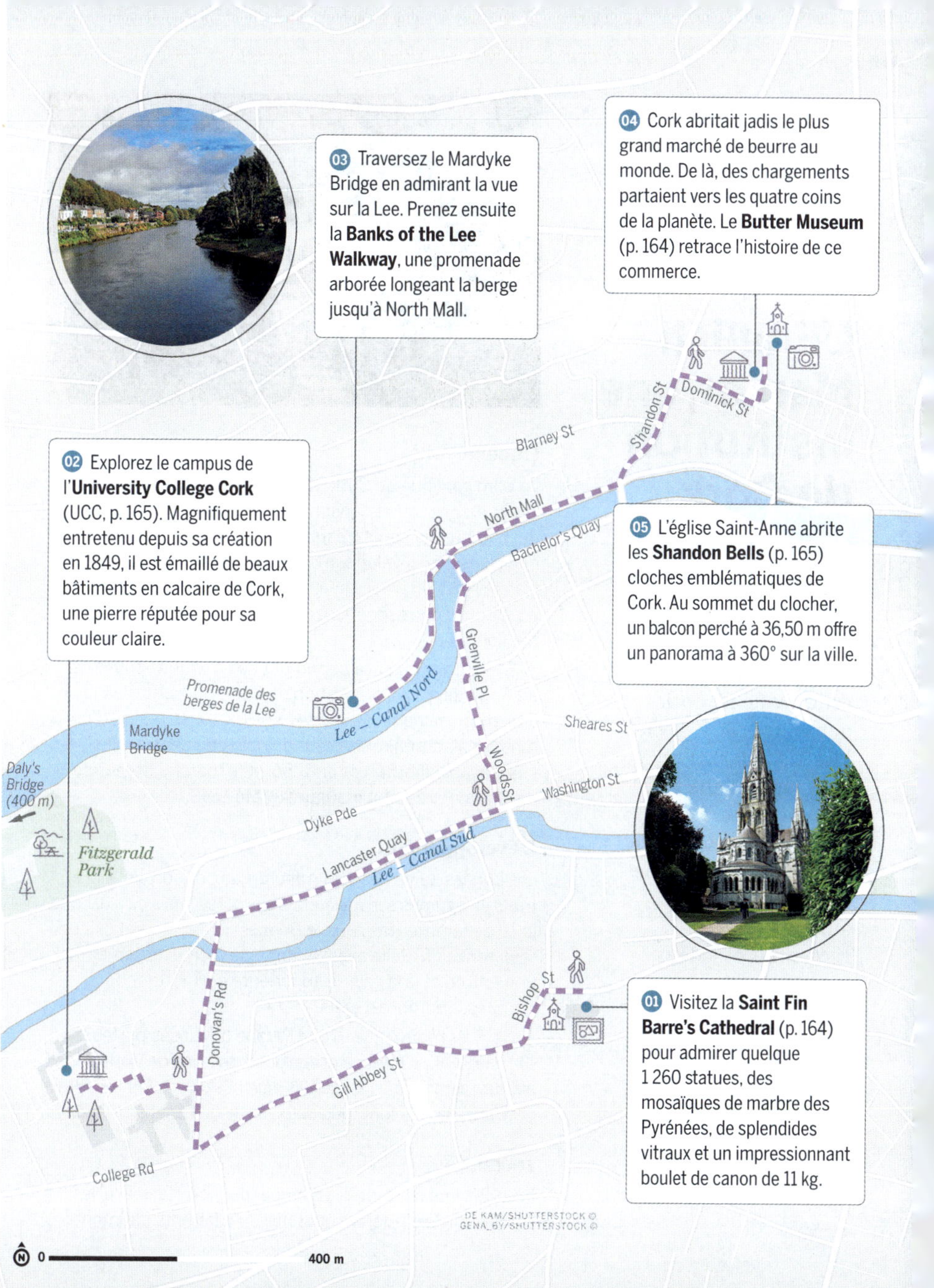

01 Visitez la **Saint Fin Barre's Cathedral** (p. 164) pour admirer quelque 1 260 statues, des mosaïques de marbre des Pyrénées, de splendides vitraux et un impressionnant boulet de canon de 11 kg.

02 Explorez le campus de l'**University College Cork** (UCC, p. 165). Magnifiquement entretenu depuis sa création en 1849, il est émaillé de beaux bâtiments en calcaire de Cork, une pierre réputée pour sa couleur claire.

03 Traversez le Mardyke Bridge en admirant la vue sur la Lee. Prenez ensuite la **Banks of the Lee Walkway**, une promenade arborée longeant la berge jusqu'à North Mall.

04 Cork abritait jadis le plus grand marché de beurre au monde. De là, des chargements partaient vers les quatre coins de la planète. Le **Butter Museum** (p. 164) retrace l'histoire de ce commerce.

05 L'église Saint-Anne abrite les **Shandon Bells** (p. 165) cloches emblématiques de Cork. Au sommet du clocher, un balcon perché à 36,50 m offre un panorama à 360° sur la ville.

L'English Market, une institution de Cork

DEUX SIÈCLES D'APPROVISIONNEMENT DE CORK

Installé en plein centre-ville de Cork depuis le XVIIIe siècle, l'English Market est bien plus qu'une place de commerce. Cette institution a survécu à la famine, aux flammes, aux inondations, aux guerres, aux récessions et à deux projets de démolition. Véritable lieu de vie, l'English Market est emblématique de la ville.

À gauche Stand d'olives à l'English Market **Au milieu** Plafond en vitraux de l'English Market **À droite** Pralines au chocolat

Genèse

Le nom gaélique de Cork, "Corcaigh", signifie "marais" : la ville était autrefois constituée de deux îles entourées de marais et de cours d'eau. Asséchés au XVIIIe siècle afin de favoriser le développement économique de la cité et transformés en places et en rues, ces anciens espaces aquatiques correspondent au plan urbain du centre-ville d'aujourd'hui.

S'inspirant du développement des marchés couverts en Angleterre, la Corporation de Cork, qui contrôlait la cité, proposa dans les années 1780 la construction d'un marché alimentaire au cœur du nouveau centre-ville. Les travaux débutèrent en 1786, et le marché de viande de Grand Parade fut inauguré à l'été 1788.

Développement

Les années suivantes, des marchés de poisson, volaille et fruits et légumes s'installèrent à ses côtés, mais ce n'est que le 19 décembre 1862 que le Princes Street Market prit une apparence officielle avec un toit, une façade ornementale, une entrée et une galerie supérieure permettant de doubler le nombre d'étals.

L'entrée rénovée de Grand Parade ouvrit ses portes le 14 juillet 1881. L'horloge ornée des armoiries de Cork trônait alors au centre de la façade. Les marchés dits de Princes Street et Grand Parade font tous deux partie de l'English Market.

Incendies

En 1920, lors de la guerre d'Indépendance irlandaise, les soldats anglais pillèrent et brûlèrent différents bâtiments

D. RIBEIRO/SHUTTERSTOCK ©

LENA WURM/SHUTTERSTOCK ©

de la ville. Le feu se propagea depuis une boutique voisine jusqu'au Princes Street Market, dont le toit fut gravement endommagé. Par miracle, le reste du bâtiment fut épargné par les flammes.

Il n'eut pas la même chance lors de l'incendie du 19 juin 1980, provoqué par une explosion de gaz. Le Princes Street Market fut entièrement détruit, à l'exception de sa fontaine, qui ne subit que des dégâts mineurs. Le Grand Parade Market adjacent, quant à lui, sortit intact du désastre.

Plus vieux marché couvert d'Irlande, l'English Market est le cœur battant du centre-ville de Cork.

Le marché aujourd'hui

La restauration du Princes Street Market s'acheva en octobre 1981 et les travaux furent couronnés en 1983 d'une médaille d'or d'Europa Nostra pour la mise en valeur du patrimoine architectural européen. Le marché s'organise désormais de manière circulaire autour de la fontaine restaurée. La galerie supérieure comprend un café et de nouveaux espaces de vente.

Outre les habituels étals de viande, poisson et fruits légumes, les gourmets apprécient les nouveaux comptoirs de traiteurs, installés au centre du marché. On y trouve fromages, olives, charcuterie, plats cuisinés, herbes aromatiques et épices du monde entier. Les palais les plus intrépides oseront les spécialités irlandaises traditionnelles comme les *crubeens* (pieds de porc), le *drisheen* (boudin noir gélatineux) ou les tripes. Après plus de deux siècles d'existence, l'English Market est le plus vieux marché couvert d'Irlande. Bien plus qu'un simple espace de gastronomie, l'endroit est le cœur battant du centre-ville.

Pourquoi un marché "anglais" ?

L'English Market ou marché anglais fut créé par la Corporation protestante de Cork lorsque l'Irlande était sous le joug de la Couronne britannique. En 1840, l'arrivée au pouvoir d'une majorité catholique, permise par une réforme des gouvernements locaux, conduisit à la création d'un second marché couvert, le St Peter's Market (aujourd'hui le Bodega Bar), dans Cornmarket St. Rapidement surnommé l'"Irish Market", le marché irlandais, par opposition à son aîné d'origine protestante, il était apprécié de la classe ouvrière pour ses prix plus bas que l'English Market, toujours fréquenté par les résidents les plus aisés de la ville.

17

L'Ouest SAUVAGE

PLEIN AIR | ROAD TRIP | PAYSAGES

Paradis vierge et sauvage, West Cork, la partie ouest du comté, est une destination rêvée pour les amateurs de grand air. Vous y trouverez de jolis villages, un cercle de pierres vieux de 3 000 ans et des paysages d'une beauté à couper le souffle, véritables joyaux de la région.

JEFF MAURITZEN/GETTY IMAGES ©

En pratique

Circuler Des bus relient les principales localités, mais la voiture reste le meilleur moyen pour se déplacer.

Quand Vos chances d'avoir du ciel bleu sont plus élevées de mai à septembre.

Points de vue Des aménagements sur le bas-côté permettent de s'arrêter en route pour contempler le paysage et prendre des photos.

Bon à savoir Conduisez lentement. Les routes sont étroites et parfois encombrées par des véhicules agricoles et des troupeaux de moutons.

WALTER BIBIKOW/GETTY IMAGES ©

La péninsule de Beara en voiture

Souvent négligée par les visiteurs au profit du Ring of Kerry voisin, la route panoramique du **Ring of Beara** a autant à offrir, si ce n'est plus. Ici, on sort des sentiers battus via d'étroits *boreens* (routes de campagne) où l'on cède le passage aux troupeaux de bétail pendant que l'on contemple la péninsule de Beara, l'une des vues les plus envoûtantes d'Irlande.

Encadré de paysages vierges et sauvages, l'itinéraire de 128 km commence au charmant village côtier de **Glengarriff**. Filez ensuite au sud, vers Adrigole, point de départ de la **Healy Pass Road** (route du col de Healy), qui coupe à travers la péninsule et vous fera passer du comté de Cork au comté de Kerry. Profitez du paysage en poursuivant vers l'ouest et Castletownbere, où vous attendent les ruines du **Dunboy Castle**.

BOMSTOCK/SHUTTERSTOCK ©

Saveurs de West Cork

En septembre, le festival gastronomique **A Taste of West Cork** (atasteofwestcork.com) célèbre pendant 10 jours les délices culinaires et les produits agricoles de la région. Plus de 50 villages et 9 îles y sont représentés. Tout fin gourmet qui se respecte ne saurait manquer cet évènement !

À gauche Inchydoney Beach (p. 163)
En haut à gauche Healy Pass (p. 155)
En haut à droite Eyeries (p. 154)

Au bout de la péninsule, vous pourrez prolonger votre voyage en prenant le téléphérique pour **Dursey Island** (p. 165), d'où l'on aperçoit parfois des dauphins et, par temps clair, les austères Skellig Islands. En remontant la côte ouest de la péninsule, faites une pause baignade à **Ballydonegan Beach** avant de visiter trois villages de carte postale (Allihies, Eyeries et Ardgroom) dont nombre d'habitants exposent leurs œuvres d'art dans leur maisons, doublées de galeries.

À Allihies, vous pourrez visiter le **Copper Mine Museum** (p. 164), un musée dédié à la mine de cuivre la plus occidentale d'Europe. Remontez la côte jusqu'au comté de Kerry, un peu après Cappacloghernane, admirez la vue exceptionnelle sur **Kenmare Bay** puis rejoignez la N71, qui vire à droite pour revenir vers Glengarriff. Vous reviendrez dans le comté de Cork en empruntant le tunnel de Turners Rock et le superbe col de Caha (Caha Pass).

Aventures sportives à West Cork

Atlantic Sea Kayaking (p. 165) propose des sorties nocturnes en kayak sur le **Lough Hyne**. Seul lac salé d'Irlande, il devint la toute première réserve naturelle marine d'Europe en 1981.

Inchydoney Beach est une plage appréciée des surfeurs pour ses vagues qui déferlent de chaque côté du promontoire. Louez une planche à l'**Inchydoney Surf School** (p. 165).

La péninsule de **Sheep's Head** est sillonnée de 250 km de sentiers : observez les oiseaux sur la Seven Heads Walk à Courtmacsherry ou empruntez l'un des 6 itinéraires du **Gougane Barra Forest Park** (p. 164).

Pagayez sur un kayak au milieu d'une colonie de plus de 40 phoques, dans les eaux calmes et abritées du port d'Adrigole avec **Wild Atlantic Wildlife** (p. 165).

À gauche Gougane Barra Forest Park
Ci-dessous Cercle de pierres de Drombeg

Le meilleur de l'Ouest

Magnifiquement préservée, **Mizen Head** marque la pointe sud-ouest de l'Irlande continentale. En traversant le pont menant au sémaphore, essayez d'apercevoir des phoques au fond de la gorge vertigineuse, ou, plus au large, des dauphins et des baleines. Il y a un petit café/centre d'accueil des visiteurs sur place (p. 164).

Longeant la côte en boucle sur 70 km depuis Bantry, la **Sheep's Head Drive** traverse des paysages spectaculaires. D'une beauté naturelle intacte, la **péninsule de Sheep's Head**, doigt de terre isolé s'avançant dans l'océan Atlantique, garantit un dépaysement absolu.

Au cœur de la péninsule sauvage de Beara, l'étroite **Healy Pass Road** (route du col de Healy, R574) serpente à travers les reliefs des Caha Mountains. Elle commence à Adrigole Bridge, dans le comté de Cork, et débouche 12 km plus loin sur Lauragh Bridge, dans le comté de Kerry. En chemin, les panoramas sont tout simplement époustouflants.

Un court trajet depuis Glandore, à 75 km au sud de Cork, mène au **Drombeg Stone Circle**, trésor archéologique vieux de 3 000 ans. Ses 17 pierres dressées forment un cercle de 9,3 m de diamètre, orienté de manière à ce que le soleil se couche sur l'axial en pierre lors du solstice d'hiver.

18 Châteaux et DEMEURES

CHÂTEAUX | HISTOIRE | JARDINS

Châteaux et maisons côtières aux jardins impeccables émaillent les campagnes vallonnées du comté de Cork. Cork Harbour, deuxième plus grande baie navigable au monde, a souvent été la première ligne de défense du pays contre ses envahisseurs, ce qui explique pourquoi d'impressionnantes forteresses se dressent encore aux quatre coins de la baie.

RICHARD SEMIK/SHUTTERSTOCK ©

En pratique

Circuler Le Blackrock Castle est facile d'accès depuis le centre de Cork tandis que Kinsale est desservie par des bus, mais la voiture reste le meilleur moyen de découvrir les châteaux et manoirs du comté.

Quand Si le temps est plus agréable de juin à août, c'est au printemps et à l'automne que les jardins se parent de leurs plus belles couleurs.

Souvenirs irlandais La boutique familiale Blarney Woollen Mills (p. 167) propose une vaste gamme de produits artisanaux irlandais.

BRADLEYHEBDON/GETTY IMAGES ©

Voyage à travers le temps

Blackrock Castle À seulement 6 km à l'est de Cork, ce château (p. 164) du XVIe siècle construit à des fins défensives semble sorti d'un univers d'*heroic fantasy*. Restauré et transformé en observatoire, il abrite un café offrant une belle vue sur la Lee et au-delà. Le site propose visites guidées, spectacles au planétarium et expositions interactives.

Blarney Castle Reconstruit à la fin du XVe siècle en remplacement d'une structure plus ancienne, ce château (p. 164) est le plus célèbre du comté de Cork, et peut-être d'Irlande, grâce à sa pierre, la Blarney Stone, qui donnerait le "don d'éloquence" à celui qui l'embrasse. Si vous êtes sujet au vertige, sachez qu'il faut grimper 127 marches jusqu'au sommet du château avant de s'allonger sur le dos au-dessus du vide, en s'agrippant à des

MIKEMIKE10/SHUTTERSTOCK ©

Mémorial du 11-Septembre

Créé à l'initiative de Kathleen Murphy, une enfant du pays qui exerça comme infirmière à New York pendant plus de 30 ans, le **Ringfinnan Garden of Remembrance** abrite 343 arbres – un pour chaque pompier qui perdit la vie lors des attentats du 11 septembre 2001. Depuis son décès, le mémorial lui est aussi dédié. Infos à l'office du tourisme de Kinsale (p. 164).

À gauche Blackrock Castle **En haut à gauche** Bantry House & Garden (p. 159) **En haut à droite** Charles Fort (p. 158)

barres de fer, pour embrasser, la tête en bas, la fameuse pierre. On fait parfois la queue pendant plus d'une heure en été. Fuyez la foule en vous promenant dans l'Arboretum, qui réunit des variétés d'arbres du monde entier, dans le pittoresque Fern Garden (jardin aux fougères), et dans l'inquiétant Poison Garden (jardin au poison), niché derrière les remparts du château.

Charles Fort En lisière de Kinsale, dominant la baie, cette forteresse (p. 164) en étoile du XVIIe siècle, de type Vauban, est magnifiquement préservée. Ses bastions à canons servirent à défendre le pays contre les flottes française et espagnole et ne furent mis à l'arrêt qu'en 1922. Le centre d'accueil des visiteurs propose des visites guidées.

Dunlough Castle Les ruines du château de Dunlough, dans la péninsule de Mizen Head, se dressent au lieu-dit "Three Castles Head", ainsi nommé en référence aux trois tours qui y ont résisté au passage du temps. Sur ce site accessible uniquement à pied, les Normands construisirent en 1207 l'une de leurs premières fortifications au sud de l'Irlande, mais les ruines actuelles datent

Un jardin dans le ciel

Niché dans les collines de Skibbereen, au domaine victorien de Liss Ard, l'**Irish Sky Garden** (p. 164) est une installation interactive conçue par l'artiste américain James Turrell. Elle s'inspire des architectures celte, égyptienne et maya. On y pénètre par une arche en pierre avant d'emprunter un couloir d'aspect mégalithique puis un escalier débouchant sur une sorte de cratère recouvert d'herbe. Au centre du cratère se trouve une grande pierre plate sur laquelle on s'allonge pour regarder le ciel. Turell explique son postulat artistique : "Le plus important est que l'intérieur semble devenir l'extérieur et inversement."

À gauche Ruines du Dunlough Castle
Ci-dessous Blarney Castle

probablement du XVe siècle. Naturellement, l'endroit est associé à de nombreuses légendes et histoires de fantômes. Hébergements tout proches (threecastlehead.ie).

Demeures majestueuses et jardins élégants

Fota Island Au cœur d'un superbe domaine du XIXe siècle, la **Fota House** (p. 164) abrite l'une des plus belles collections de peintures de paysages d'Irlande, rivalisant presque avec la National Gallery. Répartis sur 11 ha, l'arboretum et les jardins déploient de belles serres victoriennes restaurées, et les activités pour enfants sont appréciées des familles de Cork. Le domaine partage un parking (3 € la journée) avec le **Fota Wildlife Park** (p. 164), qui mérite également une visite. Un hébergement de luxe avec golf vous attend au Fota Island Resort (www.fotaisland.ie).

Bantry House & Garden Dominant la baie de Bantry, ce domaine (p. 164) offre un vaste panorama sur la mer et les Caha Mountains. Le jardin compte sept terrasses, une fontaine, un cercle de glycine et un long escalier de 100 marches dévoilant une splendide vue sur la baie. La propriété, agrémentée de mobilier d'époque et débordant des souvenirs de voyage de plusieurs générations, appartient à la même famille depuis le XVIIIe siècle.

Doneraile Estate Superbe exemple d'architecture georgienne, Doneraile Court trône au cœur de 160 ha de parcs paysagers, peuplés d'une faune variée, de superbes pièces d'eau et de plusieurs sentiers de promenade. Avec un peu de chance, vous apercevrez des cerfs et des vaches Kerry, à la robe noire.

19 Îles et PLAGES

EXPLORATION | PLEIN AIR | WILD ATLANTIC WAY

Le littoral de West Cork est l'un des plus spectaculaires d'Irlande. Prenez le temps d'explorer les îles qui émaillent la côte, observez les baleines et partez en quête de votre coin de paradis en sillonnant les superbes plages du comté.

En pratique

Circuler Faites le plein dès que vous voyez une station-service : ces dernières peuvent se faire rares dans les zones rurales de West Cork.

Quand Consultez la météo avant de prendre la route ; ferrys et téléphériques sont parfois suspendus en cas de mauvais temps.

Camping Le camping sauvage n'est pas légal à proprement parler, mais il est bien souvent toléré, à condition de ne laisser aucune trace de votre passage. Vous trouverez aussi de nombreux campings officiels à travers le comté.

Vie insulaire

Bere Island Si vous aimez les paysages battus par les vents, cap sur Bere Island, à l'entrée de Bantry Bay. Vous y trouverez plages de sable et baies secrètes, forts circulaires et superbes panoramas sur les Miskish Mountains et les Caha Mountains. Vous pourrez aussi visiter une forteresse militaire de 1899.

Cape Clear Island Posée tout au bord du plateau continental, l'île de Cape Clear est l'un des meilleurs endroits d'Europe pour l'observation des baleines et des dauphins. Explorez à pied ses paysages sauvages et faites escale dans ses pubs pour pratiquer votre gaélique avec les sympathiques habitants – pour commencer, apprenez le nom de leur île, Oileán Chléire.

Craic sur la côte

Prenez une pinte avec vue chez O'Sullivan (p. 167) à Crookhaven, voyagez dans le passé au Levis (p. 167) à Ballydehob ou chez Ma Murphy's (p. 167) à Bantry, assistez à une session de musique traditionnelle au De Barra (p. 167) à Clonakilty… Les occasions pour un bon *craic* (fun) ne manquent pas à West Cork. *Have a great craic* !

À gauche Téléphérique de Dursey Island **En haut à gauche** Barleycove Beach (p. 163) **En haut à droite** Phoques à Garnish Island (p. 162)

Dursey Island À la pointe sud-ouest de la péninsule de Beara, l'île de Dursey est reliée à l'Irlande par le seul **téléphérique** (p. 165) du pays. Pouvant accueillir 6 personnes, il vous emmènera 250 m au-dessus de l'océan avant de rejoindre l'île en 8 minutes. Sur place, aucune voiture, mais des paysages escarpés et sauvages.

Sherkin Island À 10 minutes en ferry de Baltimore, l'"île des arts" est ainsi surnommée car une communauté d'artistes y est installée – vous pourrez acheter leurs œuvres à Baltimore. Les plages et baies secrètes sur place font le bonheur des amateurs de nature et d'observation de la faune.

Garnish Island Posée dans les eaux calmes de Bantry Bay, l'île de Garnish bénéficie d'un climat quasi subtropical permettant à de luxuriants jardins d'y fleurir, agrémentés de plantes exotiques du monde entier. Des phoques se prélassent souvent sur les plages de l'île.

Les beautés de Baltimore

Baltimore est l'épicentre de l'**observation des baleines** à West Cork. Selon la saison, on peut y voir baleines de Minke, marsouins, dauphins et rorquals communs, baleines à bosse, requins-pèlerins et parfois même quelques tortues luths. Explorer cette zone marine unique est une expérience absolument inoubliable ; réservez auprès de Baltimore Sea Safari (p. 165) ou Whale Watch West Cork (p. 165).

Haut de 15,2 m, le **Baltimore Beacon** est un sémaphore conique, dressé au bout d'un promontoire qui sépare le port de Baltimore de l'île de Sherkin. Les habitants le surnomment "Lot's Wife", en référence à l'épouse de Lot transformée dans la Bible en statue de sel. La visite du sémaphore garantit un panorama époustouflant sur la côte.

À gauche Baltimore Beacon
Ci-dessous Sherkin Island

Plages sauvages

Garrylucas Beach La longue plage de sable de Garrylucas, bordée à l'est de petites dunes, se trouve à 15 minutes de route de Kinsale, capitale gastronomique du comté de Cork. En poussant un peu plus loin vous atteindrez la célèbre péninsule d'**Old Head of Kinsale**, dont les imposantes falaises sont peuplées d'oiseaux indigènes et d'une faune variée. L'endroit, doté d'un terrain de golf, est apprécié des touristes comme de la population locale.

Inchydoney Beach Appréciée des surfeurs et des habitants du comté, la plage labellisée Pavillon bleu d'Inchydoney n'attend que vous pour explorer ses vastes dunes, partir à l'assaut des vagues ou faire un pique-nique sur le sable.

The Warren Cette petite plage paisible s'étend le long d'une route peu fréquentée, à l'embouchure de la Roscarberry. Elle attire cependant les foules en été. L'endroit, splendide, est classé zone de patrimoine naturel.

Barleycove Beach On reconnaît cette étendue de sable blanc grâce à l'océan de champs verdoyants qui l'entoure. C'est incontestablement l'une des plus belles plages d'Irlande.

Silver Strand Cette plage de sable de Sherkin Island, le plus souvent déserte et léchée d'eaux limpides, est un joyau caché de West Cork. Vous y trouverez calme et apaisement.

Carnet d'adresses

Les grands classiques (p. 144)

Bantry House & Garden

(027-50047 ; www.bantryhouse.com ; Bantry Bay ; adulte/enfant 14/5€, visite guidée incluse ; 10h-17h tlj juin-août, mar-dim mi-avr à mai et sept-oct ; P)

Blarney Castle

(021-438 5252 ; www.blarneycastle.ie ; Blarney ; adulte/enfant 18/8 € ; 9h-19h lun-sam, 9h-18h dim juin-août, horaires réduits sept-mai ; P)

Charles Fort

(021-477 2263 ; www.heritageireland.ie ; Summercove, Kinsale ; adulte/enfant 5/3 € ; 10h-18h mi-mars à oct, 10h30-16h30 nov à mi-mars ; P)

Cork City Tourist Information Centre

(1850 230 330 ; www.purecork.ie ; 125 St Patrick's St ; 9h-17h lun-sam ; wifi)

English Market

(www.englishmarket.ie ; entrée principale Princes St, Cork ; 8h-18h lun-sam)

Gougane Barra Forest Park

(www.coillte.ie/site/gougane-barra-forest-park ; P 5 €)

Kinsale Tourist Office

(021-477 2234 ; www.kinsale.ie ; Emmet Pl, Kinsale)

Mizen Head Visitor Centre

(028-35115 ; www.mizenhead.ie ; Mizen Head Signal Station, Harbour Rd ; accès adulte/enfant 7,50/4,50 € ; 10h-18h juin-août, 10h30-17h avr-mai et sept-oct, 11h-16h sam-dim nov-mars ; P)

Péninsule de Beara

(027-70054 ; bearatourism.com)

Péninsule de Sheep's Head

Le circuit de randonnée Sheep's Head Way (88 km) fait le tour de la péninsule. (thesheepsheadway.ie)

Visiter et expérimenter

Allihies Copper Mine Museum

Voir p. 154. (027-73218 ; www.acmm.ie ; Main Rd, Allihies ; adulte/enfant 6/2 € ; 10h30-17h Pâques-oct)

Ballymaloe Cookery School

Voir p. 147. (021-464 6785 ; www.ballymaloecookeryschool.com ; Shanagarry ; cours 75-135 €)

Blackrock Castle

Voir p. 157. (021-435 7924 ; www.bco.ie ; Blackrock, Cork ; observatoire, visite guidée et show astronomique 20 € ; 10h-16h jeu-dim)

Butter Museum

Voir p. 148. (021-430 0600 ; www.corkbutter.museum ; O'Connell Sq, Cork ; adulte/enfant 5/2 € ; 10h-17h mars-oct, 11h-15h sam-dim déc-fév)

Cork City Tours

Voir p. 142. (021-430 9090 ; www.corkcitytours.com ; circuit en ville adulte/enfant 15/5 €, excursion journée 40/20 € ; mars-nov)

Doneraile Estate

Voir p. 159. (046-942 3175 ; doneraileestate.ie ; Doneraile Estate ; parc en accès libre, Doneraile Court tarif plein/réduit 8/4 € ; parc 8h-20 lun-dim avr-oct, 8h-17h nov-mars, demeure fermée oct-jan)

Fitzgerald's Park

Voir p. 148. (021-427 0679 ; Mardyke Walk, Cork ; 8h30-22h juin-juil, 21h août, 17h/18h hiver)

Fota House

Voir p. 159. (021-481 5543 ; www.fotahouse.com ; Carrigtwohill, Fota Island ; manoir adulte/enfant 9/3,50 €, avec jardins 13,50/6 € ; 10h-17h tlj mars-sept, 10h-17h sam-dim fév et oct-déc)

Fota Wildlife Park

Voir p. 159. (021-481 2678 ; www.fotawildlife.ie ; Carrigtwohill, Fota Island ; adulte/enfant 17,20/12 € ; 10h-16h30 lun-dim ; P 3 €)

Irish Sky Garden

Voir p. 158. (www.lissardestate.ie ; Liss Ard Estate, Skibbereen ; 20 min, sur réservation, résidents uniquement)

Saint Fin Barre's Cathedral

Voir p. 148. (corkcathedral.webs.com ; Bishop St, The Lough, Cork ; tarif plein/réduit 6/5 €, gratuit -16 ans ; 10h-13h et 14h-17h30 lun-sam)

Shandon Bells, St Anne's Church

Voir p. 149. (☎021-450 5906 ; www.shandonbells.ie ; Church St, Shandon, Cork ; ascencion du clocher adulte/enfant 4/2 € ; 🕒11h-15h lun-sam, 11h30 dim)

Téléphérique de Dursey Island

Voir p. 162. (Dursey Island Cable Car ; ☎027-73851 ; bearatourism.com ; AR adulte/enfant 20/10 €, pas de CB ; 🕒9h30-19h30 tlj mars-oct, 9h30-16h30 nov-fév, fermé 13h-13h30)

University College Cork (UCC)

Voir p. 149. (☎021-490 1876 ; visitorscentre.ucc.ie ; College Rd, Cork ; 🕒 9h-17h lun-ven, 12h-17h sam)

Aventures marines

Atlantic Sea Kayaking

Voir p. 154. (☎028-21058 ; www.atlanticseakayaking.com ; Skibbereen ; 50 €/pers ; 🕒mars-sept)

Baltimore Sea Safari

Voir p. 162. (☎028-20753 ; baltimoreseasafari.ie ; The Ferry Pier, Baltimore ; sorties 30 €/pers)

Inchydoney Surf School

Voir p. 154. (☎086- 869 5396 ; inchydoneysurfschool.com ; Inchydoney Island, Clonakilty ; location planche 20 €, pas de loc juil-août)

Whale Watch West Cork

Voir p. 162. (☎086-120 0027 ; www.whalewatchwestcork.com ; Baltimore Pier, Baltimore ; 55 €/pers)

Wild Atlantic Wildlife

Voir p. 154. (wildatlanticwildlife.ie ; Adrigole ; kayak s/d 15/25 € l'heure ; 🕒10h-16h juin-août)

Produits locaux à l'honneur

Ballymaloe House €€€

Voir p. 147. (☎021-465 2531 ; www.ballymaloe.ie ; Ballymaloe More, Shanagarry ; menu déj/dîner 3/5 plats 50/85 € ; ch à partir de 280 € ; 🕒soir tlj, plus dim midi pour non-résidents)

Bastion €€€

Voir p. 147. (☎021-470 9696 ; www.bastionkinsale.com ; angle Main St et Market St, Kinsale ; menu dégustation 70-100 € ; 🕒17h-22h mer-dim ; 🍷)

Jameson Distillery, Midleton (p. 166)

Farmgate Café €€

À l'étage de l'English Market, ce café se fournit auprès des marchands juste en dessous. Savourez délices du comté, excellent café et options sans gluten en observant l'effervescence du marché en contrebas. (☎021-427 8134 ; www.farmgatecork.ie ; Princes St, English Market, Cork ; plats 8-14 € ; 🕒8h30-17h lun-sam)

Fishy Fishy €€

Voir p. 147. (☎021-470 0415 ; www.fishyfishy.ie ; Crowley's Quay, Kinsale ; plats 20-28 € ; 🕒12h-21h tlj mars-oct, horaires réduits oct-mars)

Man Friday €€

Voir p. 147. (☎021-4772260 ; www.manfridaykinsale.ie ; Scilly, Kinsale ; plats 22-36 € ; 🕒soir mar-sam)

Paradiso €€€

Ce restaurant végétarien primé est une institution de Cork. Sa cuisine contemporaine et ses produits locaux et de saison sauront séduire les carnivores les plus endurcis. (☎021-427 7939 ; www.paradiso.restaurant ; 16 Lancaster Quay, Cork ; menu dégustation 2 pers 80 € ; 🕒17h30-22h lun-sam ; 🍷)

Quay Co-op €

Ce restaurant et traiteur bio crée à partir de produits locaux des versions végétariennes et véganes de spécialités traditionnelles. Excellente boutique sur place et deux autres adresses à Carrigaline et Ballincollig. (☎021-431 7026 ; quaycoop.com ; 24 Sullivan's Quay, Cork ; plats 8-11 € ; 🕒11h-21h lun-sam, 12h-21h dim)

The Bulman €€

Voir p. 147. (021-477 2131 ; www.thebulman.ie ; Summercove, Kinsale ; plats 22-26 € ; midi et soir tlj)

Cuisine d'ailleurs

Ichigo Ichie €€€

Le chef étoilé Takasahi Miyazaki combine ingrédients irlandais et techniques japonaises pour un résultat plus qu'alléchant, décliné en sushis et *kaiseki ryori*, ou en un menu japonais traditionnel. (021-427 9997 ; www.ichigoichie.ie ; 5 Fenns Quay, Sheares St, Cork ; menu 120-135 €/pers ; 18h mar-jeu, 18h et 21h ven-sam)

Iyer's €

Ce minuscule restaurant végétarien tenu en famille, sert les meilleurs *masala dosa* des environs, ainsi que d'excellents desserts et cafés. Espèces uniquement. (087-640 9079 ; facebook.com/iyerscafe ; 38 Popes Quay, Shandon, Cork ; masala dosa 9 € ; 12h30-19h30 jeu-dim)

Miyazaki €€

Pour goûter la cuisine de Takasahi Miyazaki (ci-dessus) à moindres frais, essayez les currys, nouilles et bols de riz de son échoppe de vente à emporter. (021-431 2716 ; facebook.com/miyazakicork ; 1A Evergreen St ; plats 12-15 € ; 13h-15h30 et 17h-21h mar-dim)

Frites, saucisses et fish & chips

Dino's Kinsale €

Voir p. 147. (021-477 4561 ; www.dinostakeaway.ie ; 4 Pier Rd, Kinsale ; à partir de 4,95 € ; 16h-21h tlj)

Jackie Lennox's €

Voir p. 147. (021-431 6118 ; jackielennoxs.ie ; 137 Bandon Rd, The Lough, Cork ; à partir de 13h midi et soir tlj)

KC's (KC & Son & Sons) €

Voir p. 147. (www.kcandsonandsons.com ; Douglas East, Cork ; à partir de 4,50 € h 16h30-23h/23h30 tlj)

O'Flynn's Gourmet Sausages €

Voir p. 142. (oflynnsgourmetsausages.ie ; English Market, Princes St, Cork ; saussice roll 5-7 €)

Accro à la caféine

Alchemy Coffee & Bookstore

Ce café à l'ancienne, décoré de livres, est idéal pour se réchauffer avec un café, préparé selon la méthode de votre choix. (123 Barrack St, Cork ; 8h30-18h lun-ven, 9h30-18h sam-dim)

Filter Espresso & Brew Bar

Ce café lumineux sert parmi les meilleures boissons chaudes de la ville. Différents grains et procédés d'infusion, affiches et gadgets liés au monde merveilleux du café. (021-455 0050 ; 19 George's Quay, Cork ; plats 4-7 € ; 8h-18h lun-ven, 9h-17h sam, 10h-15h dim)

Breuvages pas sages

Blacks of Kinsale

Voir p. 147. (87-641 2814 ; www.blacksbrewery.com ; Farm Lane, Knocknabohilly, Kinsale)

Franciscan Well Bar & Brewery

"The Fran" n'a pas attendu la mode des bières artisanales pour installer ses cuves dans cet ancien monastère franciscain de Cork. Goûtez ses breuvages sans additifs aux noms évoquant l'histoire locale (Blarney Blonde, Rebel Red, etc.), attablé dans le *beergarden*, ou optez pour un cocktail maison au Monk Bar (021-439 3434 ; www.franciscan wellbrewery.com ; 14 North Mall, Cork ; 13h-23h30 lun-jeu, 13h-0h30 ven-sam, 13h-23h dim)

Jameson Distillery Midleton

Cap sur Midleton, à l'est, pour découvrir les secrets de fabrication de l'"*uisce beatha*" (eau-de-vie, c'est-à-dire le whiskey, en gaélique) et goûter des whiskeys rares. (021-461 3594 ; www.jamesonwhiskey.com ; Old Distillery Walk, Midleton ; visites adulte/enfant 23/19 € ; boutique 10h-18h)

Kinsale Mead Company

Découvrez l'hydromel, le plus ancien alcool au monde, fabriqué à base de miel, dans cet établissement familial primé. Fondé en 2016, c'est le premier du genre dans le pays depuis 200 ans. (021-477 3538 ; www.kinsalemeadco.ie ; Unit 5, Barrack Lane, Kinsale ; visite 15 € ; visites 12h, 14h et 16h mar-dim mars-oct)

Marchés de producteurs

Bantry Farmers Market

Chaque vendredi, ce marché déploie ses stands de délices locales, d'artisanat, de bibelots et autres antiquités. Le premier vendredi du mois s'y ajoute une foire traditionnelle. (facebook.com/BantryMarket ; Wolfe Tone Sq, Bantry ; 8h30-17h ven)

Mahon Point Farmers Market

Le plus grand marché de producteurs de Cork s'installe tous les jeudis matin sur le parking du centre commercial, souvent rythmé par des concerts. Ne manquez pas les fromages primés de Gubbeen Smokehouse. (mahonpointsc.ie/farmers-market ; Mahon Point Shopping Centre, Cork ; 10h-14h jeu)

Midleton Farmers Market

Darina Allen, de l'école de cuisine de Ballymaloe (p. 147), et des fermiers locaux ont fondé ce marché animé, l'un des premiers et des plus variés du pays. Le stand de la Ballymaloe Cookery School attire les foules. (Main St, Midleton ; 9h-13h sam)

Skibbereen Farmers Market

Voir p. 147. (skibbereenmarket.com ; The Fairfield, Bridget St, Skibbereen ; 9h30-14h sam)

Boire un verre et taper du pied

De Barra's Folk Club

Voir p. 161. (023-883 3381 ; www.debarra.ie ; 55 Pearse St, Clonakilty ; gratuit-25 € ; 10h-23h45 lun-jeu, 10h-0h30 ven-sam, 12h-23h30 dim)

Levis Corner House

Voir p. 161. 028-37118 ; leviscornerhouse.com ; Main St, Ballydehob ; 15-25 € ; 12h30-23h30 lun-jeu, jusqu'à minuit ven-sam)

Ma Murphy's

Voir p. 161. (027-50242 ; facebook.com/MaMurphysBa ; 7 New St, Bantry ; 12h-0h30 lun-sam, 12h-minuit dim)

O'Sullivan's Bar

Voir p. 161. (028-35319 ; facebook.com/osullivanscrookhaven ; Main St, Crookhaven)

YE CHOH WAH/SHUTTERSTOCK ©

Cork Jazz Festival

Festivals

Cork Midsummer Festival

Ce festival pluridisciplinaire de 16 jours rassemble en juin des artistes du monde entier pour du théâtre, des performances de rue, de la danse, des installations d'art visuel et du cirque. (www.corkmidsummer.com ; Cork ; juin)

Cork Jazz Festival

Préparez-vous à danser pendant ce festival de jazz, qui se tient depuis 1978 dans plusieurs salles de Cork lors du week-end prolongé d'octobre. (www.guinnessjazzfestival.com ; Cork ; fin oct)

Kinsale Gourmet Festival

Depuis plus de 45 ans, en octobre, les gourmets festoient à Kinsale avec *tea parties* exubérantes et visites gastronomiques. (kinsalegoodfoodcircle.ie ; Kinsale ; 2e sem d'oct)

Souvenirs d'Irlande

Blarney Woollen Mills

Voir p. 157. (www.blarney.com ; The Square, Shean Lower, Blarney ; 9h30-18h lun-sam, 10h-18h dim)

Toons Bridge Dairy

Voir p. 143. Également un stand de sandwichs à l'English Market de Cork. (087-345 7790 ; toonsbridgedairy.com ; Toonsbridge, Macroom ; 10h-18h sam-dim, fermé hiver)

COMTÉ DE KERRY

RANDONNÉE | PAYSAGES | PLAGES

Chemin de randonnée, Slea Head

LE COMTÉ DE KERRY
à la carte

Les plages vierges, les superbes routes panoramiques et la riche histoire du comté de Kerry lui ont valu le surnom de "Royaume". Pour un voyage encore plus inoubliable, prévoyez un passage par la Gaeltacht, l'un des bastions gaéliques du pays.

Délassez-vous dans un bain d'algues revitalisant à **Ballybunion** (p. 183)
½ journée

Conduisez le long de la superbe **Slea Head Drive** à la découverte de l'hospitalité de la Gaeltacht (p. 174)
1-2 jours

Enfilez des chaussures de randonnée et parcourez le beau **Kerry Camino** (p. 178)
2-3 jours

Savourez une pinte (ou deux) dans les pubs chaleureux de **Dingle** (p. 188)
½ journée

Explorez **Valentia Island** puis grimpez au sommet de la **Geokaun Mountain** pour un panorama grandiose (p. 184)
1 jour

Embarquez pour le site monastique de **Skellig Michael** et jouez aux héros de *Star Wars* (p. 192)
1 jour

Informations pratiques

À L'ARRIVÉE

Aéroport du Kerry Taxis et location de voitures. À 20 minutes à pied de la gare de Farranfore, d'où partent les trains pour Tralee et Killarney.

Casement Station Gare principale de Tralee. De là, des bus Éireann desservent les zones rurales.

S'ORIENTER

Les offices du tourisme des grandes villes telles Killarney ou Tralee peuvent vous suggérer des visites ; guides et cartes à disposition. Renseignez-vous sur les autres bureaux ouverts en saison.

ARGENT

Les cartes sont largement acceptées dans le Kerry, mais il est conseillé de retirer des espèces pour le stationnement en ville.

OÙ LOGER

Lieu	Caractéristiques
Dingle	Ville touristique dans la Gaeltacht de West Kerry ; randonnées, plages et riche patrimoine.
Killarney	Nombreux hôtels et pensions ; idéal pour les familles et les sorties en soirée ; il y a foule en été.
Kenmare	Excellent choix pour les gourmets et pour explorer le sud du Kerry ; accès limité en transports.
Portmagee	Paisible village littoral, départ vers les îles Skellig ; hébergements limités.

COMMENT CIRCULER

Voiture Mieux vaut être motorisé pour visiter les villages ruraux et les sites les plus reculés du Kerry.

Train Les villes principales du Kerry, comme Killarney, sont accessibles en train.

Circuit en car Une option prisée des groupes, notamment pour le Ring of Kerry.

EN HAUT : 4KCLIPS/SHUTTERSTOCK ©
EN BAS : MISS PEARL/GETTY IMAGES ©

SE RESTAURER ET PRENDRE UN VERRE

Glace au gin de Dingle Retrouvez ce parfum étonnant chez le glacier Murphy's (murphysicecream.ie), à Dingle.

Boudin noir Micilín Muc Les boudins traditionnels de ce producteur primé sont en vente dans tout le Kerry.

Moules de Cromane Ces moules très charnues sont élevées dans les eaux pures de Castlemaine Harbour.

Carré d'agneau du Kerry Beaufort Bar & Restaurant (p. 200)

Whiskey et musique tradi Les concerts au Dick Mack's (p. 200)

JAN - MARS
Températures très fraîches ; réchauffez-vous en pratiquant une activité physique.

AVR - JUIN
Les jours rallongent, températures plus agréables. Période prisée des circuits touristiques.

JUIL - SEPT
Températures agréables, temps idéal pour aller à la plage.

OCT - DÉC
Temps froid et pluie fréquente. Parfait pour se pelotonner au coin du feu.

Les grands classiques

Pour les infos pratiques de chaque site, reportez-vous au Carnet d'adresses p. 198.

Skellig Michael

Une excursion dans les îles Skellig, deux pitons rocheux livrés à la houle, à 12 km au large des côtes, est une expérience inoubliable. Amas rocheux acéré culminant à 217 m au-dessus de l'océan, Skellig Michael, le plus grand des deux îlots, est inscrit au patrimoine mondial de l'Unesco. Les premiers moines chrétiens y ont établi au VIe siècle une communauté qui survécut jusqu'au XIIe ou XIIIe siècle. Accrochés à la falaise à 150 m au-dessus des flots, les bâtiments monastiques, oratoires et cellules en nid d'abeilles, sont accessibles par 600 marches abruptes, taillées dans la paroi rocheuse. Ici ont également été tournées plusieurs scènes des films *Star Wars VII* et VIII (p. 192).

UTBP/STOCK.ADOBE.COM ©

Ring of Kerry

Le Ring of Kerry, qui fait le tour de la péninsule d'Iveragh, est la boucle routière la plus longue (179 km ; p. 180) et la plus variée d'Irlande, entre paysages côtiers à couper le souffle, prairies vert émeraude et villages. La route commence généralement à Killarney et croise des plages préservées, des îles, des ruines médiévales, des montagnes et des loughs. C'est entre Waterville et Caherdaniel, au sud-ouest de la péninsule, que la côte est la plus spectaculaire.

IRINA FISCHER/STOCK.ADOBE.COM ©

Killarney National Park

Riche de panoramas exceptionnels, le parc national de Killarney, qui s'étend sur plus de 100 km², abrite la seule harde de cerfs élaphes sauvages d'Irlande, la plus grande forêt de chênes anciens du pays, la Muckross House, un manoir du XIXe siècle. Très prisé, le Gap of Dunloe, est un col de montagne à la splendeur sauvage, émaillé de lacs et de cascades.

PETE SEAWARD/LONELY PLANET ©

Connor Pass

Spectaculaire, le Connor Pass est le plus haut col d'Irlande (456 m). On y accède par une route sinueuse en lacets (p. 191). Par beau temps, la vue sur la baie de Dingle, au sud, et le mont Brandon, au nord, est magnifique. Lorsque la visibilité est bonne, le panorama depuis le sommet de l'An Bhinn Dubh (10 minutes de marche) vaut la grimpette.

MNSTUDIO/STOCK.ADOBE.COM ©

KIM/STOCK.ADOBE.COM ©

Péninsule de Dingle

L'un des trésors de la Wild Atlantic Way, la péninsule de Dingle (p. 188) marque le point le plus occidental de l'Irlande. Les *boreens* (chemins de campagne) serpentent à travers un paysage riche en site préhistoriques, hameaux et villages pittoresques. Ateliers d'artistes, festivals et sessions de musique traditionnelle égaient ses petites localités.

ROLF G. WACKENBERG/STOCK.ADOBE.COM ©

Slea Head Drive

Depuis Dingle, la Slea Head Drive (p. 174), boucle de 47 km autour de Slea Head, renferme une foule de vestiges superbement préservés du passé lointain de Dingle – huttes en nid d'abeilles, forts circulaires, inscriptions sur les rochers et sites paléochrétiens. Le panorama est spectaculaire à travers la brume légère.

SHERI WAKE/SHUTTERSTOCK ©

Oratoire de Gallarus

Structure en pierres sèches semblable à la coque renversée d'un bateau, l'oratoire de Gallarus est l'un des plus beaux édifices anciens d'Irlande. Il se dresse, sur ce site isolé au pied des collines brunes, depuis plus de 1 200 ans, témoignant d'une impressionnante résistance aux éléments.

20 La Slea Head Drive EN BOUCLE

ROUTE PANORAMIQUE | LITTORAL | EXCURSION À LA JOURNÉE

Consacrez une journée à l'un des itinéraires touristiques les plus spectaculaires d'Irlande. Cette boucle suit des routes accrochées aux falaises, le long des flots tumultueux de l'océan Atlantique, et traverse le cœur de la région gaélique de Corca Dhuibhne (péninsule de Dingle).

MICHAEL THALER/SHUTTERSTOCK ©

En pratique

Circuler Si l'itinéraire se parcourt idéalement en voiture, il est néanmoins possible de le faire à pied ou à vélo ; dans ce dernier cas, adressez-vous à Dingle Bikes (dinglebikes.com).

Quand Bien que la route soit ouverte toute l'année, venir en été permet de faire quelques brasses dans l'océan.

Notre conseil Commencez à Dingle et parcourez la Slea Head Drive dans le sens des aiguilles d'une montre ; vous éviterez ainsi de vous retrouver face aux grands cars touristiques sur cette route étroite.

NOEL O NEILL-LENS ALIVE/SHUTTERSTOCK ©

Panoramas époustouflants

Une immense croix blanche marque l'entrée de **Slea Head** : la vue sur l'Atlantique y est exceptionnelle, mais c'est l'un des tronçons les plus encombrés en été. Vous trouverez un autre beau point de vue à **Dunmore Head**. De là, une courte promenade permet de profiter du panorama sur les Blasket Islands, fièrement campées sur l'océan.

Faites une pause au milieu des falaises pour admirer la vue plongeante sur la jetée en pierre de **Dunquin** avant de rejoindre le ferry à destination de Great Blasket Island. Ce lieu sublime figure sur plus d'une carte postale, mais ne tentez pas de rejoindre la jetée en voiture, vous pourriez rester coincé sur le chemin étroit et sinueux. Il n'y a pas de parking ; garez-vous au bord de la route et descendez à pied.

DAWID K PHOTOGRAPHY/SHUTTERSTOCK ©

Découverte de la Gaeltacht

Corca Dhuibhne (péninsule de Dingle) est la Gaeltacht (région de langue gaélique) de West Kerry. Apprenez quelques mots ou phrases de gaélique ; ses habitants apprécieront vos efforts pour comprendre leur langue. Les plus motivés peuvent tenter les cours de l'université de Dublin disponibles sur futurelearn.com/partners/dcu.

À gauche Dunquin **En haut à gauche** Vue sur Dunmore Head **En haut à droite** Great Blasket Island (p. 184)

La **plage de Clogher** offre une vue encore plus belle sur l'impressionnante Great Blasket Island. Surnommée "Le Géant endormi", l'île semble somnoler sur l'océan.

Sites historiques

West Kerry est chargé d'histoire et la Slea Head Drive en est le témoin, avec ses innombrables sites semés le long de la route. Pour un regard intimiste sur le patrimoine de la Gaeltacht, faites étape au **Músaem Chorca Dhuibhne**, à Baile an Fheirtéaraigh (Ballyferriter). Parmi les autres lieux remarquables que vous croiserez sur la route, **Cashel Murphy** est un ancien peuplement celte surplombant la baie de Dingle, et l'**Eask Tower**, une imposante tour en pierre érigée en 1847 pour guider les navires vers le port.

Une certaine quiétude règne sur les ruines tapissées d'herbe de **Kilmalkedar** (Cill Mhaoilcéadair), le plus important site chrétien de la péninsule de Dingle. Ce site

Le meilleur de Baile na nGall (Ballydavid)

Baignade exaltante À marée haute, sautez dans les eaux cristallines de l'Atlantique avec le mont Brandon et Cruach Mhárthainn (Croaghmarhin) en toile de fond.

Panorama préservé La vue sur les Three Sisters est superbe au crépuscule, lorsque le soleil disparaît derrière Binn Dhiarmada.

Courses traditionnelles La régate locale se tient généralement les premiers week-ends de juin. Les résidents font la course en *naomhóg*, une embarcation traditionnelle.

Pinte crémeuse Détendez-vous au bar-restaurant Tigh Bheaglaoich (p. 200). Savourez un *fish and chips* frais au goût d'embruns face à la plage de Tráigh an Chléirigh.

Recommandé par Sláine Ní Chathalláin, journaliste à RTÉ Raidió na Gaeltachta @SlaineNi

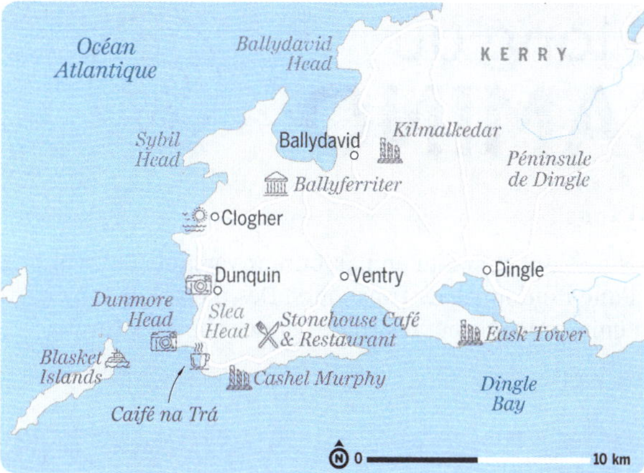

À gauche Jetée de Baile na nGall (Ballydavid)
Ci-dessous Stonehouse Café & Restaurant

chrétien qui daterait du VIIe siècle se trouve à seulement 8 km de Dingle, mais reste peu fréquenté. Répartis sur 4 ha, ses vestiges incluent une stèle de 1,2 m de haut gravée d'un alphabet latin et des *bullán* (pierres servant à recueillir la pluie). Une croix en T – ou *tau* – est décrite comme un cadran solaire par l'Office of Public Works (OPW). Toutefois, certains historiens pensent qu'il s'agit plus probablement d'un cadran canonial utilisé pour indiquer les heures des offices religieux.

Construite au XIIe siècle sur le site d'un monastère fondé par Saint Maolcethair au VIIe siècle, l'église, sans toit, est un superbe exemple d'architecture romane irlandaise. Le mur du fond comporte une ouverture appelée "Cró na Snáthaide" ("Chas de l'aiguille"). Celui qui réussit à la franchir serait certain d'aller au Paradis. Le cimetière offre une vue époustouflante sur le port de Smerwick et au-delà.

Restaurant avec vue

À 10 minutes à l'ouest de Ventry, le **Stonehouse Café & Restaurant** (p. 201) est l'une des étapes favorites de la Slea Head Drive. Sa terrasse fait face à Valentia Island, reliée à la péninsule d'Iveragh. La vue sur l'océan fait écho à la spécialité de la maison : les produits de la mer.

En continuant vers le nord-ouest, le populaire **Caifé na Trá** (p. 200), près de la plage de Coumeenole, possède lui aussi une terrasse avec vue sur Great Blasket Island. Dégustez une soupe et un *toastie* (sandwich grillé) accompagnés d'un café fraîchement moulu.

21 Le long du CAMINO

HISTOIRE | RANDONNÉE | PLAGES

Marchez dans les pas de saint Brendan en parcourant versants ouverts, bois et ponts à l'occasion d'une randonnée de trois jours. Des mottes de tourbe ponctuent le parcours, qui emprunte des petites routes et des chemins ruraux de Tralee à Dingle.

NICK FOX/SHUTTERSTOCK ©

Incontournable Inch Strand

Faites un détour par la plage d'Inch Strand, souvent traversée par les randonneurs vers midi, au troisième jour de leur parcours. Balayée par les vents, cette impressionnante étendue de dunes a pour toile de fond Rossbeigh Beach, la péninsule d'Iveragh et les Slieve Mish Mountains.

Recommandé par Ingrid Boyle et Mike O'Donnell, comité du Kerry Camino @TheKerryCamino

En pratique

Circuler Départ de Tralee. Prévoyez entre cinq et sept heures de marche par jour. Renseignez-vous sur les transferts de bagages et le trajet de retour vers Tralee avec kerrycamino.com, ou regagnez Tralee en bus Éireann depuis The Tracks, à Dingle.

Quand Venez en automne ou participez à la marche collective annuelle qui a lieu le week-end férié de mai.

Notre conseil Arrêtez-vous auprès du paisible Minard Castle (photo ci-dessus) à Kilmurray, au bord de la falaise, et admirez la vue sur la péninsule d'Iveragh.

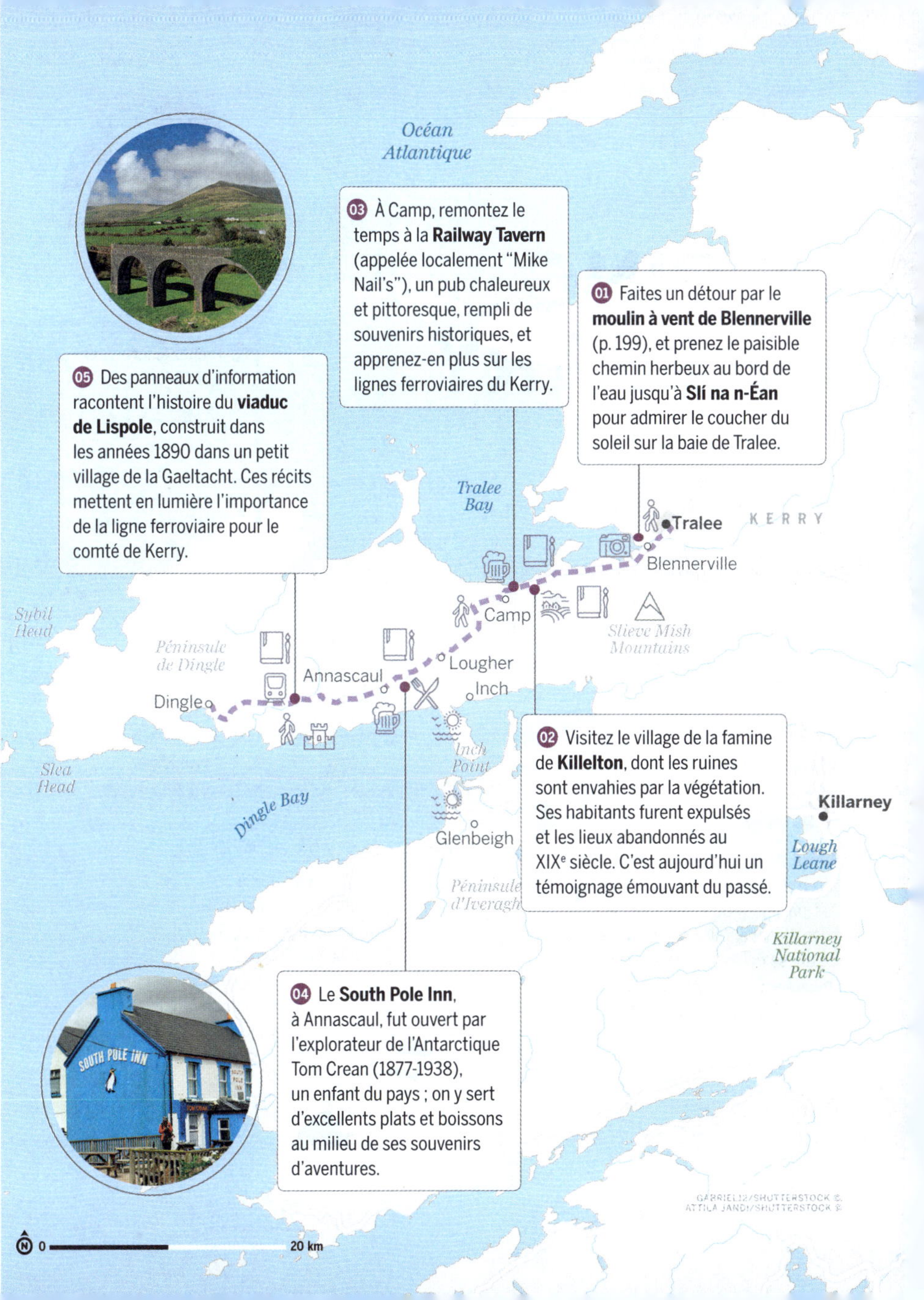

01 Faites un détour par le **moulin à vent de Blennerville** (p. 199), et prenez le paisible chemin herbeux au bord de l'eau jusqu'à **Slí na n-Éan** pour admirer le coucher du soleil sur la baie de Tralee.

02 Visitez le village de la famine de **Killelton**, dont les ruines sont envahies par la végétation. Ses habitants furent expulsés et les lieux abandonnés au XIXe siècle. C'est aujourd'hui un témoignage émouvant du passé.

03 À Camp, remontez le temps à la **Railway Tavern** (appelée localement "Mike Nail's"), un pub chaleureux et pittoresque, rempli de souvenirs historiques, et apprenez-en plus sur les lignes ferroviaires du Kerry.

04 Le **South Pole Inn**, à Annascaul, fut ouvert par l'explorateur de l'Antarctique Tom Crean (1877-1938), un enfant du pays ; on y sert d'excellents plats et boissons au milieu de ses souvenirs d'aventures.

05 Des panneaux d'information racontent l'histoire du **viaduc de Lispole**, construit dans les années 1890 dans un petit village de la Gaeltacht. Ces récits mettent en lumière l'importance de la ligne ferroviaire pour le comté de Kerry.

22

LE RING OF KERRY en voiture

ITINÉRAIRE | PAYSAGES | NATURE

Plages battues par les vents, falaises escarpées malmenées par la houle, ruines médiévales, montagnes et lacs scintillants vous attendent sur le Ring of Kerry.

Feuille de route

Départ Killorglin

Distance 179 km

Durée 1 à 2 jours

Notre conseil À Portmagee, joli port aux maisons colorées, le **Bridge Bar** est idéal pour déjeuner. Cher à la clientèle locale, il accueille des cours de danse folklorique, des sessions de musique improvisée toute l'année, ainsi que des concerts en été. (☎066-947 7108 ; www.moorings.ie/restaurant-and-bar/bridge-bar ; plats 13-18 € ; ⏲8h-23h30 lun-sam, 8h-23h, cuisine jusqu'à 21h)

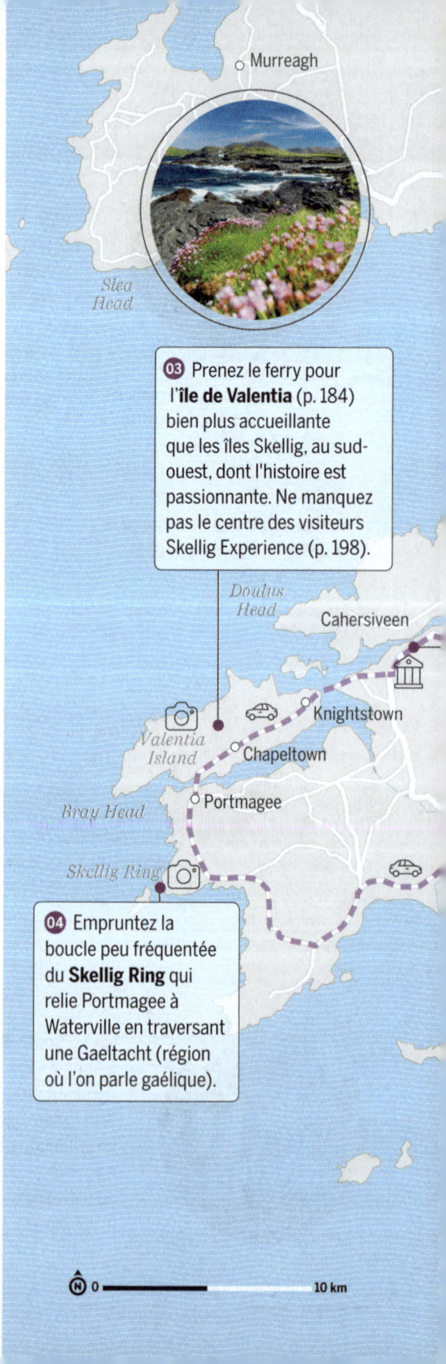

01 Donnant sur la N70 entre Killorglin et Glenbeigh, le **Kerry Bog Village Museum** (p. 198) est la reconstitution d'un village de marais du XIXe siècle.

02 Rappelant un château de Bavière, l'ancienne caserne de Cahersiveen a été transformée en musée, l'**Old Barracks Heritage Centre** (p. 198), dédié au héros local, Daniel O'Connell. La campagne environnante se prête à de belles balades.

05 Continuez jusqu'à **Waterville**, station balnéaire à l'ancienne, réputée pour son golf et pour la pêche. Charlie Chaplin y passa des vacances dans les années 1960.

06 À **Caherdaniel** se dresse la maison ancestrale de Daniel O'Connell, l'instigateur de la campagne d'émancipation des catholiques. Sa famille – des contrebandiers – opérait depuis la Derrynane House (p. 198), près des dunes.

07 L'arrivée se fait à **Kenmare**, joli village aux rues jalonnées de boutiques d'artisanat, de galeries, de cafés et de bons restaurants.

23 Îles et PLAGES

PLAGES | ÎLES | DÉTENTE

Le comté de Kerry est réputé pour ses plages aux eaux cristallines, où l'on trouve toujours une place pour poser sa serviette, et pour ses îles d'une grande importance historique.

En pratique

Circuler Louez une voiture ou un vélo pour profiter au maximum de la campagne irlandaise. Si vous avez plus de temps, envisagez la randonnée.

Quand C'est en été que le temps est le plus agréable, mais c'est aussi l'époque où nombre de bus touristiques visitent le Kerry. La région est particulièrement ravissante au milieu du printemps (mai).

Notre conseil Évitez les week-ends prolongés. Si vous prévoyez de visiter les îles Skellig, pensez à réserver plusieurs mois à l'avance (voir l'encadré p. 193).

Paisibles étendues de sable

Les plages du Kerry sont rarement bondées. Marchez le long de la plage sablonneuse de **Baile an Sceilg** avec le Ballinskelligs Castle en toile de fond, ou passez la journée à vous reposer dans la **baie de Kells** et le long de son port. **Wine Strand** est une plage isolée, nichée dans la Gaeltacht de West Kerry. Quant à la merveilleuse plage de **Béal Bán**, elle est prisée des familles pour son sable blanc et doux. Allez-y tôt, les places de parking sont limitées.

Paradis des surfeurs

Profitez des vagues à **Ballybunion**, dénouez vos muscles dans un bain d'algues (vintage !) aux Collin's Seaweed Baths (p. 199), puis ralliez l'isthme des **Maharees**, à Castlegregory, pour une deuxième session de surf. **Banna Beach**, à 13 km de Tralee, est aussi prisée des surfeurs et des amateurs de sports nautiques.

Écrivains célèbres

Trois habitants de Great Blasket Island – Tomas O'Crohan, Maurice O'Sullivan et Peig Sayers – sont devenus célèbres grâce à leurs livres (publiés en français), qui donnent un aperçu unique de la vie insulaire et de ses conditions difficiles, loin du reste du monde. Visitez le **Blasket Centre** (p. 198) pour en savoir plus.

À gauche Wine Strand **En haut à gauche** Banna Beach **En haut à droite** Great Blasket Island (p. 184)

Îles enchanteresses

Prenez le ferry depuis la jetée de Dunquin et passez la journée sur **Great Blasket Island**. Revisitez le passé de cette île désormais inhabitée en déambulant le long des maisons abandonnées puis partez profiter de la plage. L'île compte une colonie de phoques qui adorent se prélasser sur le sable.

Si Skellig Michael attire les passionnés de *Star Wars* (p. 192), **Little Skellig** est tout aussi fascinante. Plus basse et plus escarpée encore, la plus petite des deux îles abrite l'une des plus importantes colonies de fous de Bassan au monde (plus de 20 000 couples). Little Skellig étant une réserve ornithologique protégée, il est interdit d'y accoster. La plupart des bateaux font le tour de l'île pour permettre à leurs passagers d'observer les oiseaux.

Dans les terres, embarquez au Ross Castle (p. 198) pour **Innisfallen**, sur le Lough Leane, la plus grande des 26 îles du parc national de Killarney, où vous découvrirez les vestiges d'un prieuré augustinien et d'une petite église romane.

Top 5 de Valentia Island

Vue sur les îles Skellig Gagnez le sommet de Bray Head, où se trouve une vénérable tour Martello, et suivez, en compagnie des moutons de l'île, la boucle de randonnée Bray Head Loop Walk.

Patrimoine de Knightstown Célèbre pour son King Scallop Festival (fête de la coquille Saint-Jacques) en été, le village affiche une architecture d'inspiration britannique.

Phare pittoresque Pique-niquez près du phare du XVIIe siècle de Cromwell Point en écoutant les vagues se briser sur les rochers.

Geokaun Moutain Une ascension exigeante vous conduira jusqu'au point culminant de l'île pour une vue imprenable sur les environs.

Valentia Slate Quarry Les statues de la Vierge Marie et de sainte Bernadette veillent sur la grotte et la carrière d'ardoise de l'île, où coule un mince filet d'eau.

Recommandé par Séaghan Ó Súilleabháin, habitant du Kerry et TikToker (KerryCowboy @Suilleabhanach)

Ambiance balnéaire

Piquez une tête à **Derrynane Beach**, près du Ring of Kerry. Cette étendue de sable préservée, ponctuée d'affleurements rocheux, est très appréciée des habitants de **Caherdaniel**. Généralement calme, la localité est dotée d'une petite baie : les randonneurs et les baigneurs adorent ses rivages et les familles prennent plaisir à se détendre sur la plage, surveillée de juin à août, ou à explorer les flaques dans les rochers.

Les eaux cristallines de la plage de Derrynane et son doux sable fin ont des airs de paradis pour les visiteurs désireux de passer la journée au calme. Avant de rentrer, reprenez des forces et sirotez une bière rafraîchissante au **Keating's Bar** (p. 200), près du port. Avec un peu de chance, votre visite coïncidera avec l'une de ses soirées musicales.

La plage ne vous suffit pas ? À marée basse, franchissez la bande de sable qui mène à **Abbey Island** et visitez les ruines de l'abbaye d'Ahamore, qui aurait été fondée au VIe siècle par saint Finian (les structures actuelles dateraient plutôt du Xe siècle).

À seulement 10 minutes à pied de la plage se dresse la **Derrynane House** (p. 198), l'imposante demeure de Daniel O'Connell (1775-1847). Avocat, homme politique puis homme d'État, il est considéré comme l'une des plus importantes figures de l'histoire irlandaise.

À gauche Phare de Valentia Island
Ci-dessous Derrynane House

24 Célébrations ANCIENNES

CULTURE | TRADITIONS | FÊTES CELTIQUES

Le Kerry est fier de son héritage celtique. Il n'est donc guère étonnant que les communautés du comté célèbrent encore les anciens festivals : Imbolc au printemps, Bealtaine en été, Lughnasa en automne, à l'époque des récoltes, Samhain (Halloween) et les deux solstices. Entre pèlerinages dans les montagnes, fêtes nocturnes avec banquet et musique, ces coutumes sont une merveilleuse manière de célébrer les cycles de la vie.

REUTERS/ALAMY STOCK PHOTO ©

En pratique

Comment s'y rendre et circuler Killorglin, le plus important centre festif, est relié en bus aux villes voisines de Killarney et Tralee, elles-mêmes accessibles en train et en bus depuis Dublin. Les bus Local Link Kerry (locallinkkerry.ie) rallient les petits villages.

Quand Le début du printemps et de l'automne étaient des moments clés dans le calendrier celtique : les meilleurs festivals ont lieu à ces périodes.

Notre conseil Réservez votre hébergement bien à l'avance car les établissements affichent vite complet.

YOUNGOGGO/SHUTTERSTOCK ©

©GNYAN YOSIFOV/ALAMY STOCK PHOTO ©

Ci-contre Puck Fair **À gauche en haut** Parade de Biddy's Day, Killorglin **À gauche en bas** Statue de King Puck, Killorglin

Biddy's Day Imbolc, qui marque le début du printemps, est aujourd'hui connu comme le jour de la Sainte-Brigitte (Brigid), ou **Biddy's Day** (facebook.com/biddysday). Depuis des centaines d'années, le hameau de **Kilgobnet** faire vivre les traditions de Biddy's Day. Des "Biddy Groups", dont les membres sont vêtus de blanc et coiffés d'un chapeau de paille fait à la main, portent une effigie de sainte Brigitte de Kildare (un *Brídeóg*) jusque dans chaque foyer pour protéger la communauté des esprits maléfiques. La fête se déroule le samedi le plus proche du 1er février.

Dans la ville voisine de **Killorglin**, Biddy's Day est devenu un véritable festival avec musique traditionnelle, danse, contes et ateliers de fabrication de chapeaux de paille et de *Brídeóg* (ou Biddy). Le soir, joignez-vous à la retraite aux flambeaux à travers la ville pour assister au couronnement du "roi des Biddies".

Fête des moissons Le village de **Cloghane** organise un formidable **Féile Lughnasa** (facebook.com/feilelughnasa), un week-end de musique et de contes, avec parade. Pendant le défilé, les habitants parodient l'actualité debout sur des chars, habillés de costumes satiriques. Dans le village voisin de **Brandon**, des bateaux sont bénis près de la jetée. Mêlez-vous aux habitants pour le pèlerinage au **mont Brandon**, une pratique millénaire. Les célébrations de Lughnasa ont lieu le dernier dimanche de juillet (date la plus proche du début de l'automne du calendrier celtique).

Le roi bouc "La plus ancienne fête d'Irlande", **Puck Fair** (puckfair.ie), fait la fierté de Killorglin. Pendant que les noceurs festoient, dansent et chantent trois jours durant en août, "King Puck" (un bouc sauvage) est couronné et placé sur un piédestal. La ville se remplit de stands de nourriture, de spectacles de rue et de sessions de musique traditionnelle. Cette fête trouve son origine dans le festival des récoltes Lughnasa (voir l'encadré ci-contre), mais sa signification fait encore l'objet de débats.

Christianisation des fêtes païennes

Les dates importantes du calendrier celtique ont été associées à des célébrations chrétiennes pour faciliter la diffusion de la nouvelle religion dans les cœurs et les esprits du peuple irlandais païen. Il en résulte un métissage des pratiques celtiques anciennes et des pratiques paléochrétiennes.

Lughnasa, la fête des récoltes, célèbre l'arrivée de l'automne par des festins et des pèlerinages au sommet de montagnes sacrées. Ces marches honoraient autrefois le dieu païen Lugh, qui organisa un grand festin et des épreuves athlétiques après les funérailles de sa mère. Avec la christianisation, ces pèlerinages ont été associés à des saints irlandais, mais ont conservé toute leur importance et ont encore lieu aujourd'hui (pilgrimpath.ie).

25 Panoramas et pubs DE DINGLE

PANORAMAS | PUBS

Décrite par le *National Geographic* comme "le plus bel endroit sur Terre", la péninsule de Dingle abrite certains des plus beaux paysages d'Irlande. Sa beauté resplendit même sous la pluie, et vous y trouverez toujours un pub à votre goût.

ANGUS MCCOMISKEY/ALAMY STOCK PHOTO ©

En pratique

Circuler Les gares les plus proches se trouvent à Tralee et Killarney ; des bus directs desservent Dingle depuis Dublin (6 heures). La péninsule dispose d'un service de bus local (locallinkkerry.ie), mais une voiture permet de gagner en temps et en flexibilité.

Quand L'arrivée du soleil est imprévisible en Irlande : vous pourrez avoir de la chance à tout moment de l'année. Circulation dense en juillet-août.

À emporter Chaussures de marcche, vêtements de pluie et vêtements chauds – certains points de vue peuvent être très venteux et pluvieux.

4144 PHOTOGRAPHY/SHUTTERSTOCK ©

Randonnée sauvage C'est dans le secteur de **Cloghane** et **Brandon**, niché entre le mont Brandon et le vaste arc de la baie éponyme, que l'on découvre le visage le plus sauvage de la péninsule de Dingle. Ce paradis des randonneurs compte de confortables pubs où se délasser, siroter une bière et savourer un délicieux repas. Le **Murphy's Bar** (p. 200), sur la jetée de Brandon, est idéal pour déguster une pinte dehors, face à la superbe baie. À Cloghane, vous pourrez boire au coin du feu dans l'un des plus vieux établissements d'Irlande, le chaleureux **O'Connor's Bar** (p. 201).

Bout du monde La route s'achève à **Brandon Point**, d'où l'on peut voir des dauphins s'ébattre en contrebas et l'Atlantique sauvage à perte de vue. Montez jusqu'à l'ancien mirador de la Seconde Guerre mondiale pour admirer le panorama. Par temps clair, le regard porte

WOZZIE/SHUTTERSTOCK ©

Sites secrets

Baie secrète Garez-vous à Teer Cross puis parcourez la Dingle Way à flanc de falaise pendant environ une heure (4 km) pour atteindre An Sás, une crique isolée en contrebas.

Sépultures millénaires La vallée de Loch a'Dúin recèle plus de 80 structures datant de l'âge de la pierre, dont une tombe éclairée par la lumière du soleil couchant lors de l'équinoxe d'automne, rappelant le célèbre site de Newgrange (p. 55).

À gauche O'Connor's Bar **En haut à gauche** Brandon **En haut à droite** Mont Brandon jusqu'au comté de Clare, au nord. L'ascension du **mont Brandon** est très populaire ; il est conseillé de débuter au **Faha Car Park**. Par beau temps et avec le bon équipement, la vue depuis le sommet vaut toutes les courbatures, mais la montée est pénible et parfois dangereuse si la météo se détériore ; renseignez-vous sur place avant de vous lancer. Le trajet, environ 11 km aller-retour avec plus de 900 m de dénivelé, s'effectue en au moins cinq heures.

La plus longue plage d'Irlande Fermoyle Beach étire son interminable bande de sable blond (14 km !) jusqu'aux **Maharees** (Na Machairí), langue de sable lovée entre les eaux transparentes de l'Atlantique et les dunes ondulantes. Une fois arrivé au bout, vous pourrez vous désaltérer avec une bière fraîche au **Spillane's Bar** (p. 201), à Fahamore. La vue sur la baie vers le mont Brandon et Brandon Point au coucher du soleil y est inoubliable.

Randonnée à Caherconree

Moins spectaculaire que son grand frère le Connor Pass, le **col de Caherconree** est plus ancien et plus difficile d'accès. La petite route sinueuse et étroite qui le franchit serpente depuis Camp à travers les majestueuses Slieve Mish Mountains pour s'achever, de l'autre côté, à Inch et sa superbe plage. Arrêtez-vous au panneau indiquant le **Caherconree Promontory Fort**, enfilez vos chaussures de marche et suivez le sentier jusqu'aux vestiges de la plus haute forteresse en pierre d'Irlande (683 m), où aurait vécu Cú Roí, sorcier légendaire et haut roi du Munster. L'ascension peut s'avérer difficile par temps de pluie en raison du sol excessivement boueux, mais, par temps clair, la vue sur la baie de Dingle et la péninsule d'Iveragh est grandiose.

À gauche Vue depuis Caherconree
CI-dessous Dick Mack's

Hauteurs vertigineuses Enserré entre des versants montagneux et un à-pic vertigineux au-dessus de la vallée, le **Connor Pass** (p. 173) est le col le plus haut d'Irlande. Prenez la route facile (environ 10 minutes en voiture) depuis Dingle jusqu'au col pour un panorama époustouflant en direction du nord et du sud. Si vous continuez sur l'étroite route de l'autre côté du col, vous trouverez un petit parking près d'une petite cascade où vous pourrez vous arrêter. En escaladant les rochers, vous arriverez au lac glaciaire de **Pedlar's Lake**, d'où la vue sur la vallée est incomparable.

Détente À Dingle, vous aurez l'embarras du choix pour vous détendre dans un pub après une longue journée de route. Le **O'Sullivan's Courthouse** (p. 201) et le **Foxy John's** (p. 200), tous deux excellents, servent des stouts crémeuses au rythme des plaisanteries des habitués. Vous préférez quelque chose de plus fort ? Les bouteilles de whiskey sur le mur du **Dick Mack's** (p. 200), une adresse centenaire, sont à la hauteur de sa réputation de meilleur bar à whiskey du pays. Les pubs de Dingle ne sont pas avares en concerts de musique traditionnelle, d'un excellent niveau.

Terres antédiluviennes Les paysages du **Glanteenassig Forest Park** (p. 199), où de vastes et sombres lacs glaciaires sont surplombés par des falaises rocheuses à pic, donnent l'impression que

les glaciers viennent à peine de reculer. On peut y faire d'excellentes randonnées pour tous les niveaux ; les enfants adorent la promenade de planches autour du **Lough Caum**. Terminez la journée en buvant une pinte au coin du feu au **Ashes Pub** (p. 200), dans le village de Camp.

La galaxie émeraude

STAR WARS DANS LE KERRY

Entre 2014 et 2016, Hollywood a investi le rocher isolé de Skellig Michael pour le transformer en premier temple Jedi. Depuis lors, une foule de visiteurs envahit la région sur les traces des héros de *Star Wars*. La communauté locale s'est bien adaptée à cette renommée cinématographique.

À gauche et à droite Skellig Michael
Au centre The Moorings

BRIAN KELLY/EYEEM/GETTY IMAGES ©

Pourquoi le Kerry ?

Rien de surprenant à ce que les équipes de *Star Wars* aient été séduites par l'allure mystique de **Skellig Michael**, au large de la côte Atlantique du Kerry. D'aspect impénétrable, sinistre et battu par les vagues, l'îlot isolé se dresse à 12 km de l'Irlande continentale, ce qui en fait le point le plus au sud-ouest du pays. Occupés par des moines jusqu'au XIIe siècle environ, l'ancien monastère et la majeure partie de l'île sont inscrits au patrimoine mondial de l'Unesco depuis 1996.

Compte tenu des difficultés liées au transport des équipes de tournage entre le site et le continent (souvent par très mauvais temps), la décision de Lucasfilm d'utiliser Skellig Michael fut jugée courageuse. L'île apparaît pour la première fois à l'écran dans *Star Wars VII : le Réveil de la Force*, comme site du premier temple Jedi d'Ach-To ; c'est là que Rey finit par retrouver Luke Skywalker. Elle réapparaît dans des scènes clés de *Star Wars VIII : les Derniers Jedi*.

Contacts avec la communauté locale

Lors du tournage, une zone de deux milles marins (3,5 km), sillonnée par un bateau de la Marine irlandaise, fut établie autour de l'île pour empêcher les intrusions. Les résidents de la péninsule d'Iveragh, au large de laquelle se dresse Skellig Michael, ne furent cependant pas tenus à l'écart. L'équipe de tournage et les acteurs visitèrent l'école locale, et certains d'entre eux furent nourris et logés à l'hôtel primé The Moorings (p. 200), à Portmagee. Les propriétaires, Gerard et Patricia Kennedy, y accueillirent aussi la fête de fin de tournage en 2014, et racontent encore aux visiteurs comment Mark Hamill/Luke Skywalker a appris à verser une pinte de Guinness au Bridge Bar. Patricia se souvient

MARCO BOTTIGELLI/GETTY IMAGES ©

MNSTUDIO/SHUTTERSTOCK ©

de l'un des clients, "totalement indifférent", tournant le dos au célèbre Jedi comme s'il s'agissait de n'importe quel barman.

Lorsque l'équipe de *Star Wars* revint filmer *Les Derniers Jedi* en 2016, elle construisit une réplique du site monastique de Skellig Michael, car les traversées en ferry au gré de la météo limitaient les heures de tournage sur l'île. Cette réplique fut installée sur le promontoire de **Ceann Sibéal**, près du village de **Ballyferriter** (Baile an Fheirtéaraigh) et le tournage se déroula aux alentours d'une ferme tenue par la famille Devane.

> L'association de la région à *Star Wars* a fait monter en flèche le nombre de visiteurs.

L'effet Lucasfilm

Selon les Kennedy, l'association de la région à *Star Wars* a fait monter en flèche le nombre de visiteurs. Leur hôtel propose désormais un **forfait Star Wars** (moorings.ie/star-wars-the-force-awakens) très prisé qui inclut une sortie autour de Skellig Michael (sans débarquement) en saison.

Pat Devane, propriétaire de la ferme utilisée pour le tournage en 2016, a créé un itinéraire de balade, la **Sunset Walk** (p. 199), qui permet de voir le lieu où Luke Skywalker disparaît pour ne faire qu'un avec la Force, non loin du sommet de Ceann Sibéal.

En 2018, des fans de la région ont lancé le **May the 4th Festival** (May the Fourth, jeu de mot avec "May the force be with you" ; facebook.com/maythe4thfestival), qui se tient désormais chaque année à Ballyferriter, Portmagee, Ballinskelligs et sur Valentia Island. Il coïncide avec Féile na Bealtaine, la fête celtique qui marque le début de l'été. Les communautés locales célèbrent les deux évènements par des convergences culturelles uniques ; c'est ainsi que la Kerry School of Music joue des morceaux extraits de *Star Wars* et que les danseurs irlandais locaux se produisent en costume inspiré des films.

Visite inoubliable de Skellig Michael

L'excursion à **Skellig Michael** (p. 198), possible de mi-mai à septembre, est une expérience inoubliable. Il faut monter 618 marches, taillées à la main par les moines au VIe siècle, pour atteindre le site monastique et ses célèbres cellules en nid d'abeilles, 150 m au-dessus des flots. Le nombre de visiteurs étant limité, il est indispensable de réserver – sachez que l'excursion peut être annulée en cas de mauvais temps. Il est conseillé de passer la nuit précédente à Portmagee ou aux alentours car les bateaux ne vous attendront pas. Skelligmichael.com propose une liste de tour-opérateurs et un guide complet des Skellig. Les "eco-tours" (sans débarquement) autour des îles sont une bonne alternative si le débarquement n'est pas possible.

FAUNE
du Kerry

01

02

03

04

05

06

01 Cerfs élaphes
Le Killarney National Park abrite la dernière harde de cerfs élaphes indigènes d'Irlande (les hardes des autres comtés sont constituées de cerfs d'Écosse).

02 Faucons pèlerins
Ces rapaces sont les oiseaux les plus rapides du monde ; ils peuvent atteindre la vitesse de 320 km/h lorsqu'ils fondent sur leur proie.

03 Macareux
D'avril à août, les macareux vivent en colonie et se reproduisent sur les îles Skellig et Blasket. Une fois que leurs petits sont emplumés, ils regagnent la mer.

04 Martins-pêcheurs
Aisément reconnaissables, ces oiseaux se repèrent dans toute l'Irlande, notamment au bord des rivières Deenagh, Cloghereen et Gearhameen dans le comté de Kerry.

05 Fous de Bassan
Little Skellig abrite la plus importante colonie de fous de Bassan en Irlande. Des dizaines de milliers d'oiseaux de mer s'y rassemblent pendant la période de reproduction en été.

07

08

09

10

06 Damiers des marais
Ce beau papillon à motifs peut être observé dans la vallée de Killarney en mai-juin.

07 Baleines de Minke
Souvent observée entre avril et juillet, cette espèce se reconnaît à ses nageoires à bande blanche.

08 Dauphins
On voit fréquemment des dauphins communs au large de la côte du Kerry. Il est également possible de repérer des grands dauphins exécutant des sauts acrobatiques.

09 Requins pèlerins
Les eaux qui baignent la côte du Kerry sont souvent fréquentées par des requins pèlerins, qui nagent la gueule ouverte pour attraper du plancton.

10 Phoques gris
Great Blasket Island abrite la plus grande colonie de reproduction de phoques gris en Irlande. En automne, il est possible d'observer des blanchons (bébés phoques) revêtus de fourrure.

Le dauphin qui a fait connaître Dingle

COMMENT LA RENOMMÉE DE FUNGIE A CHANGÉ LE DESTIN D'UNE VILLE

Il est rare qu'un dauphin reste seul au même endroit pendant longtemps, mais à Dingle, Fungie avait trouvé sa tribu de Terriens, de marins et de nageurs, et n'a jamais voulu repartir. Il figure dans le livre Guinness des records comme le dauphin solitaire ayant vécu le plus longtemps : sa dernière apparition date de 2020.

À gauche Fungie **Au centre** Phare de Dingle **À droite** Oceanworld Aquarium

DAWID K PHOTOGRAPHY/SHUTTERSTOCK ©

Pendant plusieurs décennies, Fungie et Dingle ont été indissociables pour les habitants de la région. Breandán Fitzgerald est conseiller municipal : originaire de la petite ville, il avait 10 ans à l'arrivée de Fungie, il y a près de 40 ans. "Si quelqu'un vous demandait d'où vous veniez et que vous répondiez 'Dingle', la personne souriait et vous disait 'Fungie, le dauphin de Dingle !'" se souvient-il.

Lorsque Fungie est apparu en 1983, l'Irlande traversait une grave période de récession et d'émigration. La population de Dingle vivait essentiellement de la pêche et de l'agriculture, deux secteurs alors en déclin. D'après Breandán, Fungie a joué un rôle majeur dans le changement de destin de la communauté. "Les pêcheurs à la retraite emmenaient les gens voir Fungie... ils ont pu vivre de cette activité et leurs enfants après eux également", observe-t-il.

Breandán a lui-même constaté l'effet qu'avait Fungie sur les hôtes de sa pension. Tous les visiteurs qui rencontraient Fungie rentraient chez eux enchantés, et évoquaient leur expérience autour d'eux. "Les touristes venaient pour les vacances et pour voir le dauphin... ils n'arrêtaient pas de parler de leur sortie en mer", se remémore-t-il.

La renommée de Fungie a assuré un avenir à des générations entières. Pendant trois décennies, des milliers de personnes se sont rendues dans la région chaque année pour le voir, stimulant l'industrie touristique centrée autour de l'espiègle Fungie. Jimmy Flannery lance **Dingle Dolphin Boat Tours** (p. 199) en 1987. "Fungie a fait plus pour Dingle que n'importe quel organisme touristique" affirme-t-il.

Un lien profond

En s'intégrant à la communauté de Dingle, Fungie n'a pas seulement contribué à l'économie de la ville : pour

POTSTOCK/SHUTTERSTOCK ©

KENNETH GINN/GETTY IMAGES ©

beaucoup d'habitants, il est devenu une présence réconfortante dans le port et un ami de toujours. Fungie accompagnait les pêcheurs quittant la baie, parfois pour une dangereuse traversée en mer, et les accueillait avec des sauts enthousiastes à leur retour.

Et puis, un jour de novembre 2020, Fungie a disparu. Jimmy s'y préparait depuis longtemps, mais l'expérience du deuil n'en fut pas moins vive. "Je ressens encore sa perte certains jours. Pendant 33 ans j'ai emmené des visiteurs en mer, et dans chaque pièce de la maison, il y a des photos de Fungie, de Fungie avec mes enfants… il est partout. J'ai l'impression d'avoir perdu un proche."

> Pendant trois décennies, des milliers de personnes se sont rendues dans la région chaque année pour le voir.

La disparition de Fungie a affecté l'activité des tour-opérateurs organisant des croisières d'observation des dauphins ; la moitié d'entre eux ont décidé d'arrêter. Jimmy a toutefois lancé **Dingle Sea Safaris** (p. 199) pour faire découvrir la faune marine locale, d'une richesse remarquable.

D'après le biologiste marin Kevin Flannery, la faune aquatique est d'ailleurs en plein développement. "Il y a beaucoup plus à voir qu'on ne le pense. La semaine de la disparition de Fungie, pour la toute première fois nous avons vu des baleines de Minke dans l'estuaire du port de Dingle", souligne-t-il. Fungie a inspiré à Kevin la création de l'**Oceanworld Aquarium** (p. 200) à Dingle. Jimmy et lui sont convaincus que les croisières écologiques et les sorties d'observation de la faune dans la région et sur le reste des côtes irlandaises n'auraient jamais connu le même essor sans Fungie.

La vie après Fungie

Jimmy prévoit la création d'une fresque représentant Fungie sur le pignon du phare du port de Dingle, et peut-être un week-end de découverte de la faune marine à Dingle en l'honneur du dauphin.

La faune marine à découvrir reste riche, et les propriétaires de bateaux qui longent la côte et les Blasket Islands peuvent s'appuyer sur de nombreuses années d'expérience grâce à Fungie.

Les excursions de **Dingle Sea Safari** (p. 199) permettent de croiser des dauphins communs, des macareux et une immense colonie de phoques. Des baleines de Minke,des baleines à bosse, des rorquals, voire même des orques, peuvent aussi être observés en saison. "C'est cela que Fungie nous a légué", déclare Jimmy.

Carnet d'adresses

Les grands classiques (p. 172)

Dingle Tourist Information Centre

Cartes, guides et une foule de renseignements sur la péninsule. (066-915 2448 ; www.dingle-peninsula.ie ; The Pier, Dingle ; 9h-17h lun-sam)

Killarney National Park

(085-801 7973 ; www.killarneynationalpark.ie ; Killarney ; centre des visiteurs 9h15-17h15 tlj)

Oratoire de Gallarus

(Gallarus Oratory ; 066-915 5333 ; www.gallarusoratory.ie ; Gallarus, 8 km à l'ouest de Dingle ; 3 € ; centre des visiteurs 9h-18h Pâques-oct)

Skellig Michael

Voir la rubrique *Star Wars* ci-contre.

Culture, histoire et patrimoine

Blasket Centre

(Ionad an Bhlascaoid Mhóir ; 066-915 6444 ; www.blasket.ie ; adulte/enfant 5/3 € ; 10h-18hPâques-oct ; P)

Crag Cave

Vieux de plus d'un million d'années, ce réseau de grottes était jadis rempli d'eau. Il recèle de belles stalagmites et stalactites. À moins de 5 minutes de Castleisland. (066-714 1244 ; www.cragcave.com ; Castleisland ; adulte/enfant 15/6 € ; 10h-18h tlj mi-mai à oct, mer-dim nov et déc, ven-dim jan à mi-mars)

Derrynane House

Voir p. 185. (066-947 5113 ; www.derrynanehouse.ie ; Derrynane, Caherdaniel ; adulte/enfant 5/3 € ; 10h-16h30 mi-mars à sept, 10h-16h oct, 10h-15h sam-dim nov-début déc)

Kerry Bog Village Museum

Voir p. 182. (www.kerrybogvillage.ie ; Ballincleave, Glenbeigh ; adulte/enfant 6,50/4,50 € ; 9h-18h)

Kerry County Museum

Ce centre d'interprétation s'intéresse à l'archéologie et aux explorations. Une exposition primée retrace le parcours de Tom Crean, explorateur irlandais en Antarctique. (066-712 7777 ; www.kerrymuseum.ie ; 18 Denny St, Tralee ; adulte/enfant 5 €/gratuit ; 10h-17h mar-sam sept-mai, tlj juin-août)

Músaem Chorca Dhuibhne – West Kerry Museum

Voir p. 176. (066-915 6333 ; westkerrymuseum.com ; Gortmore, Ballyferriter ; 10h-17h tlj juin à mi-sept)

Old Barracks Heritage Centre

Voir p. 181. (086-861 3334 ; Bridge St, Cahersiveen, adulte/enfant 4/2 € ; 9h-17h tlj ; P)

Ross Castle

Voir p. 184. Départs pour Innisfallen Island. (064-663 5851 ; www.heritageireland.ie ; Ross Rd ; château adulte/enfant 5/3 €, Innisfallen à partir de 15 €/pers ; 9h30-17h45 début mars-oct ; P)

Staigue Fort

Dominant la baie, à l'ouest de Sneem, ce fort de l'âge du fer, partiellement en ruine, possède un rempart circulaire entouré d'un talus. (Caherdaniel ; sur don 1 € ; lever-coucher du soleil)

Valentia Slate Quarry

Voir p. 184. (valentiaslate.com ; Knightstown, Valentia Island)

Star Wars et les îles Skellig

Skellig Michael

Seulement 15 bateaux sont agréés pour effectuer les excursions sur Skellig Michael, entre mi-mai et fin septembre, au départ de Portmagee, Ballinskelligsn et Derrynane. (www.skelligmichael.com ; www.heritageireland.ie ; aller-retour avec débarquement 90-125 €, "eco-tour" sans débarquement 45 € ; mi-mai à fin sept)

The Skellig Experience Visitor Centre

Sur Valentia Island, cet écomusée occupe un bâtiment au toit en voûtes recouvert de gazon. Les expositions sont axées sur les îles Skellig, au large. À visiter si vous ne pouvez pas vous rendre dans les Skellig. D'avril à septembre, le musée organise des balades en bateau vers celles-ci. (066-947 6306 ; www.skelligexperience.com ; Coarha More, Valentia Island ; adulte/enfant

5/3 €, croisière sans/avec débarquement 25/99 € ; 10h-19h juil-août, 10h-18h mai-juin et sept, 10h-16h30 ven-mer mars-avr et oct-nov ; P)

The Moorings – Skellig Michael
Voir p. 192. (066-947 7108 ; www.moorings.ie ; Portmagee ; croisière sans/avec débarquement 40/100 €)

Sunset Walk
Voir p. 193. (087-222 9876 ; facebook.com/walkthelastjedi ; accès libre ; départ du parking Devane's Yard, Farran, Ballyferriter ; P 5 €)

Parcs et activités en famille

Blennerville Windmill – Moulin à vent
Voir p. 179. (066-712 1064 ; www.blennerville-windmill.ie ; Windmill Lane, Blennerville ; adulte/enfant 8/4 € ; 9h30-17h tlj juin-sept, fermé lun juin et oct)

Bonane Heritage Park
L'un des plus importants sites archéologiques du Kerry, à la jonction du Ring of Kerry et du Ring of Beara. L'alignement solaire lors du solstice d'été en juin est spectaculaire. Jolie "Fairy Walk" (sentier des fées) imprégnée de folklore irlandais. (083- 106 0894, visites 085-767 7869 ; bonaneheritagepark.com ; Dromagorteen, Bonane ; adulte/famille 5/10 €)

Glanteenassig Forest Park
Voir p. 191. (www.coillte.ie/site/glanteenassig ; Glanteenassig ; 8h-22h mai-août, 8h-18h sept-avr)

Glenbeigh Fairy Forest
À 1 km du village de Glenbeigh, faites une paisible balade en forêt pour découvrir une cinquantaine de petites cabanes de fées. Les enfants adorent. (départ de l'aire de pique-nique, près de Glenbeigh en direction de la plage de Rossbeigh)

Gleninchaquin Park
Au cœur de la péninsule de Beara, ce parc naturel privé abrite vallons en pente douce, cascades, forêts sereines et sentiers. (087-634 9282 ; www.gleninchaquin.com ; Tuosist ; adulte/enfant/famille 7/5/20 €, pas de CB ; 10h-17h tlj)

Kells Bay Gardens
Jeunes explorateurs intrépides, promenez-vous dans une forêt paisible et repérez les dinosaures géants en bois sculpté avant de gagner une plage isolée à 10 minutes à pied. (066-947 7974 ; www.kellsgardens.ie ; en retrait de la N70, Kells Bay ; adulte/enfant 8,50/6 € ; 9h-21h juin-août, 9h-19h fév-mai et sept-oct, 9h-16h30 nov-déc)

MNSTUDIO/SHUTTERSTOCK ©

Cellules en nid d'abeilles, Skellig Michael

Killarney Jaunting Cars
Les familles pourront monter dans une calèche et parcourir le Killarney National Park pour voir des daims sauvages. Promenades jusqu'à Ross Castle et Muckross Estate. (064-663 3358 ; killarneyjauntingcars.ie ; départ de Kenmare Pl, Killarney ; à partir de 15 €/pers ; 8h-17h15 tlj)

Muckross Traditional Farms
La visite guidée de ces fermes reconstiuées, avec guides en costume, donne un aperçu de la vie rurale en Irlande dans les années 1930 et 1940. Les enfants peuvent approcher les bébés animaux. (064-663 0804 ; www.muckross-house.ie ; Muckross Estate ; adulte/enfant 7/5 €, avec Muckross House 12/8 € ; 10h-18h juin-août, 13h-18h mai et sept, 13h-18h sam-dim avr-mars et oct)

Sorties et activités marines

Collin's Seaweed Baths
Voir p. 183. (068-27469 ; Ladies Beach, Ballybunnion ; 30 min 22 € ; 10h-17h30 juin-sept)

Dingle Dolphin Boat Tours
Voir p. 196. (066-915 2626 ; dingledolphin.com ; office du tourisme, The Pier, Dingle ; sorties 15-55 €)

Dingle Sea Safari
Voir p. 197. (086-193 7304 ; dingleseasafari.com ; The Pier, Dingle ; croisière 65 €)

Oceanworld Aquarium
Voir p. 197. (066-915 2111 ; www.dingle-oceanworld.ie ; The Wood, Dingle ; adulte/enfant 16/11 € ; 10h-19h juil-août, 10h-18h sept-juin)

Cuisine et cafés du Kerry

10 Bridge Street €€
Sirotez des cocktails dans ce restaurant installé dans une ancienne église pleine de cachet, au centre de Killorglin. (066-976 2347 ; www.10bridgestreet.ie ; 10 Bridget St, Killorglin ; plats 18,50-20 € ; restaurant 18h30-20h30 ven, 18h-21h sam, bar jusqu'à 23h, 0h30 sam)

Bean in Dingle
Ce café lumineux propose boissons chaudes, café torréfié localement et douceurs. (www.beanindingle.com ; Green St, Dingle et Plunkett St, Killarney ; 8h-17h lun-sam, 10h-15h dim)

Beaufort Bar & Restaurant €€
Ce bar de 1841 sert des plats irlandais locaux, dont un délicieux carré d'agneau du Kerry. (064-664 4032 ; www.beaufortbar.com ; Beaufort ; plats 16-25 € ; 18h30-21h30 jeu-sam, 18h30-20h30 dim juin-sept, ven-dim seulement oct-mai)

Caifé Na Trá
Voir p. 177. (066-915 6120 ; facebook.com/caifenatra ; Couminole, Slea Head Drive, Dunquin ; 11h-17h tlj, fermé oct-Pâcques)

Jack's Coastguard Restaurant €€
Avec sa vue panoramique, cette ancienne station de garde-côtes de 1866 donne l'occasion d'une superbe pause sur le Ring of Kerry. On y savoure des plats irlandais tels que fruits de mer ou agneau du Kerry. (066-976 9102 ; www.jackscromane.com ; Cromane, Killorglin ; plats 19-36 €, menu dégustation 65 €, menu déj dim 29 € ; 18h-21h jeu-dim, 13h-15h dim, horaires variables)

Parkgate Coffee
Son café à emporter est très prisé, d'où la queue à l'extérieur. Le vôtre en main, allez vous promener au Tralee Town Park voisin. (facebook.com/parkgatecoffee ; Prince's St, Tralee ; 8h-16h lun-ven, 9h-16h sam, 10h-16h dim)

The Smugglers Inn €€€
Ce restaurant de Waterville surplombant la paisible plage de Ballinskelligs est réputé pour son excellente cuisine présentée avec style. Tables dans le jardin. (066-947 4330 ; www.smugglersinn.ie ; Cliff Rd, Waterville ; plats 24-28 € ; 18h-21h30 tlj)

Tigh Bheaglaoich
Voir p. 176. (066-915 5123 ; The Pier, Ballydavid)

The Moorings €€
Voir p. 192. (066-947 7108 ; www.moorings.ie ; Portmagee ; plats 13-18 € ; 8h-23h30 lun-sam, 8h-23h, cuisine jusqu'à 21h)

Bar et pubs de caractère

Ashes Pub
Voir p. 191. (087-245 0488 ; Ballinknockane, Camp ; 17h-minuit tlj)

Crowley's Bar
La boisson coule à flots dans ce bar animé de Kenmare où se tiennent des concerts de musique et de chant traditionnels – incontournable ! (facebook.com/CrowleysBar ; 26 Henry St, Kenmare ; 17h30-23h30 dim-jeu, 17h30-0h30 ven-sam)

Dick Mack's
Voir p. 191. (066-915 1787 ; www.dickmackspub.com ; Green St, Dingle ; 11h-23h30 lun-jeu, 11h-0h30 ven-sam, 12h-23h dim)

Foxy John's
Voir p. 191. (066-915 1316 ; Main St, Dingle ; 10h30-23h30 lun-jeu, 10h30-0h30 ven-sam, 12h-23h30 dim)

John B. Keane's Pub
Savourez une pression versée lentement et bavardez avec les habitués dans ce pub intimiste de Listowel, tenu par la famille de l'un des plus éminents dramaturges d'Irlande. (facebook.com/johnbkeane ; 37 William St, Listowel ; 13h-minuit mar-jeu, 13h-1h ven-sam, 13h-23h30 dim, 19h-minuit lun)

Keating's Bar
Voir p. 185. (066-947 5115 ; facebook.com/keatingsbar ; Derrynane, Caherdaniel)

Murphy's Bar
Voir p. 189. (087-187 5635 ; murphysbarbrandon.com ; plats 9-14 € ; The Pier, Brandon ;

17h-23h lun-jeu, 17h-minuit ven-sam, 12h-23h dim)

O'Connor's Bar & Guesthouse

Voir p. 189. (066-7138113 ; www.oconnorskerry.com ; Main St, Cloghane ; midi et soir, bar jusqu'à 1h)

O'Sullivan's Courthouse Pub

Voir p. 191. (osullivanscourthousepub.com ; The Mall, Dingle ; 18h-tard tlj, concerts à partir de 21h mer-dim)

PF McCarthy's

Établi de longue date, ce pub animé de Kenmare organise régulièrement des concerts. (064-664 1516 ; www.pfskenmare.com ; 14 Main St, Kenmare ; plats 9-14,50 € ; 12h-23h tlj, cuisine jusqu'à 21h30)

Spillane's Bar

Voir p. 190. (066-713 9125 ; www.spillanesbar.com ; Fahamore ; plats 10-25 € ; 13h-21h tlj juin-août, 17h-21h lun-sam et 14h-20h dim mars-mai et sept-oct)

South Pole Inn

Voir p. 179. (066-915 7388 ; www.southpoleinn.com ; Main St, Annascaul ; plats 10-18 € ; 12h-23h30 lun-jeu, 12h-minuit ven-sam, 12h-23h dim)

Stonehouse Café & Restaurant

Voir p. 177. (066-915 9970 ; stonehousedingle.ie ; Slea Head Drive, en face du Dunbeg Fort, péninsule de Dingle ; 10h30-20h tlj)

Tigh an tSaorsaigh

Adoré des visiteurs, cet excellent pub irlandais au cœur de la Gaeltacht de West Kerry garantit discussions animées et délicieux breuvages. (066-9156344 ; www.searspub.com ; Ballyferriter)

Tigh T.P.

Buvez une pinte en profitant de la belle vue sur la mer depuis la terrasse du TP's, puis partez vous promener sur la plage. (087-246 0507 ; plage de Ballydavid ; plats 11-25 € ; cuisine 12h-21h Pâques-oct, 17h-20h ven et dim, 13h-20h30 sam nov-Pâques)

GABRIEL12/SHUTTERSTOCK ©

John B Keane's Pub

The Railway Tavern

Voir p. 179. (066-713 0188 ; www.facebook.com/oneillsbarcamp ; Camp ; 10h30-23h30 tlj)

Arts et artisanat

Cill Rialaig Arts Centre

Cette galerie, à cinq minutes de la plage de Ballinskelligs, expose des artistes du monde entier. Café, boutique et ateliers pour enfants sur place. (066-947 9277 ; www.cillrialaigartscentre.com ; R566, Dungeagan ; 11h-17h tlj juin-août, 11h-16h sam-dim sept-mai)

Greenlane Gallery

Des artistes éminents au style unique exposent leur travail dans cette galerie (tableaux, sculptures, bijoux) en plein cœur de Dingle. (086-821 1225 ; www.greenlanegallery.com ; Dingle)

Louis Mulcahy Pottery

Cette charmante boutique de poterie assortie d'un café vend de robustes articles en grès. (066-915 6229 ; www.louismulcahy.com ; Clogher, Ballyferriter ; visites guidées 7,50 € ; 10h-17h30 tlj, horaires étendus Pâques-oct)

Siamsa Tíre

Le National Folk Theatre présente toutes sortes de spectacles, des comédies musicales aux pièces dramatiques. (066-712 3055 ; www.siamsatire.com ; Town Park, Tralee ; 15-35 € ; billetterie 10h-18h lun-sam et avt spectacles)

26 Au fil du SHANNON

VOIE NAVIGABLE | PAYSAGES | HISTOIRE

Serpentant sur 360 km à travers 11 comtés avant de se jeter dans l'Atlantique, le majestueux Shannon est le plus long fleuve d'Irlande. Récemment classée parmi les plus beaux cours d'eau du monde, "la Sage Rivière" relie entre eux les trésors cachés de l'arrière-pays irlandais.

WALSHPHOTOS/SHUTTERSTOCK ©

En pratique

Circuler Carrick-on-Shannon, capitale irlandaise des croisières, est reliée à Dublin par des trains et bus directs. On y propose croisières sur le Shannon et excursions variées (waterwaysireland.org).

Quand C'est en été (juin-août, pendant la haute saison et les vacances scolaires) que la météo est la meilleure et que les journées sont les plus longues. Quelle que soit la période de l'année, emportez des vêtements pour tous les temps et, en été, du répulsif à insectes. Pour éviter la foule et les simulies, des moucherons urticants, privilégiez les mois de mai et septembre.

NICK SCOTT/ALAMY STOCK PHOTO ©

Communautés d'autrefois et villages d'aujourd'hui

Voie de transport et de commerce, le fleuve Shannon joua pendant des siècles un rôle vital pour l'Irlande. Aujourd'hui, ses eaux émaillées de lacs font le bonheur des pêcheurs, des voyageurs en quête de beaux paysages et des férus d'activités sportives telles que kayak, paddle, vélo et randonnée. Bluewaysireland.org fournit de bons renseignements pour préparer votre séjour sur ses rives.

Le **Lough Derg**, le plus grand des trois lacs du Shannon, compte 376 îles, dont la plus notable est **Inis Cealtra** (l'Île sacrée). Moins célèbre que Clonmacnoise (p. 205) et installé plus au nord du fleuve, ce site monastique du VIe siècle abrite quatre hautes croix, un puits sacré, une tour ronde en ruine et plusieurs petites églises. Bien qu'il ne soit plus peuplé

JOHN AND PENNY/SHUTTERSTOCK ©

Une pinte dans le plus vieux pub d'Irlande

La soirée au pub est un incontournable de la vie irlandaise. Selon le *Livre Guinness des records*, le **Sean's Bar** (www.seansbar.ie), à Athlone, est le plus vieux pub du pays (et sans doute du monde), avec plus de 1 000 ans d'histoire. Difficile de faire plus traditionnel !

À gauche Athlone **En haut à gauche** Le Shannon **En haut à droite** Sean's Bar, Athlone que de moutons et de vaches, on y célèbre encore des funérailles auxquelles on se rend en bateau. Vous pourrez embarquer au port de **Mountshannon** pour visiter le site.

La myriade de ports animés et de villages pittoresques qui jalonnent ses rives témoigne de l'importance commerciale que revêtit le Shannon jusqu'au XXe siècle. **Killaloe**, au bord du Lough Derg, est le village natal de BrianBorú, haut roi d'Irlande de 1002 à 1014 : il en fit brièvement la capitale du pays. La **St Flannan's Cathedral** (st-flannans.weebly.com), du XIIe siècle, y abrite une pierre gravée d'oghams, datée de l'an 1000, tandis qu'un impressionnant pont de pierre à 13 arches relie Killaloe au village voisin de **Ballina**, et ainsi le comté de Clare au comté de Tipperary. Lors des rares journées chaudes, les habitants des deux bourgs sautent du pont pour se rafraîchir dans le fleuve.

Merveilles modernes et Mère Nature

À mesure que l'on approche de l'Atlantique, les merveilles d'ingénierie se multiplient et les vasières de l'estuaire du Shannon se peuplent d'oiseaux marins et d'une faune variée.

Dompter le fleuve Considérée comme l'une des grandes prouesses techniques du XXe siècle, l'**Ardnacrusha Power Station** (esb.ie) était la plus grande et la plus puissante centrale hydroélectrique au monde lors de

Le Lough Ree

Le "Nessie irlandais" Moins célèbre que son homologue écossais, le monstre du Lough Ree aurait été vu pour la première fois au VIIe siècle. Bien plus tard, en 1960, trois prêtres étaient en train de pêcher lorsque l'un d'eux distingua une créature longue de 2 m remontant les eaux du lac. C'est à Athlone que vous pourrez tenter d'apercevoir le "Nessie irlandais".

Observation des oiseaux Les ornithologues amateurs apprécient le Lough Ree, classé zone de protection spéciale, pour sa population d'oiseaux d'eau migrateurs. La saison migratoire débute en mars.

En famille Avec des enfants, explorez le plus grand parc aquatique gonflable d'Irlande, Baysports (baysports.ie), installé sur le lac.

son achèvement en 1929. Elle est toujours en activité et il est possible de la visiter.

Dompter les airs C'est dans le village de **Foynes** qu'arriva en 1939 le tout premier vol commercial reliant New York à l'Europe. Les eaux du Shannon furent alors utilisées comme piste d'atterrissage. Unique en son genre, le **Foynes Flying Boat & Maritime Museum** (www.flyingboatmuseum.com) abrite la seule réplique grandeur nature au monde d'un Boeing B314 – de quoi ravir les amateurs d'aviation civile. À leur époque, ces hydravions transatlantiques représentaient le summum du luxe.

Pour une expérience du luxe plus actuelle, passez la nuit à l'**Adare Manor** (www.adaremanor.com), demeure du XIXe siècle à l'architecture étonnante, convertie en hôtel 5 étoiles.

Dompter l'Atlantique À l'embouchure du Shannon vous attendent les paysages côtiers escarpés de **Loop Head** (Ceann Léime ; loophead.ie), splendides et pourtant moins fréquentés que les falaises de Moher

Détours sur le Shannon

Monastère de Clonmacnoise

À 25 km au sud d'Athlone, dominant majestueusement le Shannon, Clonmacnoise fut l'un des plus importants monastères d'Irlande. Fondé par saint Ciarán en 548, il devint un haut lieu d'enseignement dans l'Europe chrétienne du VIIe au XIIe siècle avant d'amorcer son déclin et d'être détruit par la garnison anglaise d'Athlone en 1552. Aujourd'hui, l'enceinte monastique abrite plusieurs monuments remarquablement conservés et les alentours marécageux du site servent d'habitat à des plantes rares et des oiseaux en voie d'extinction. (www.heritageireland.ie ; R444, Shannonbridge, Athlone ; adulte/enfant 8/4 € ; 10h-17h30 fév-oct, 10h-17h nov-jan)

Limerick

À l'embouchure du Shannon, Limerick, troisième plus grande ville d'Irlande, fut fondée par les Vikings au Xe siècle. Elle accueille aujourd'hui une belle population étudiante. Elle est ainsi animée toute l'année et on y trouve largement de quoi s'occuper une bonne journée. Ne manquez pas l'emblématique **King's John Castle** (www.kingjohnscastle.com), construit par Jean sans Terre au XIIIe siècle, l'ancienne **cathédrale St Mary** et le **Hunt Museum** (www.huntmuseum.com) à la superbe collection de l'âge du bronze, de l'âge du fer et du Moyen Âge.

voisines. De nombreux oiseaux marins y nichent dans des crevasses et le promontoire, couronné d'un phare du XIXe siècle, offre une vue magnifique sur le Kerry et Galway par temps clair. Les **falaises de Kilkee** et les **Bridges of Ross**, d'où l'on aperçoit parfois des dauphins, sont également incontournables.

En voiture, gagnez du temps en prenant le **Shannon Ferry** (shannonferries.com) entre Tarbert et Killimer.

L'OUEST

NATURE | FALAISES | MUSIQUE

Connemara National Park

L'OUEST
à la carte

L'ouest de l'Irlande est une terre d'aventure. Ici, vous pourrez marcher sur les traces d'une reine pirate dans le comté de Mayo, surfer sur les vagues dans le comté de Sligo ou bien admirer de gigantesques falaises depuis la mer et découvrir les fleurs sauvages qui parsèment les crevasses calcaires du Burren, dans le comté de Clare.

Visitez le château de la reine pirate Grace O'Malley sur **Clare Island** (p. 228)
½ journée

Découvrez comment les tambours traditionnels sont fabriqués dans un atelier de *bodhrán* à **Roundstone** (p. 215)
½ journée

Baignez-vous dans les eaux claires de la **plage de Fanore** (p. 225)
½ journée

Promenez-vous sur les **falaises de Moher** puis admirez-les depuis la mer à l'occasion d'une croisière (p. 220)
1 jour

IRLANDE DU NORD
Observez les surfeurs à l'assaut de vagues géantes ou essayez la plongée en apnée à Mullaghmore (p. 231)
½ journée
Mullaghmore
Cliffony
Lower Lough Erne
Lough Melvin
Guettez les oiseaux et la faune marine lors d'une balade en kayak depuis Rosses Point (p. 231)
½ journée
Dartry Mountains
Rosses Point
Killala Bay
Sligo Bay
Sligo
Strandhill
LEITRIM
SLIGO
Ballina
Prenez un cours de surf à Strandhill puis détendez-vous dans un bain d'algues (p. 231)
½ journée
Lough Allen
Lough Conn
Mt Nephin
Nephin Beg Range
Castlebar
MAYO
ROSCOMMON
Westport
Laissez-vous entraîner par la musique traditionnelle dans les pubs de Galway (p. 214)
2 heures
Longford
LONGFORD
Partry Mountains
Lough Mask
Lough Ree
Lough Corrib
WESTMEATH
GALWAY
Athlone
Relevez le défi du Black Head Loop, une randonnée de 26 km (p. 224)
1 jour
Galway
Kilcolgan
Galway Bay
Black Head
Ballyvaughan
Lisdoonvarna
Le Burren
Admirez la beauté des fleurs sauvages lors d'une balade dans le Burren (p. 224)
½ journée
Lough Derg
Falaises de Moher
CLARE
MARK_GUSEV/SHUTTERSTOCK ©, TERRY HARRIS/ALAMY STOCK PHOTO ©, HUGH BRYCE/500PX/GETTY IMAGES ©, MIKROMAN6/GETTY IMAGES ©
0
40 km

Informations pratiques

SHUTTERUPEIRE/SHUTTERSTOCK ©

À L'ARRIVÉE

Avion Deux aéroports internationaux à Shannon (comté de Clare) et Knock (comté de Mayo).

Train Les principales gares ferroviaires sont celles de Sligo, Westport, Galway et Limerick.

Voiture Les principales autoroutes comprennent la M4/M6 entre Dublin et Galway, la M7 entre Dublin et Limerick, et la M18 entre Galway et Limerick.

BUDGET

Une demi-douzaine d'huîtres 13 €

Un bol de chowder 8 €

La location d'une planche de surf 20 €

QUAND Y ALLER

JAN - MARS
Les mois les plus froids ; les soirées s'allongent nettement à partir de mars.

AVR - JUIN
Les journées se réchauffent aux alentours de juin, mais le risque d'averses est fort.

JUIL - SEPT
Températures les plus agréables et longues soirées d'été. La pluie reste possible.

OCT - DÉC
Vent plus fort et mer agitée. Températures bien plus fraîches, surtout en décembre.

COMMENT CIRCULER

Voiture Le moyen de transport le plus pratique, idéal pour s'arrêter près des plus beaux panoramas.

Bus Des bus relient les villes principales. Consultez le site buseireann.ie ou renseignez-vous auprès des prestataires privés pour connaître les lignes et les horaires.

Vélo Moyen de transport apprécié, avec plusieurs itinéraires balisés à explorer, sur route ou non.

SE RESTAURER ET PRENDRE UN VERRE

Huîtres de Galway La ville est réputée pour ses huîtres ; un festival annuel les met à l'honneur en septembre.

Poisson fumé Achetez directement auprès des fumoirs du Burren et du Connemara, ou chez les traiteurs locaux.

Sel marin d'Achill Island Un produit naturel des eaux de l'Atlantique, récolté en petites quantités sur Achill Island (p. 229).

Agneau de montagne de Calvey La bruyère et l'air chargé d'embruns donnent à la viande une douce saveur.

Incomparable *seafood chowder* À Doolin

Délicieux miel Miel du Burren (p. 236)

SE CONNECTER ET S'ORIENTER

Wi-Fi La plupart des hébergements proposent le Wi-Fi, mais la vitesse de connexion est souvent lente. Il est parfois difficile d'obtenir du réseau téléphonique dans les secteurs très isolés, et la couverture 3G/4G peut être inégale, voire inexistante, dans certaines parties du Connemara et dans le Burren.

Orientation Si vous faites de la randonnée ou explorez des secteurs reculés en utilisant votre téléphone pour vous orienter, emportez des cartes papier et des moyens de communication de secours.

GREAT WESTERN GREENWAY

Longue de 44 km, cette piste cyclable hors route suit l'ancienne ligne ferroviaire Westport-Achill Railway. Location de vélos possible à Westport (greenway.ie).

OÙ LOGER

Les villes de la région peuvent être très fréquentées pendant les festivals, en juillet-août et les week-ends de pont ; réservez votre logement bien à l'avance à ces périodes.

Lieu	Caractéristiques
Galway	Idéale pour profiter des restaurants et de la vie nocturne. Nombreux hébergements, des auberges de jeunesse aux cinq-étoiles. Peut être très fréquentée durant les festivals et grands évènements.
Connemara	Un bon choix pour un séjour bucolique. Hébergement dans de paisibles demeures de campagne, des campings chics et des B&B.
Westport	Cette ville animée fait une bonne base pour explorer la région. Nombreux hébergements, restaurants et pubs.
Sligo	Bon choix d'hébergements intermédiaires en ville ou dans le reste du comté. B&B loin de tout, demeures de campagne et campings chics et insolites.

ARGENT

Les cartes bancaires sont largement acceptées dans la région et vous trouverez des DAB dans les principales villes.

Les grands classiques

Pour les infos pratiques de chaque site, reportez-vous au Carnet d'adresses p. 232.

Falaises de Moher

Les falaises de Moher (Aillte an Mothair ou Ailltreacha Mothair ; Cliffs of Moher en anglais) sont d'une beauté à couper le souffle, et, quand la visibilité est bonne, la vue s'étend jusqu'aux îles d'Aran et aux collines du Connemara. Au crépuscule, le ciel devient une mosaïque d'ambre, de rose et de grenat. Hautes de 214 m, ces parois de calcaire abruptes plongent dans la mer agitée. Sa beauté vaut au lieu une importante affluence estivale. Un grand centre d'accueil des visiteurs oriente les groupes. Il vous faudra marcher une dizaine de minutes pour plus de calme et une vue dégagée. Une fois passé le "Moher Wall", un sentier de 6 km mène, à flanc de falaise, jusqu'à la pointe sud, Hag's Head (p. 221).

Le Burren

Étendu à travers le nord du comté de Clare, le Burren (p. 224) est un extraordinaire plateau de calcaire strié qui prit forme au fond d'une mer aujourd'hui disparue, avant de surgir des profondeurs après un cataclysme géologique. Ce vaste espace rocheux désolé, ponctué de chambres funéraires et de ruines médiévales, et traversés de *green roads*, d'anciennes routes tracées durant la Grande Famine, est un paradis pour les randonneurs.

Galway

Capitale informelle de l'Irlande bohème, Galway (Gaillimh) attire depuis des lustres artistes, musiciens et esprits créatifs dans ses rues jalonnées de cafés et de pubs aux façades colorées, où l'on joue de la musique traditionnelle toute l'année. Étudiants et artistes lui insufflent une énergie débordante qui lui ont valu le titre de Capitale européenne de la culture en 2020.

MILOSZ MASLANKA/SHUTTERSTOCK ©

TIMURSALIKHOV/STOCK.ADOBE.COM ©

Îles d'Aran, Dún Aengus

Séparées du Burren par un bras de mer, se trouvent les îles d'Aran. La plupart des visiteurs se contentent d'explorer Inishmore (Inis Mór), dont le principal site d'intérêt, Dún Aengus, est un fort perché au bord d'une falaise haute de 87 m fouettée par les vagues. Nul aménagement, pas même un chemin, ne vient gâcher ce superbe vestige, mais le risque de chute s'en retrouve bien réel.

Nécropole mégalithique de Carrowmore

Plus grande nécropole mégalithique d'Irlande, voire d'Europe, Carrowmore gagne peu à peu le statut de site incontournable du Sligo. Quelque 60 monuments (tombes à couloir, dolmens, cercles de pierres remontant au IVe siècle av. J.-C.) ponctuent les collines de ce site évocateur, probablement antérieur de 700 ans au tumulus de Newgrange (p. 55).

STEPHANIE JUD/STOCK.ADOBE.COM ©

KARLO/STOCK.ADOBE.COM ©

Le Connemara

Une mosaïque de tourbières aux tons rouille, de vallées désolées et d'attrayants hameaux, sillonnée de routes étroites au bord desquelles apparaissent çà et là des pubs engageants : bienvenue dans le Connemara (p. 216). Cette région, inchangée à travers les siècles, illustre à merveille ce que l'Irlande a de meilleur à offrir.

27 Pubs et quadrilles À GALWAY

MUSIQUE | CULTURE | VIE NOCTURNE

À Galway, aller de pub en pub pour écouter de la musique traditionnelle est toujours une expérience divertissante, car gigues et quadrilles y sont joués chaque soir. Des instruments comme le violon, l'accordéon, le *bodhrán* et le banjo, accompagnés par les mélodies du *tin whistle* (flûte en métal), de la flûte et des *uillean pipes* (cornemuse irlandaise), vous donneront envie de vous élancer sur la piste de danse.

LES GIBBON/ALAMY STOCK PHOTO ©

En pratique

Circuler La plupart des lieux où l'on joue de la musique traditionnelle se trouvent dans le centre-ville, qui se parcourt facilement à pied.

Quand Galway peut être très fréquentée en haute saison, les week-ends de pont et pendant les festivals et lors des fameuses Galway Races (courses hippiques).

Coût Les sessions de musique traditionnelle dans les pubs sont généralement gratuites ; le coût des autres concerts varie d'une salle à l'autre.

GERARD PLAUCHE/GETTY IMAGES ©

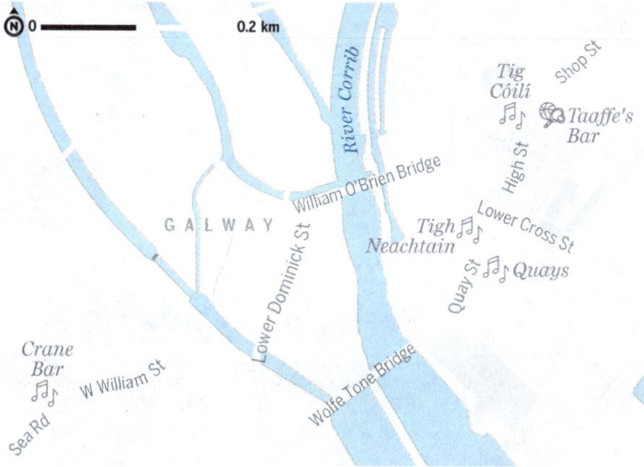

À gauche en haut, page ci-contre
The Quays
À gauche en bas, page ci-contre
Uillean pipes (cornemuse irlandaise)

"La musique joue un rôle important dans la culture de Galway. C'est une ville qui a beaucoup d'âme", affirme Johnny "Ringo" McDonagh. Cet habitant de Galway, célèbre joueur de *bodhrán*, a participé aux tournées mondiales du groupe Dé Danann et de *Riverdance*. Il présente ici ses pubs préférés.

Ambiance L'un des pubs où Johnny aime particulièrement jouer est le **Tig Chóilí** (Mainguard St ; tigchoiligalway.com), qui propose deux sessions de musique traditionnelle par jour. "L'ambiance y est excellente. Beaucoup de musiciens réputés viennent s'y produire", dit-il. "Ils sont parfois si nombreux qu'ils sont alors une dizaine à attendre leur tour". Johnny conseille de venir un jour calme, comme le lundi.

Dimanche détente Essayez **The Crane Bar** (Sea Rd ; www.thecrane bar.com), qui organise des sessions de musique traditionnelle tous les soirs ainsi qu'une session l'après-midi durant le week-end et une autre, célèbre, le dimanche matin. "C'est un lieu accueillant et l'on s'y sent chez soi : l'ambiance est particulièrement sympathique et décontractée le dimanche matin", souligne Johnny.

Chant Johnny recommande le **Taaffes Bar** (Shop St ; facebook. com/TaaffesBarGalway), prisé des amateurs de sports gaéliques et très fréquenté le week-end. Chaque soir, on y joue de la musique traditionnelle et des groupes y chantent des ballades. "Des musiciens très différents participent aux sessions", précise-t-il.

Historique Ne manquez pas non plus le **Tigh Neachtain** (Cross St ; www.tighneachtain.com). Ouvert en 1894, il occupe le centre de la scène musicale de Galway, et de nombreux musiciens réputés viennent y jouer. **The Quays** (Quay St ; quaysgalway.ie) est encore plus ancien (400 ans) ; des groupes irlandais et internationaux s'y produisent tous les soirs de la semaine.

Jouer du bodhrán

On utilise ce tambour traditionnel en le frappant d'un seul côté à l'aide d'un bâton appelé *tipper*. Pour le fabriquer, une peau de chèvre est traitée selon une méthode unique puis tendue sur un cadre de bois. Découvrez-en plus sur cet instrument en vous rendant dans l'**atelier de Malachy Kearn** (bodhran.com), maître artisan du Connemara, qui fabrique des *bodhráin* depuis plus de 40 ans. Ses tambours ont figuré partout, des spectacles de danse de *Riverdance* au film *Titanic*. Situé à Roundstone, dans le comté de Galway, l'atelier est ouvert sept jours sur sept ; un espace d'observation permet de suivre le processus de fabrication. Vous pourrez aussi assister à une conférence sur les *bodhráin* et leur histoire sur réservation.

28 Boucle dans le CONNEMARA

ITINÉRAIRE | PAYSAGES | NATURE

Lacs noirs aux reflets d'argent, montagnes aux teintes pâles, vallées solitaires et arcs-en-ciel à foison : le Connemara est un lieu magique aux paysages dignes de carte postale.

NORADOA/SHUTTERSTOCK ©

En pratique

Circuler Louer une voiture reste le plus pratique pour effectuer cette boucle de 206 km. Prenez garde aux murets (les routes sont étroites) et aux moutons égarés.

Quand N'importe quelle saison de l'année. L'hiver, les paysages terrestres et marins revêtent un caractère encore plus sauvages.

Dans vos bagages Les panneaux en anglais ne sont pas légion ; mieux vaut s'équiper d'une bonne carte routière. Dans la Gaeltacht (région gaélique), retenez le nom gaélique sur la carte, souvent le seul indiqué sur les panneaux routiers.

MBRAND85/STOCK.ADOBE.COM

Galway

Point de départ de cette boucle, la créative et bohème ville de Galway (p. 214), est si attachante que vous la quitterez certainement à regret.

À 5 km à l'ouest de Galway, la forêt de **Barna Woods**, dense et verdoyante, abrite les plus grands chênes sauvages de l'ouest de l'Irlande.

Spiddal

Spiddal (An Spidéal) est un petit village joliment préservé à l'entrée de la Gaeltacht. Menuisiers, tanneurs, sculpteurs et tisserands dévoilent leurs talents au **Spiddal Craft Village** (Ceardlann an Spidéil) un village d'artisanat. Pour vous restaurer, optez pour les excellents produits de la mer du célèbre **O'Grady's on the Pier**.

Cottage de Patrick Pearse

L'écrivain, poète et enseignant Patrick Pearse (1879-1916) dirigea l'insurrection de Pâques

GREGFELLMANN/STOCK.ADOBE.COM ©

Spiddal Craft Village
(www.spiddalcrafts.com ; en retrait de la de la R336, Spiddal ; 10h-18h Pâques-sept, variables oct-Pâques)

O'Grady's on the Pier
(☎091-592 223 ; www.ogradysonthepier.ie ; Seapoint, Barna ; plats déj 10-17 €, dîner 18-30 €, assiettes de fruits de mer 27 € ; 12h30-15h et 18h-21h30)

Cottage de Patrick Pearse
(www.heritageireland.ie ; R340, Ros Muc ; adulte/enfant 5/3 € ; 9h30-18h Pâques-sept, 9h30-16h oct-Pâques)

À gauche Lough Corrib **En haut à gauche** Kylemore Abbey **En haut à droite** Paysage près de Clifden en 1916. Il écrivit certaines de ses nouvelles et pièces de théâtre dans ce petit **cottage** (Ionad Cultúrtha an Phiarsaigh ; p. 217) au toit de chaume, niché dans un cadre merveilleusement pittoresque. Après avoir brûlé pendant la guerre d'Indépendance, l'intérieur a été restauré et abrite aujourd'hui une exposition intéressante sur la vie de Pearse.

Roundstone

Blotti autour d'un joli port, **Roundstone** (Cloch na Rón) est l'un des joyaux du Connemara. Des maisons mitoyennes colorées et des pubs accueillants sont alignés au bord de l'étincelante baie de Bertraghboy. Flânez sur la courte promenade en admirant la baie ponctuée de rubans de terre érodée. Roundstone Musical Instruments, l'**atelier de fabrication de *bodhráín*** de Malachy Kearns (p. 215), se trouve au sud du village. Observez-le à l'œuvre, achetez une *tin whistle* (flûte en métal), puis faites un tour au musée folklorique (gratuit) ou au café.

Gurteen Bay et Dog's Bay

À environ 2,5 km à l'ouest de Roundstone, guettez la bifurcation menant à **Gurteen Bay** (parfois écrit Gorteen). Après 800 m, une

Le Lough Corrib

Long de plus de 48 km et couvrant quelque 200 km², le Lough Corrib compte plus de 360 îles, dont **Inchagoill**, qui abrite les vestiges d'un monastère du Vᵉ siècle, un cimetière et le Lugnaedon Pillar, une stèle gravée du VIᵉ siècle. On accède à l'île d'**Inchiquin** par une courte chaussée depuis la jetée du Greenfield Lodge, sur la rive nord du lac. Le lough est mondialement réputé pour ses saumons et truites sauvages ; la saison des éphémères, lorsqu'un nombre astronomique d'insectes éclosent en quelques jours (généralement en mai), galvanise poissons et pêcheurs. Les saumons commencent à apparaître vers juin. Au nord, des panneaux indiquent l'étonnant **Ballycurrin Lighthouse**. Ce phare fut édifié en 1772, le lac étant alors peut-être plus fréquenté par les bateaux.

autre bifurcation part vers **Dog's Bay**. Ces deux plages idylliques bordent les deux côtés d'une péninsule rappelant la forme d'un os pour chien. Garez-vous pour parcourir ses extrémités herbeuses et gambader sur le sable compact.

Clifden

La "capitale" de la région, Clifden (An Clochán, "pierre de gués") est une jolie ville victorienne qui surplombe la baie là où l'Owenglin se jette dans la mer. Elle marque le point de départ de la **Sky Road** (voir l'encadré ci-contre), un joli circuit routier, où les moutons évoluent en liberté.

Glassilaun Beach

La côte nord du Connemara est sublime. Ses superbes plages donnent sur des montagnes abruptes et austères et sur une mer changeante. Magnifique croissant de sable bordé de dunes, Glassilaun Beach est sans doute l'une des plus belles plages du Connemara.

Kylemore Abbey

Superbement située sur la rive du lac Pollacapall, l'**abbaye de Kylemore** (☎095-52001 ; www.kylemoreabbey.com ; près de la N59 ; adulte/-16 ans 15 €/gratuit ; ⏲10h-17h tlj), fantaisie néogothique crénelée, fut construite au XIXᵉ siècle pour Mitchell Henry, un riche homme d'affaires anglais, et son épouse. Une communauté de bénédictines y vit actuellement. L'entrée inclut la visite des paisibles **jardins victoriens** clos. Le domaine comprend un café et un salon de thé et permet randonnées et promenades dans les bois. L'été, venez en début de matinée pour profiter sereinement des lieux avant l'arrivée de la foule.

Détour par la Sky Road

Indiqué depuis la N59 en direction du nord au départ de Clifden, cet itinéraire routier et cycliste de 15 km, bien nommé, trace une boucle vertigineuse jusqu'au hameau de Kingston, en passant par des paysages escarpés d'une beauté époustouflante. Pour profiter au mieux du panorama, parcourez la route dans le sens des aiguilles d'une montre en commençant par le sud et visez le coucher du soleil.

Oughterard

Le charmant et modeste village d'Oughterard (Uachtar Árd) est posé sur la rive du plus grand lac d'Irlande, le **Lough Corrib** (voir ci-dessus). Si vous avez du temps, profitez-en pour faire une excursion sur ses eaux. Oughterard conserve des traces de sa belle architecture georgienne et reste l'un des principaux centres de pêche à la ligne d'Irlande.

29 Le long des FALAISES

RANDONNÉE | PANORAMAS | NATURE

Goûtez aux sensations fortes que procure une balade au sommet des majestueuses falaises de Moher. Culminant à 214 m, elles plongent à la verticale dans les puissants flots de l'océan Atlantique et s'étendent sur plus de 8 km le long de la côte du comté de Clare. Vous pourrez aussi contempler ces géants de pierre en contre-plongée, à l'occasion d'une sortie en bateau.

En pratique

Circuler Commencez votre balade au parking de **Hag's Head** (2 € à verser dans la boîte). Au retour, prenez la navette (Cliffs of Moher Coastal Walk Shuttle Bus) qui relie, de juin à août, Doolin à Hag's Head via le centre des visiteurs. Comptez 14 km (environ environ 4 heures 30) pour la marche complète de Hag's Head à Doolin.

Quand De mars à octobre. Site naturel le plus visité d'Irlande, les falaises sont très fréquentées le week-end et en été. Arrivez tôt le matin ou en fin d'après-midi pour éviter la foule (et profiter du coucher du soleil sublime).

Excursions en bateau Au départ de Doolin.

Promenade des falaises de Moher (Cliffs of Moher Coastal Walk). Commencez à rebours à **Hag's Head**, le point le plus au sud des falaises. Ce tronçon de 6 km prend environ deux heures jusqu'au centre des visiteurs (p. 232) et croise la **Moher Tower**, une ancienne tour d'observation en ruine.

En chemin, vous admirerez les trois îles d'Aran dans la baie de Galway ; par temps clair, la vue porte au-delà de la baie, jusqu'aux monts Twelve Pins et la chaîne des Maumturks dans le Connemara. Au sud, il est possible d'apercevoir la péninsule de Loop Head, dans la comté de Clare, jusqu'au comté de Kerry, plus au sud.

Lors de la randonnée, portez un équipement adapté (couvrez-vous), ne quittez pas le chemin balisé et soyez attentif aux conditions météo : l'itinéraire passe parfois très près du

Photographier les falaises

L'après-midi et le soir sont les meilleurs moments pour photographier les falaises : le soleil descend alors dans le ciel et les illumine. Ne prenez cependant aucun risque pour un cliché et ne vous approchez pas du bord qui peut être instable. Évitez également les selfies trop près du bord…

À gauche Croisière près des falaises de Moher **En haut à gauche** Falaises de Moher **En haut à droite** O'Brien's Tower (p. 223)

bord, ce qui n'est pas sans risque et peut être inconfortable pour les personnes sujettes au vertige. Les jours très venteux sont à éviter, les falaises étant très exposées au vent.

Faune Le secteur abrite une faune très riche. On peut voir et entendre des milliers d'oiseaux de mer ; plus de 20 espèces (voir l'encadré ci-dessous) s'y installent d'avril à début août environ pour nicher dans les falaises. Juin et juillet sont les meilleurs mois pour les observer. Pensez à prendre des jumelles.

"Essayez de repérer les trois ou quatre chèvres sauvages qui vivent sur les parois des falaises", propose Cormac McGinley, organisateur de circuits pédestres guidés pour **Cormac's Coast** (p. 233). Des fleurs sauvages s'accrochent également aux roches, comme les arméries maritimes, les lotiers corniculés, les silènes à une fleur et certaines orchidées.

Géologie Les murets qui bordent le sentier ont été construits avec la pierre locale de Liscannor. "Cherchez-y des traces de fossiles",

Oiseaux des falaises de Moher

Les **macareux moines** passent l'hiver en mer et reviennent nicher sur les saillies tapissées d'herbe de la falaise. On les repère surtout en juin-juillet.

Les **faucons pèlerins** résident ici toute l'année. Ce sont les animaux les plus rapides de la planète : leur vitesse peut atteindre 240 km/h.

Le **crave à bec rouge**, ou corbeau celtique, est une espèce menacée qui habite les falaises toute l'année.

Les **guillemots** vivent en mer et ne regagnent la terre ferme que pour nicher sur les falaises. Ils sont alors des dizaines de milliers, et deviennent particulièrement visibles en mai-juin.

Recommandé par Cormac McGinley, spécialiste des falaises pour Cormac's Coast (p. 233)

suggère Cormac. "Les lignes sinueuses que l'on voit sur les falaises sont les traces d'animaux qui vécurent ici il y a 300 millions d'années".

Le **Cliffs of Moher Visitor Centre** (p. 232) présente un aperçu de la géologie des falaises. La meilleure vue sur celles-ci s'obtient depuis le sommet de l'**O'Brien's Tower**, non loin, une tour d'observation érigée en 1835.

Croisière au pied des falaises

Changez de point de vue ! Longez la base des falaises de Moher en ferry jusqu'à Hag's Head avec **Doolin2Aran Ferries** (p. 233) ou **Doolin Ferry Co** (p. 233). Vous vous approcherez des parois et prendrez toute la mesure de ces gigantesques murs de roche grise depuis la mer. Départ et retour au village de Doolin.

Arches et piliers Une sortie en bateau permet d'appréhender la puissance des vagues de l'océan Atlantique, qui ont créé de superbes formations rocheuses comme l'éperon d'**An Branán Mór** et des **arches** telles que celles que l'on voit en contrebas de la Moher Tower. Jusqu'à 30 000 couples d'oiseaux marins nichent dans les saillies rocheuses.

Les croisières passent devant le point le plus élevé des falaises à **Knockardakin**, près de la tour O'Brien. Le site culmine à 214 m au-dessus du niveau de la mer. En chemin, guettez les **grottes marines** : l'une d'elles fut utilisée comme caverne du Horcruxe dans le film *Harry Potter et le Prince de sang-mêlé*. Il arrive que l'on aperçoive phoques, dauphins et requins pèlerins depuis le bateau.

Les croisières durent environ une heure. Elles ont lieu de mars à octobre, en fonction de la météo. Notez que les deux compagnies de ferry organisent également des excursions vers les îles d'Aran voisines au départ de Doolin.

À gauche Faucon pèlerin
À droite An Branán Mór

30 Randonnée dans LE BURREN

PLEIN AIR | FAUNE ET FLORE | EXCURSION À LA JOURNÉE

Rien ne peut vous préparer à la vision des plateaux karstiques gris et sévères du Burren (dérivé d'un mot gaélique qui signifie "endroit rocheux"), dans le comté de Clare. À l'occasion d'une randonnée, vous découvrirez ses dalles calcaires, sa flore délicate et sa faune, tout en jouissant de son panorama côtier.

MNSTUDIO/SHUTTERSTOCK ©

En pratique

Circuler La randonnée jusqu'à la pointe de Black Head prend environ 2 heures aller-retour. Elle débute et s'achève au parking de la plage de Fanore. La majeure partie de l'itinéraire s'effectue hors route.

Quand Du printemps à l'automne. Le meilleure période pour voir s'épanouir les fleurs sauvages est aux alentours de mai.

Notre conseil Guettez les chèvres sauvages (voir p. 227). Ne laissez pas de trace de votre passage et ne déplacez aucun rocher ou aucune pierre du relief calcaire.

La boucle de Black Head Loop

Cette boucle exigeante de 26 km contourne la pointe de **Black Head**, traverse le col de **Gleninagh Pass** et la **Feenagh Valley**. Le terrain alterne chemins herbeux et sentiers de montagne. Certaines sections peuvent être difficiles et envahies par la végétation. Prévoyez entre 6 et 8 heures de marche ; portez un équipement adapté (chaussures de randonnée) et emportez une carte détaillée.

04 Arrêtez-vous à l'extrémité de la pointe de **Black Head** pour vous imprégner de la vue sur le phare de Black Head, et, au-delà de la baie de Galway, sur les trois îles d'Aran.

02 Observez l'intérieur des fissures entre les dalles calcaires pour repérer des espèces rares de **fleurs sauvages** (orchidées, gentianes, dryades à huit pétales et géraniums sanguins) dont les graines ont été apportées par des oiseaux venus des régions alpines, arctiques et méditerranéennes.

05 Option : faites un détour par un chemin herbeux pour rejoindre le **Gleninagh Castle**, une maison-tour de la fin du XVIe siècle installée face à une plage rocailleuse. Le puits sacré tout proche soignerait les troubles oculaires.

03 Explorez les vastes dalles calcaires qui s'étendent jusqu'au rivage, à **Murrooghtoohy**. Des blocs erratiques (énormes rochers) furent déposés là à la période glaciaire.

01 Arpentez le sable blanc de la **plage de Fanore**, nagez (ou surfez) dans ses eaux transparentes, gambadez dans les dunes et cherchez des fossiles dans le soubassement calcaire autour du site.

FAUNE ET FLORE
du Burren

01

02

03

04

01 Fleurs rares
Le printemps et l'été sont les meilleures périodes pour voir des fleurs sauvages comme les dryades à huit pétales, les gentianes printanières, les orchidées irlandaises et les géraniums sanguins.

02 Renards roux
Les renards roux vivent dans des tanières et sont essentiellement nocturnes, mais il arrive qu'on les aperçoive en journée.

03 Lièvres irlandais
La fourrure du lièvre irlandais des montagnes prend des teintes brunes et rousses en été. Plus grand qu'un lapin, il peut atteindre une vitesse de 60 km/h.

04 Papillons
On trouve une trentaine d'espèces de papillon dans le Burren ; guettez le gonepteryx, de couleur jaune, ou le grand collier argenté, qu'on ne trouve qu'ici.

05

06

08

07

05 Chèvres sauvages
Un groupe de chèvres sauvages gambade dans les collines du Burren. On les reconnaît à leur pelage laineux et à leurs grandes cornes.

06 Chauves-souris
Le Burren abrite sept espèces de chauves-souris, dont le petit rhinolophe, qui est menacé. Elles hibernent dans les grottes du secteur.

07 Oiseaux
On observe ici plus de 100 espèces d'oiseaux, y compris des visiteurs tels le faucon pèlerin et le cygne sauvage migrateur. Guettez l'appel du pipit des prés, de l'alouette et du coucou.

08 Martres
Ces créatures furtives sont difficiles à repérer car elles chassent la nuit. De la taille d'un chat domestique, elles arborent une queue touffue.

Grace O'Malley, la "reine pirate"

CELLE QUI RÈGNA SUR TERRE COMME SUR MER

La puissante Grace O'Malley, également connue sous le nom de Granuaile, commandait sa propre armée et sa flotte de galères. Marchez sur ses traces en visitant ses châteaux sur le littoral du comté de Mayo et sur les îles de la baie de Clew, et écoutez les récits détaillant les circonstances de son règne au XVIe siècle.

À gauche Clare Island **Au centre** Peintures murales médiévales de St Brigid's Abbey **À droite** Kildavnet Castle

Grace O'Malley, la "reine pirate" d'Irlande, naquit en 1530 dans le clan de marins Uí Mháille (O'Malley), qui régnait sur la baie de Clew et les terres environnantes dont **Clare Island**. Des générations durant, cette dynastie s'enrichit grâce à la pêche, au commerce avec l'Espagne et l'Écosse, et, accessoirement, aux pillages et à la piraterie.

Après avoir reçu une instruction solide, Grace, également connue sous les noms de Gráinne Ní Mháille ou **Granuaile**, prit la décision de naviguer – ce choix était audacieux et dangereux puisque cette occupation était alors considérée comme un privilège masculin. Ses compétences de marin, sa bravoure et son succès commercial lui valurent pourtant le respect et la loyauté de ses hommes et de ses 200 soldats tout au long de sa vie. À la tête de ses propres navires, elle s'adonna au commerce et à la piraterie pendant plus de 50 ans le long des côtes irlandaises et écossaises.

Sur la terre ferme, O'Malley s'impliqua également dans la vie politique de l'époque. Elle commença par mener son armée sur terre et sur mer dans une révolte contre les Anglais qui tentaient de s'emparer de son territoire puis, en 1593, elle navigua jusqu'à Londres pour s'entretenir directement avec la reine Élisabeth Ire.

Grace O'Malley se maria deux fois, et, lorsque son second époux, le puissant chef de clan Richard "d'acier" Bourke décéda en 1583, elle s'appropria son château de Rockfleet, sur la rive nord de la baie de Clew. De là, elle continua à mener ses activités maritimes jusqu'à un âge avancé, et mourut en 1603. Elle serait enterrée dans l'abbaye de Clare Island.

Anne Chambers, auteure d'une biographie de la reine pirate, explique : "Grace O'Malley parvint à faire tomber les barrières qui furent dressées devant elle par les hommes et la

THE IRISH IMAGE COLLECTION/DESIGN PICS/GETTY IMAGES ©

DVLCOM/SHUTTERSTOCK ©

nature. Sa maîtrise des mers la distingue des autres femmes de pouvoir de l'époque. Aujourd'hui, alors que l'égalité des genres, l'autonomisation des femmes et l'âgisme s'imposent comme des sujets de premier plan, elle apparaît comme une puissante source d'inspiration."

> À la tête de ses propres navires et équipages, elle s'adonna au commerce et à la piraterie pendant plus de 50 ans le long des côtes irlandaises et écossaises.

Dans les pas de Grace O'Malley

Vous pouvez suivre les traces de Granuaile sur **Clare Island**, où se dresse le **Granuaile's Castle**. Cette maison-tour du XVIe siècle est installée face au port où les navires d'O'Malley jetaient autrefois l'ancre. **St Brigid's Abbey**, l'abbaye cistercienne toute proche (à environ 1 km à l'ouest du débarcadère de Clare Island, le long de la côte), abrite des peintures murales médiévales (photo ci-dessus), le blason du clan O'Malley avec leur devise, *Terra Marique Potens* ("puissant sur terre et sur mer"), et la tombe dans laquelle reposerait la reine pirate.

Sur **Achill Island**, une autre maison-tour du XVe siècle, **Kildavnet Castle**, fait face au détroit d'Achill. Grace O'Malley y vécut, de même qu'au **Rockfleet Castle**, qui fut son lieu de résidence jusqu'à son décès. Le château se dresse encore dans une anse paisible de la baie de Clew. "La région côtière que contrôlait Grace O'Malley est sans aucun doute l'une des plus belles d'Irlande," affirme Anne. "Clare Island garde l'entrée de la baie et l'accès au port historique de Westport... un cadre digne d'une reine pirate !"

En savoir plus

Anne Chambers Retrouvez l'auteure du livre de référence *Grace O'Malley: The Biography of Ireland's Pirate Queen 1530-1603*, publié en 1979, sur graceomalley.com.

Granuaile Visitor Centre (p. 235). À Louisburgh (en face de Clare Island), une projection vidéo et une exposition racontent la vie et les exploits de Grace O'Malley. On y évoque aussi l'histoire de l'Irlande au XVIe siècle, de la baie de Clew et ses environs et du clan O'Malley.

Granuaile Loop Walk (achilltourism.com) Cette boucle de 6,7 km autour d'Achill Island offre une vue époustouflante sur la baie de Clew et le détroit d'Achill. Le sentier débute et se termine au Pattens Bar ; comptez environ 2 heures 30.

Westport House & Gardens (p. 236) La demeure ancestrale des descendants de Grace O'Malley.

31 Session surf dans LE SLIGO

GLISSE | VAGUES | AVENTURES AQUATIQUES

Ponctuée d'innombrables *beach breaks*, caps et récifs, la côte du Sligo est l'un des meilleurs endroits du pays pour pratiquer le surf en toute saison. Que vous souhaitiez débuter sur des vagues peu houleuses à Enniscrone, ou admirer l'élite mondiale au cœur des énormes tubes de Mullaghmore, le comté saura combler vos attentes. Préparez dès maintenant une épopée aquatique à la rencontre de vagues irlandaises épiques !

GARY MCCALL/SHUTTERSTOCK ©

En pratique

Quand La période de septembre à mai, quand la houle de l'Atlantique déploie toute sa puissance, est idéale. Il est cependant possible de surfer toute l'année.

Quelle tenue Une combinaison néoprène d'au moins 3 mm d'épaisseur en été et en automne, et de 5 mm en hiver et au printemps. Cagoules, gants et chaussons sont recommandés durant les mois plus froids.

Location de matériel (combinaisons et planches de surf) auprès de la 7th Wave Surf School (p. 234), à Enniscrone.

MARK_GUSEV/SHUTTERSTOCK ©

À gauche en haut Surfeur à Mullaghmore Head **À gauche en bas** Plage de Strandhill

Trouvez votre spot idéal

Débutants **Enniscrone** et **Strandhill** comptent d'excellentes plages où les débutants pourront parfaire leur technique. De nombreuses écoles de surf y sont installées et proposent des leçons permettant de découvrir les vagues du Sligo. Le règlement local ne permet pas de louer de planches de surf à Strandhill ; si vous ne disposez d'aucun équipement, vous devrez réserver un cours.

Niveaux intermédiaire et avancé Grâce à deux *reef breaks* rocheux, les vagues d'**Easkey** sont plus rapides que la moyenne et comprennent de nombreuses sections avec *barrels*. Easkey Left, près de l'embouchure de la rivière, est idéal au pic de la marée montante, tandis qu'Easkey Right, immédiatement à l'est du château, est un *break* fiable pouvant produire des tubes absolument parfaits lorsque les conditions sont réunies. Dotée à la fois de *beach breaks* et de *reef breaks*, **Streedagh Strand** déploie également des vagues constantes. À **Strandhill**, orientée au nord-ouest, on peut voir se former des houles allant jusqu'à 1,20 m.

Glisse spectaculaire C'est à **Mullaghmore Head** que naît l'une des vagues de surf les plus grosses, les plus froides et les plus lourdes de la planète. Seuls quelques surfeurs parmi les meilleurs d'Irlande et du monde sont capables d'affronter sa hauteur de 1,80 m. La vue de ces athlètes résolus bravant d'énormes houles, pagayant avec détermination et se faisant tracter vers de gigantesques murs d'eau est inoubliable. Vous pourrez les observer en toute sécurité depuis Mullaghmore Head, mais sachez que les conditions météorologiques peuvent y être extrêmes.

Autres aventures aquatiques du comté de Sligo

Kayak de mer Observez de très près les oiseaux et la faune marine et admirez des paysages époustouflants lors d'une balade en kayak de mer. West Coast Kayaking (p. 234) vous fournira tout le matériel nécessaire pour l'occasion.

Plongée en apnée Freedive Ireland (p. 234) est la première école de plongée en apnée d'Irlande. Installée à Mullaghmore, elle propose des cours allant de la journée d'initiation à des programmes de formation plus longs, pour que vous puissiez explorer le monde sous-marin en une seule inspiration.

Kitesurf Rosses Point est une section de plage idéalement située pour que les kitesurfeurs puissent profiter des vents d'ouest dominants du Sligo. Apportez votre matériel car il n'y a pas de loueurs à proximité.

Carnet d'adresses

Les grands classiques (p. 212)

Burren National Park
(☎065-6827693 ; www.burrennationalpark.ie ; bureau d'information du parc : Clare Heritage Centre, Church St, Corofin ; 9h30-17h tlj avr-sept)

Connemara National Park
Connemara Tourism (www.connemara.ie) et Go Connemara (www.goconnemara.com) fournissent des informations et des liens sur la région, ainsi que l'office du tourisme de Galway. (☎095-41054 ; www.connemaranationalpark.ie ; centre des visiteurs sur la N594, Letterfrack ; 9h-17h30 mars-nov, 8h30-17h déc-fév)

Falaises de Moher – Cliffs of Moher Visitor Centre
(☎065-708 6141 ; www.cliffsofmoher.ie ; R478 ; accès falaises, centre des visiteurs et parking adulte/enfant 10 €/gratuit, heures creuses 7-8 € ; 8h-21h mai-août, 8h-19h mars-avr et sept-oct, 9h-17h nov-fév)

Galway – office du tourisme
(☎1850 230 330 ; www.galwaytourism.ie ; Galway City Museum, Spanish Parade ; 9h-17h lun-sam)

Îles d'Aran – office du tourisme d'Inishmore
Sur le front de mer, à 50 m au nord-ouest de l'embarcadère des ferries à Kilronan. (☎099-61263 ; www.aranislands.ie ; Kilronan, Inishmore ; 10h-17h tlj, jusqu'à 18h juil-août)

Îles d'Aran – fort de Dún Aengus
(Dún Aonghasa, Inis Mór ; ☎099-61008 ; www.heritageireland.ie ; Cill Mhuirbhigh, Inishmore ; adulte/enfant 5/3 € ; 9h30-18h avr-oct, 9h30-16h nov-mars)

Îles d'Aran – ferries
Les ferries pour les îles d'Aran partent de Rossaveal, à 40 km à l'ouest de Galway. Voir aussi Doolin2Aran Ferries et Doolin Ferry Co, page ci-contre. (www.aranislandferries.com)

Nécropole mégalithique de Carrowmore
(☎071-916 1534 ; www.heritageireland.ie ; Carrowmore, comté de Sligo ; adulte/enfant 5/3 € ; 10h-18h Pâques-oct, dernière entrée 17h ; P)

Immersion en pleine nature

Connemara National Park
Empruntez l'un des quatre superbes itinéraires de randonnée au départ du centre des visiteurs (voir ci-contre) pour un avant-goût des 2 000 ha de montagnes, tourbières et forêts du parc national, où s'épanouissent plantes rares, oiseaux, lapins et renards. Vous aurez peut-être la chance d'y voir également des poneys du Connemara.

Derrigimlagh Bog
Parcourez à pied ou à vélo cette section de tourbières du comté de Galway, située sur la Wild Atlantic Way, et découvrez le site où fut installée la première station de radio transatlantique au monde. Alcock et Brown y atterrirent en catastrophe après le premier vol transatlantique sans escale en 1919. (www.wildatlanticwayonline.com ; Marconi Rd, en retrait de la R341, Clifden, comté de Galway)

Doolin Cave
Descendez dans cette grotte creusée sous le Burren et découvrez certaines de ses concrétions rocheuses, notamment sa grande stalactite de 7,3 m de haut, la plus longue d'Europe. (☎065-707 5761 ; www.doolincave.ie ; R479, Doolin, comté de Clare ; adulte/enfant 17,50/8,50 € ; 10h-18h tlj mai-sept, 11h-16h tlj oct-déc, 11h-16h jeu-dim jan-fév, 11h-17h tlj mars-avr, dernière visite 1h avt fermeture)

Hazelwood Forest
Au bord du Lough Gill, à 6 km à l'est de Sligo, cette magnifique forêt offre un beau panorama sur certaines des îles du lac. Idéal pour une paisible balade dans la nature, agrémentée de sculptures. (www.coillte.ie/site/hazelwood ; Kiltycahill, comté de Sligo)

Inishbofin (île de la Vache blanche)
Gagnez cette île en ferry (30 min) depuis Cleggan, à 10 km au nord-ouest de Clifden, et louez un vélo ou promenez-vous à pied pour explorer la nature. On y trouve des plages préservées, un château en ruine, une ancienne chapelle et un vieux cimetière. (☎095-37228 ; inishbofinferry.ie ; aller-retour adulte/5-18 ans/3-5 ans 25/10/5 €)

Killary Harbour
Fendez les eaux calmes du plus long fjord d'Irlande (16 km) en kayak ou admirez les paysages lors d'une croisière tranquille de 1 heure 30 sur ce plan d'eau à cheval sur les comtés de Mayo et de Galway. À 75 km au nord de Galway.

Westport Cruises
Faites une paisible croisière de 1 heure 30 parmi les centaines d'îlots de la baie de Clew (p. 228), observez une colonie de phoques et admirez la montagne sacrée de Croagh Patrick. (☎087-606 6146 ; www.facebook.com/WestportCruises ; port de Westport ; adulte/enfant 17/10 € ; ⏲horaires variables selon la marée)

Wild Nephin Ballycroy National Park
Commencez au centre des visiteurs puis partez explorer plus de 150 km² de tourbières, montagnes et terres sauvages au bord de l'Atlantique. Visitez le parc par une nuit claire pour admirer les étoiles au Mayo Dark Sky Park, où la vue n'est gâchée par aucune pollution lumineuse. (☎098-49 888 ; www.wildnephinnationalpark.ie ; Ballycroy Village, Westport ; ⏲centre des visiteurs 10h-17h30)

Découverte du territoire

Cormac's Coast
Voir p. 222. (cormacscoast.com ; circuit guidé falaises de Moher 3-4 heures 75 €/pers ; départ centre des visiteurs des falaises, Hags Head ou Doolin)

Doolin2Aran Ferries
Voir p. 223. (☎087-245 3239 ; doolin2aranferries.com ; Doolin Pier, Doolin ; croisière 50 min falaises

SHAWNWIL23/SHUTTERSTOCK ©

Moyne Friary (p. 235)

de Moher adulte/enfant/famille 20/10/55 € ; ⏲mi-mars à fin oct)

Doolin Ferry Co
Voir p. 223. (☎065-707 5555 ; doolinferry.com ; 1 Doolin Pier, Doolin ; croisière 50 min falaises de Moher adulte/enfant/famille 20/10/55 €)

Electric Escapes
Choisissez parmi divers circuits autoguidés en vélo électrique pour découvrir les paysages et le littoral du comté de Mayo. Tout est fourni, des cartes aux jumelles en passant par le pique-nique. (☎087-7066 9195 ; www.electricescapes.ie ; Westport, comté de Mayo ; circuit avec/sans guide 135/50 €, pique-nique 25 €)

Mungo Murphy's Seaweed Co
Ce prestataire propose promenades côtières avec cueillette de plantes sauvages et circuits de dégustation dans le Connemara pour découvrir le milieu naturel de la région, ses plantes comestibles marines et ses saveurs de la mer. (☎085-758 3862 ; www.mungomurphyseaweed.com ; Connemara Abalone, Ballinahown Industrial Estate, comté de Galway ; circuits 25-50 €)

Scattery Island Tour
Après un court trajet en bateau depuis Kilrush, dans le comté de Clare, parcourez l'île inhabitée de Scattery à pied. Vous y apprendrez l'histoire des lieux (commentaires disponibles en français) et y savourerez un pique-nique.

(085-2505512 ; scatteryislandtours.com ; Kilrush Marina, Kilrush, comté de Clare ; circuits adulte/enfant à partir de 25/12 €)

Sensations fortes

7th Wave Surf School

Voir p. 230. (087-971 6389 ; www.surfsligo.com ; Enniscrone, comté de Sligo)

Croagh Patrick

L'ascension de cette montagne sacrée du comté de Mayo vous offrira une superbe vue sur la baie de Clew et ses îles. Le terrain est rocailleux ; équipez-vous de bonnes chaussures de randonnée et louez des bâtons de marche au pied du Croagh Patrick.

Delphi Adventure Centre

Les activités terrestres et nautiques (kayak, surf, escalade, etc.) ne manquent pas dans ce centre sportif du Connemara. Vous trouverez un spa sur place pour vous délasser après l'effort, et des possibilités d'hébergement au Delphi Resort. (095-42208 ; www.delphiadventureresort.com ; Leenane, comté de Galway)

Freedive Ireland

Voir p. 231. (Feargus Callagy 086-809 9898 ; freediveireland.com ; Mullaghmore, comté de Sligo ; journée découverte 120 €, équipement inclus, sortie snorkeling 30 €)

Great Western Greenway

À emprunter à pied ou à vélo, cette piste cyclable hors route de 44 km reliant Westport à Achill Island (p. 229) longe une ancienne ligne ferroviaire. Divisée en trois sections, elle offre des points de vue sur la montagne et la mer. Possibilité de louer un vélo à Westport. (greenway.ie)

Island View Riding Stables

Passez le week-end ou la semaine à découvrir la région de Grange et le comté de Sligo à cheval. Tous niveaux acceptés. (071-9166156 ; islandviewridingstables.com ; Mount Temple, Grange, comté de Sligo ; 2 nuits adulte/enfant à partir de 290/240 €, hébergement inclus)

Killary Adventure Company

Tentez un parcours d'obstacles dans une tourbière, marchez au cœur d'un ravin ou partez pêcher au coucher du soleil dans ce centre d'aventure situé juste à la sortie de Leenane (à 5 km, sur la N59). Toute la famille pourra même grimper sur un paddle géant ! (095-43411 ; killaryadventure.com ; Leenane)

Northwest Adventure Tours

Montez sur un paddle à l'aube sur le Lough Gill, parcourez à vélo les collines du comté de Sligo, marchez la nuit en forêt et terminez votre périple par un bain d'algues avec ce spécialiste de l'aventure. (087-125 9594 ; northwestadventuretours.ie ; Riverside, Sligo, comté de Sligo)

Pure Magic

Prenez une leçon de kitesurf, de surf ou de paddle à Achill Island, dans le comté de Mayo. Vous pourrez passer la nuit dans le lodge au pied du mont Slievemore, face au Keel Lake. (086-2650811 ; puremagic.ie ; Achill Island, comté de Mayo ; cours de kitesurf à partir de 80 €)

West Coast Kayaking

Voir p. 231. (083-437 0893 ; westcoastkayaking.ie ; Sligo, comté de Sligo)

Histoire et traditions

Beth Moran Handweaver

Ce studio-boutique de Clare Island (p. 228) propose des démonstrations de filage ou de tissage. Possibilité de participer à des ateliers. (087-125 4552 ; www.bethmoranhandweaver.ie ; Clare Island, comté de Mayo ; atelier week-end/sem 250/360 €)

Clare Island – ferry

Voir p. 228. Départ de Roonagh Pier, à 7 km à l'ouest de Louisburgh. (098-25045 ; www.clareislandfastferries.com ; adulte/enfant 14/10 € ; 4 départs/jour tlj tte l'année)

Céide Fields

Ce fascinant site archéologique témoigne du mode de vie agraire à l'âge de la pierre.

Les vestiges des champs, des habitations et des sépultures datent d'il y a 6 000 ans. (☎096-43325 ; www.heritageireland.ie ; en retrait de la R314, Ballycastle, comté de Mayo ; adulte/enfant 5/3 € ; ⏲centre des visiteurs 10h-18h juin-sept, 10h-17h Pâques-mai et oct)

Connemara Heritage Centre

Installée à la sortie de Clifden, cette ferme familiale dotée d'un centre du patrimoine est un bon endroit pour découvrir l'histoire et les traditions du Connemara. Poneys du Connemara, ânes et poules y ont leurs quartiers. (☎095-21808 ; www.connemaraheritage.com ; N59, Lettershea, Clifden ; adulte/enfant 8,50/4,25 € ; ⏲10h-18h mars-nov, dernière entrée 17h)

Connemara Wild Escapes

Montez à bord d'un *Galway hooker* (bateau de pêche typique à voiles) pour une croisière de deux ou trois heures le long de la côte du Connemara, et découvrez les traditions maritimes de la région. (☎095-49052 ; www.connemarawildescapes.ie ; 2 Heatherhills, Letterfrack ; 86 €/pers, 4 pers minimum)

Granuaile Visitor Centre

Voir p. 229. (☎098-66341 ; Church St, Louisburgh ; adulte/enfant 5/2,50 € ; ⏲10h-17h lun-ven, horaires variables, téléphoner avant)

Killary Sheep Farm

Assistez à différentes démonstrations (tonte des moutons, coupe de tourbe…) ou participez à une promenade dans la campagne autour de Leenane, dans les comtés de Galway et Mayo. (☎087-298 8051 ; killarysheepfarm.com ; Bunowen, Leenane, comté de Galway ; à partir de 12 €/pers ; ⏲11h, 13h, 15h tlj et sur réservation)

Lissadell House

Participez à une visite guidée de cette imposante demeure du XIXe siècle où la révolutionnaire et femme politique Constance Markievicz (1868-1927), et sa sœur Eva Gore-Booth (1870-1926), militante pour le droit de vote des femmes et poétesse, passèrent leur enfance. Promenez-vous ensuite dans les

Croagh Patrick (page ci-contre)

MPETIPAS PHOTO/SHUTTERSTOCK ©

ravissants jardins face à la mer. (☎071-916 3150 ; www.lissadellhouse.com ; Ballinful, Raghly, comté de Sligo ; maison et domaine adulte/enfant 14/6 €, domaine seul 10/5 € ; ⏲10h30-18h Pâques-oct)

Moyne Friary

Les ruines imposantes de ce monastère franciscain fondé en 1455, l'un des plus grands d'Irlande, comprennent des cloîtres bien préservés, une tour et une église. Accessible via un champs privé, veillez à bien fermer les portails derrière vous. (monastic.ie/history/moyne-franciscan-friary ; en retrait de la R314, comté de Mayo)

National Museum of Ireland – Country Life

Installé dans le comté de Mayo, ce musée rattaché au National Museum of Ireland présente les traditions populaires irlandaises et donne un aperçu de la vie rurale d'antan. Vous pouvez également visiter le manoir sur place. (☎094-903 1755 ; www.museum.ie ; sur la N5, Turlough Park, Castlebar ; entrée libre ; ⏲10h-17h mar-sam, 13h-17h dim)

The Burren Centre

Les expositions et documents audiovisuels de ce centre de Kilfenora, dans le comté de Clare, vous feront découvrir l'insolite paysage rocailleux du Burren. Boutique d'artisanat et salon de thé sur place. (☎065-708 8030 ; www.theburrencentre.ie ; Main St, Kilfenora ; adulte/enfant 6/4 € ; ⏲9h30-17h30 juin-août, 10h-17h mars-mai et sept-oct)

Westport House & Gardens

Voir p. 229. (☎ 098-27766 ; westporthouse.ie ; Quay Rd, Westport Demesne, Westport ; adulte/enfant 14/6,50 € ; ⏲ tlj avr-oct, mer-dim mars)

Saveurs de l'Ouest

Aniar Galway

Les plats de ce restaurant étoilé de Galway sont cuisinés à base de produits de saison issus des territoires terrestres et maritimes de l'ouest de l'Irlande. École de cuisine sur place. (☎ 091-535 947 ; www.aniarrestaurant.ie ; 53 Lower Dominick St, Galway ; menu 6/8/10 plats 72/89/99 €, avec accords mets-vins 107-169 € ; ⏲ 18h-21h30 mar-jeu, 17h30-21h30 ven-sam)

Burren Honey

Délicieux miel de fleurs sauvages bio, récolté dans la région du Burren. Selon la saison, ses saveurs varient de la bruyère au trèfle en passant par le pissenlit et le lierre. (☎ 086-879 7225 ; www.burrenhoney.com ; Ballyvaughan)

Clifden Farmers Market

À la belle saison, ce marché de producteurs de Clifden vend toutes sortes de produits du Connemara : légumes bio, plantes aromatiques, pains, tourtes, et même vêtements. (Market Sq, Clifden, comté de Galway ; ⏲ 8h-14h ven juin-sept)

Connemara Smokehouse

Poussez la porte de ce superbe fumoir installé sur une petite jetée du Connemara pour découvrir le processus à l'origine de délicieux poissons fumés (saumon, maquereau, thon, etc.). Vous pourrez aussi voir "Old Smoky", le fumoir d'origine. (☎ 095-23739 ; www.smokehouse.ie ; Bunowen Pier, Ballyconneely, comté de Galway ; visites gratuites ; ⏲ 9h-13h et 14h-17h lun-ven)

Huîtres fraîches de Galway

Galway Bay Seafoods

Prenez un cours de cuisine de deux heures sur les quais de Galway, pour apprendre à préparer *chowder* (soupe de poisson et fruits de mer), homard, saumon ou coquillages, puis goûtez vos créations. (☎ 091-563011 ; www.thedocksidedeligalway.com ; New Docks, Galway ; à partir de 35 €/pers ; ⏲ 9h-18h lun-sam)

Galway Food Tours

Régalez-vous d'huîtres, de bières et de fromages locaux lors de cette balade en ville. Également des circuits autour du whiskey et des balades gourmandes à vélo. Visites en français disponibles. (☎ 086-733 2885 ; www.galwayfoodtours.com ; 21 Shop St, Galway ; à partir de 65 €/pers € ; ⏲ sur réservation)

Hazel Mountain Chocolate

Cet artisan chocolatier du Burren réalise toutes les étapes de fabrication du produit sur place, de la torréfaction des fèves à la maturation du chocolat. Visitez les lieux puis faites des provisions dans la boutique. (☎ 065-707 8847 ; www.hazelmountainchocolate.com ; Oughtmama, Belharbour, en retrait de la L1014 ; adulte/enfant 18,50/13,50 € ; ⏲ boutique 9h30-17h lun-ven, 9h-17h sam-dim, visites guidées variables)

Krēm Gelateria

Ces glaces artisanales réunissent lait, crème et saveurs de la région. Goûtez la version au pain complet ou celle au caramel au beurre salé d'Achill Island. Café et crêpes également. (krem.ie ; Bridge St, Westport ; ⏲ 10h-18h jeu-lun)

Westport Food and Craft Market

Chaque samedi, ce marché déploie ses étals de boulangerie, légumes bio et objets artisanaux sur South Mall, le long de la rivière. (South Mall, Westport ; ⏲ 9h-17h sam mars-déc)

Bière et spiritueux

Hargadon Bros

Ce superbe gastropub de Sligo, tout en boiseries, compartiments privés de l'époque victorienne (*snugs*) et tiroirs à l'ancienne derrière le bar, était un magasin de spiritueux et d'alimentation à sa création en 1868. (☎071-915 3709 ; www.hargadons.com ; 4/5 O'Connell St, Sligo ; plats 10-25 € ; ⏲12h-15h30 et 16h-21h lun-sam)

Lough Gill Brewery

Découvrez l'histoire du brassage de la bière dans le comté de Sligo et les techniques employées par l'établissement, avec quelques échantillons à déguster en cours de visite. (☎087-210 8159 ; loughgillbrewery.com ; Cleveragh Business Park ; visite 10 € ; ⏲12h30-17h30 sam)

Matt Molloy's

Ce bar animé de Westport appartient à un membre du groupe de musique traditionnelle The Chieftains. Sessions musicales très populaires tous les soirs ; venez tôt pour avoir de la place. (☎098-27663 ; www.mattmolloy.com ; Bridge St, Westport, comté de Mayo ; ⏲12h30-23h30 lun-jeu, 12h30-0h30 ven-sam, 12h30-23h dim)

Micil Distillery

Micil Mac Chearra produisait déjà de l'alcool dans le Connemara en 1848. Son descendant Pádraic Ó Griallais, fondateur de cette distillerie, lui rend aujourd'hui hommage. Participez à une visite guidée suivie d'une dégustation pour tout savoir sur le whiskey, le *poitín* (un alcool artisanal longtemps distillé illégalement) et le gin. (micildistillery.com ; Oslo Bar, 226 Upper Salthill Rd, Galway ; visites 25 € ; ⏲14h et 18h mar et jeu, 14h et 16h mer et ven-sam)

O'Loclainn's Irish Whiskey Bar

Les amateurs de whiskeys auront l'embarras du choix dans ce pub minuscule et plein de cachet de Ballyvaughan. On y trouve des variétés du monde entier, y compris nombre de bouteilles rares et anciennes. (☎065-707 7006 ; Ballyvaughan, comté de Clare ; ⏲20h-3h lun-sam, 12h-15h et 20h-3h dim)

VINCENT MACNAMARA/SHUTTERSTOCK ©

Matt Molloy's

White Hag Brewery

Vous trouverez les IPA et lagers de cette brasserie du comté de Sligo dans de nombreux pubs et magasins. Ses produits affichent toutes sortes de saveurs, de l'océan Atlantique aux fruits des bois, et les bières aigres sont une de ses spécialités. (www.thewhitehag.com ; Ballymote)

Créations artisanales

Foxford Woollen Mills

Foxford propose toutes sortes d'articles en laine. Repérez les jetés tout doux en laine d'agneau et cachemire, et les écharpes douillettes et colorées en mérinos. (☎094-925 6104 ; foxford.com ; Providence Rd, Foxford, comté de Mayo ; ⏲10h-17h lun-sam, 12h-17h dim)

Spiddal Craft Village

Des artistes et créateurs locaux sont installés dans ce village d'artisans à la sortie de Galway. Créations en verre, paniers faits main, céramiques, bijoux et vêtements ornés de phrases en gaélique. (www.spiddalcrafts.com ; en retrait de la R336, Spiddal ; ⏲10h-18h Pâques-sept, horaires variables oct-Pâques)

The Burren Perfumery

Des cosmétiques et parfums bio en tout genre, inspirés par la nature du Burren, sont fabriqués ici en petites séries. (☎065-708 9102 ; www.burrenperfumery.com ; Carron, comté de Clare ; ⏲9h-17h juil-août, 10h-18h mai-juin et sept, 10h-17h oct-avr, café 10h-17h avr-sept)

32 La fièvre des FESTIVALS

CULTURE | ARTS | DIVERTISSEMENT

Culturellement et artistiquement, l'Irlande s'est fait un nom depuis bien longtemps, ce qui se traduit par une incroyable diversité de festivals. Et comme les habitants se plairont à vous le rappeler, les Irlandais savent faire la fête. Organisez votre séjour de façon à participer à un festival au moins : vous ne le regretterez pas.

DEBBIE HICKEY/GETTY IMAGES ©

En pratique

Quand La plupart des festivals d'Irlande ont lieu entre mai et septembre.

Réservations Les billets pour les principaux évènements (comme Electric Picnic ou Kilkenny Cat Laughs) partent très rapidement ; ils sont généralement mis en vente dès l'hiver.

Bon à savoir
Si vous prévoyez de camper pendant un festival, arrivez à l'ouverture du site et plantez votre tente à bonne distance des toilettes. N'oubliez pas vos vêtements de pluie, la météo irlandaise étant toujours capricieuse.

LONNDUBH/SHUTTERSTOCK ©

Electric Picnic Plantez votre tente à Stradbally dans le comté de Laois pour le plus grand festival d'art et de musique d'Irlande. Pendant trois jours, assistez à des concerts d'artistes internationaux et de musiciens locaux émergents, participez à des débats, regardez des films... vous pourrez même vous marier !

Galway Races L'Irlande est connue pour ses courses hippiques, et les Galway Races, qui durent une semaine, sont les plus longues de l'année. Gastronomie, mode et musique contribuent à l'ambiance électrique qui attire des visiteurs du monde entier.

Kilkenny Cat Laughs Les anglophones apprécieront cet excellent festival d'humour créé en 1995. Des humoristes d'Irlande et d'ailleurs, comme Eddie Izzard et Tommy Tiernan, s'y produisent dans le merveilleux décor médiéval de Kilkenny.

Cork Jazz Festival Musiciens et visiteurs internationaux se pressent dans plus de 90 salles pour ce festival de jazz, fleuron de la scène artistique et culturelle irlandaise. Un évènement à l'image du genre musical qu'il honore : fluide, vivant et contemporain.

Fleadh Cheoil na hÉireann Créé il y a plus de 60 ans, le "Festival de la musique en Irlande" est une fête de rue d'une semaine où la musique traditionnelle est à l'honneur. La ville-hôte change chaque année ; errez dans les rues, les salles et les pubs pour écouter les interprètes de musique irlandaise les plus talentueux au monde.

Open Ear Festival Diffusant le meilleur de la musique expérimentale irlandaise, de l'avant-garde à l'electronica, Open Ear se tient sur Sherkin Island, dans la baie de Roaringwater, au large des côtes du comté de Cork. Un cadre naturel parmi les plus beaux du pays.

À gauche en haut Electric Picnic
À gauche en bas Fleadh Cheoil na hÉireann

Hédonisme et hommage littéraire

Écrivains, musiciens et intellectuels du monde entier se rassemblent dans l'arrière-pays des Blackstairs Mountains pour participer au **Borris Festival of Writing & Ideas**, un festival de lettres et d'idées. On y trouve un camping, une douzaine de stands de nourriture et un sommelier officiant dans une caravane des années 1950. Organisé habituellement en juin, l'évènement a accueilli Margaret Atwood, Martin Amis, David Gilmour ou encore Cillian Murphy. À la nuit tombée, la littérature cède la place à la fête. Hugo Jellett, l'un des cofondateurs du festival, observe : "Un soupçon d'Irlande s'insinue au plus profond de l'âme des visiteurs, qui ne pensent alors plus qu'à l'instant présent."

LE NORD

LITTORAL | HISTOIRE | CULTURE

Pont de corde de Carrick-A-Rede

LE NORD
à la carte

Au nord de l'Irlande, la province de l'Ulster regroupe trois comtés de république d'Irlande et six autres appartenant à l'Irlande du Nord et au Royaume-Uni. Son littoral spectaculaire ne demande qu'à être exploré et, dans les terres, on s'adonne aux sports nautiques et à l'observation de la faune au bord de paisibles loughs. L'histoire mouvementée de la région se reflète dans les fresques murales de ses villes, mais leur riche vie culturelle présage d'un futur bien plus lumineux.

Informations pratiques

ARRIVÉE

Aéroport international de Belfast
Des bus express desservent l'Europa Bus Centre (30 à 55 minutes).

Aéroport George Best Belfast City
Des bus partent pour le centre-ville (15 minutes).

SE CONNECTER

La couverture des réseaux 3G, 4G et 5G est bonne en ville, mais beaucoup moins dans l'arrière-pays.

ARGENT

On paye en livres sterling dans les comtés d'Irlande du Nord. Dans le comté de Donegal, en république d'Irlande, on utilise l'euro. Les cartes bancaires sont acceptées partout.

OÙ LOGER

Lieu	Caractéristiques
Belfast	Hébergements pour tous budgets. Très bien desservi par les transports, au cœur de la vie nocturne, mais parfois bruyant.
Derry	Vie culturelle riche et accès facile à la Chaussée des Géants.
Newcastle	Bonnes auberges de jeunesse, jolis campings et B&B près des Mournes ; peu pratique pour explorer le Nord et l'Ouest.

COMMENT CIRCULER

Voiture Le moyen de transport le plus pratique pour explorer le comté. Les routes sont de bonne qualité et rarement encombrées.

Bus Les zones urbaines et les villes principales sont bien desservies ; liaisons moins régulières vers les villages ruraux.

Train Relie quelques villes à Belfast.

SE RESTAURER ET PRENDRE UN VERRE

Ulster fry Copieux assortiment de saucisses, bacon, œufs, pain de pommes de terre, *soda bread* et tomate : le remède idéal contre la gueule de bois !

St George's Market Dans ce marché de Belfast (p. 251), on trouve des produits artisanaux locaux : pain et pâtisseries traditionnels, poisson, viande et fromages des fermes des environs, etc.

À siroter
Un verre de Boatyard Double Gin (p. 277)

Meilleur fish and chips
Morton's (p. 277)

JAN - MARS
Temps froid et pluvieux avec quelques éclaircies.

AVR - JUIN
Températures tempérées, voire douces ; mettez le cap sur la côte.

JUIL - SEPT
Météo globalement agréable ; superbes couleurs d'automne.

OCT - DÉC
Journées courtes et froides, à passer au coin du feu.

Les grands classiques

Pour les infos pratiques de chaque site, reportez-vous au Carnet d'adresses p. 272.

Chaussée des Géants

Réserve naturelle nationale et seul site d'Irlande du Nord classé au patrimoine mondial de l'Unesco, cette merveille géologique forme l'un des panoramas les plus envoûtants du pays. À découvrir la Chaussée, on comprend pourquoi les anciens lui prêtaient une origine surnaturelle. Cette vaste étendue de 40 000 colonnes basaltiques hexagonales, serrées les unes contre les autres sous l'assaut des vagues, semble avoir été façonnée par des géants. Mieux vaut prévoir sa visite en semaine ou hors saison pour éviter l'affluence et en profiter au mieux. Au printemps et en automne, les couchers de soleil sont magnifiques.

Belfast

Autrefois boudée par les touristes, refroidis par le conflit nord-irlandais et les "Troubles", Belfast s'est remarquablement transformée. C'est aujourd'hui une cité festive et branchée, qui cultive l'hédonisme au quotidien. Fleuron du Titanic Quarter, le Titanic Belfast (p. 252), est devenu la première curiosité de la ville. On trouve aussi à Belfast une très belle architecture victorienne (p. 250), des fresques murales politiques (p. 246), des berges jalonnées d'œuvres d'art moderne, une scène gastronomique en plein essor et des pubs où retentit la musique.

Pont de corde de Carrick-a-Rede

Près de Ballycastle, sur la côte nord d'Antrim, cet étroit pont de corde de 20 m de long relie les falaises à l'îlot de Carrick-a-Rede en se balançant gentiment 30 m au-dessus de l'eau. Le premier pont fut construit en 1755 sous l'impulsion des pêcheurs de saumon, qui jetaient leurs filets à la pointe de l'île pour intercepter les saumons qui longeaient la côte lors de leur migration.

JURGEN HAMANN/STOCK.ADOBE.COM ©

Dunluce Castle

Les ruines de ce château se dressent sur un piton basaltique à 5 km de Portrush, à 1 heure de marche sur un sentier côtier. Aux XVIe et XVIIe siècles, ce château fut la résidence de la puissante famille MacDonnell (comtes d'Antrim depuis 1620), qui édifia un manoir Renaissance derrière les remparts. Un pont étroit enjambe un gouffre pour rejoindre la partie principale de la forteresse.

KILHAN/STOCK.ADOBE.COM ©

STEVIE/STOCK.ADOBE.COM ©

Causeway Coast Way

S'étirant sur 53 km, de Ballycastle à Portstewart, la Causeway Coast Way (p. 262) se divise en plusieurs portions, parmi lesquelles le superbe tronçon de 16,5 km entre Carrick-a-Rede et la Chaussée des Géants : alliant falaises noires et blanches, îles rocailleuses, longues plages et petits ports de pêche, c'est l'une des plus belles balades côtières d'Irlande.

MIKEMIKE10/SHUTTERSTOCK ©

Falaises de Slieve League (Sliabh Liag)

Si les falaises de Moher sont plus réputées, celles de Slieve League, dans le comté de Donegal, plus élevées, sont encore plus impressionnantes. Avec quelque 600 m de hauteur, ces spectaculaires parois sont parmi les plus hautes d'Europe. En regardant vers le bas, vous apercevrez deux rochers surnommés "la chaise et le bureau du géant".

MGF/ISTOCKPHOTO.COM ©

Glenveagh National Park

Dans une vallée montagneuse, le parc national de Glenveagh déroule des paysages sauvages et majestueux. Des sentiers permettent de découvrir lacs scintillants, tourbières vertes et dorées, lande couverte de bruyère et forêts de chênes et de bouleaux, qui alternent sur 16 500 ha de zone protégée. Dans cet écrin trône le Glenveagh Castle (p. 274), au bord du Lough Beagh.

33 Peintures murales DE BELFAST

FRESQUES | STREET ART | CULTURE

À Belfast, on peint sur les murs depuis plus d'un siècle. Les pignons des maisons servent d'espace d'expression à la contestation politique et à la transmission de messages (destinés à la communauté locale ou aux visiteurs) tout en permettant de marquer un territoire. Depuis quelques années, le prolifique mouvement de street art s'est cependant affranchi de l'iconographie politique traditionnelle.

4H4 PHOTOGRAPHY/SHUTTERSTOCK ©

En pratique

Circuler Au départ de Donegall Sq, le bus Glider G1 part vers l'ouest pour Divis St et Falls Rd, et vers l'est pour Connswater via Albertbridge Rd.

Par temps de pluie Découvrez les fresques de West Belfast à bord d'un Black Taxi (belfastmuralstour.com) ; adressez-vous au bureau de Visit Belfast (visitbelfast.com) sur Donegall Sq North.

Suivez le guide Participez à une visite guidée à pied ou consultez le plan marquant l'emplacement des sites de street art (seedheadarts.com).

VANDERWOLF IMAGES/SHUTTERSTOCK ©

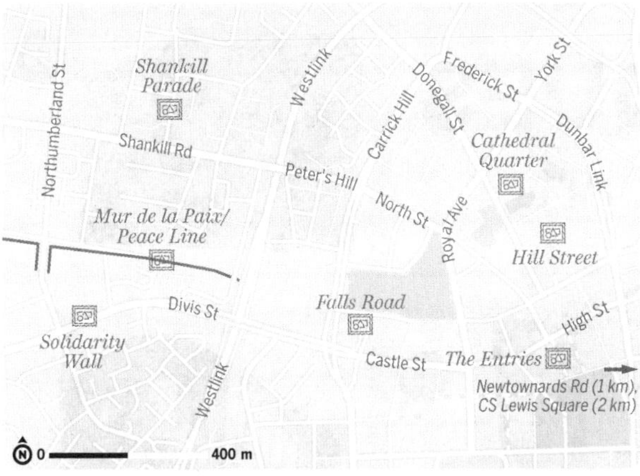

À gauche en haut Carte de Cathedral Quarter en mosaïque **À gauche en bas** Fresque politique, Falls Road

Fresques républicaines West Belfast est le meilleur endroit pour découvrir les célèbres fresques politiques de la ville. Commencez par explorer des thèmes internationaux avec le **Solidarity Wall**, sur Divis St, puis prenez vers l'ouest sur **Falls Road** pour rejoindre le café et centre culturel Cultúrlann McAdam Ó Fiaich (culturlann.ie). Admirez en chemin plusieurs fresques, dont celle rendant hommage au gréviste de la faim Bobby Sands (1954-1981).

Fresques loyalistes Un **mur de la paix** (Peace Line) couvert de fresques et de graffitis sépare le quartier catholique de Falls Rd du quartier protestant de Shankill ; la porte de North Howard St est ouverte en journée. Rejoignez **Shankill Parade** pour découvrir les fresques loyalistes ; l'une d'elles représente le roi Guillaume III à cheval. Il est préférable d'éviter ce quartier la nuit.

Street art Depuis une dizaine d'années, le street art connaît un véritable essor à **Cathedral Quarter** et dans le centre, sous l'impulsion d'artistes de la ville et d'ailleurs. Ouvrez l'œil pendant votre promenade, et ne manquez pas **Hill Street**. "Belfast est un terreau fertile pour le street art," affirme Adam Turkington, de la compagnie artistique Seedhead Arts. "Ici, tout le monde conçoit l'expression murale comme un besoin viscéral, alors lorsqu'un mouvement street art prend forme et que les habitants voient apparaître des messages parlant d'autre chose que de division ou d'oppression, ils l'accueillent avec beaucoup d'enthousiasme. Ils veulent voir leur quartier s'embellir."

Les plus belles fresques de Belfast

Cathedral Quarter Vous y découvrirez l'incroyable *Son of Protagoras* et *The Duel of Belfast, Dance by Candlelight*, l'œuvre la plus emblématique de la ville. Hit the North, festival annuel de street art, se tient tout près du Sunflower (p. 277), le meilleur pub de Belfast.

The Entries Série de fresques inspirées de l'histoire des *entries* (ruelles étroites) et des mouvements contestataires qui s'y développaient.

East Belfast Découvrez les œuvres jalonnant Newtownards Rd jusqu'à CS Lewis Square (278-280 Newtownards Rd), notamment *Linenopolis*, et les créations des Vault Artists Studios (vaultartiststudios.com).

Recommandations d'Adam Turkington, producteur artistique de Seedhead Arts @SeedheadArts

FRESQUES ET street art

01 Solidarity Murals (Fresques de la Solidarité)
L'intérêt des républicains pour les causes politiques internationales s'exprime sur plusieurs murs de Belfast notamment dans *Solidarity POWs* ("Solidarité avec les prisonniers de guerre") de Danny Devenny et Carlos Latuff.

02 Bobby Sands
À West Belfast, plusieurs fresques commémorent la grève de la faim de 1981. L'une d'elles représente Bobby Sands, sur Falls Rd.

03 Titanic, Ship of Dreams (Titanic, navire de rêves)
Au pied des grues des chantiers navals Harland and Wolff, cette fresque de Newtownards Rd reconnaît l'importance de la construction navale pour East Belfast.

04 The Duel of Belfast (Le duel de Belfast, danse à la bougie)
Deux hommes se disputent la carcasse d'un animal tandis qu'un troisième les regarde passivement dans cette fresque sombre de Conor Harrington baptisée *The Duel of Belfast, Dance by Candlelight*.

05 The Son of Protagoras (Le fils de Protagoras)
Face à la cathédrale Sainte-Anne à Belfast, cette fresque de MTO représente un garçon tenant dans ses mains

06

08

09

07

10

la colombe de la paix, tuée par les flèches jumelles de la religion.

06 Linenopolis
Sur Newtownards Rd, cette œuvre de Nomad Clan figure une femme entourée de fleurs de lin – une référence à l'importante industrie linière qui valut à la ville le surnom de Linenopolis à la fin du XIXᵉ siècle.

07 Peace Mural (Fresques de la Paix)
Cette série de 12 fresques peintes à Derry entre 1994 et 2006 par les Bogside Artists est surnommé la People's Gallery (p. 261).

08 Death of Innocence (La mort de l'innocence)
À Derry, on doit aux Bogside Artists ce portrait d'Annette McGavigan, tuée en 1971 à l'âge de 14 ans. Elle symbolise tous les enfants victimes des "Troubles" (p. 261).

09 The Petrol Bomber (Le porteur de bombe à pétrole)
Autre œuvre célèbre de la People's Gallery de Derry, cette fresque montre un jeune garçon portant une bombe à pétrole lors de la bataille du Bogside, en 1969 (p. 261).

10 Bloody Sunday
Ici, les Bogside Artists ont représenté un groupe d'hommes portant la dépouille de Jackie Duddy, 17 ans, abattu lors du Bloody Sunday en 1972. Ils sont menés par Père Daly, prêtre à Derry.

34 Promenade à BELFAST

ITINÉRAIRE | HISTOIRE | ARCHITECTURE

L'époque victorienne fut marquée par la grande prospérité de la ville, engendrée par les industries du textile et de la construction navale, et cela se reflète dans son architecture recherchée. Les monuments les plus importants du centre, comme le Crown Liquor Saloon, le Grand Opera House, le St George's Market et le City Hall, datent de cette époque.

FRANCESCO RICCIARDI EXP/SHUTTERSTOCK ©

En pratique

Circuler La balade commence au St George's Market (12-20 East Bridge St) et se termine au Crown Liquor Saloon (46 Great Victoria St).

Durée Comptez environ une heure pour l'ensemble de la promenade (un peu plus si vous voulez traîner en route), qui fait 2 km environ.

Suivez le guide !

La visite guidée gratuite du centre-ville et du quartier de la cathédrale proposée par **Belfast Free Walking Tour** (www.belfastfreewalkingtour.com ; 2 heures 15) est une bonne introduction à la ville. Départs tous les jours devant le City Hall à 11h et 14h30. Un don selon ses moyens est bien entendu apprécié.

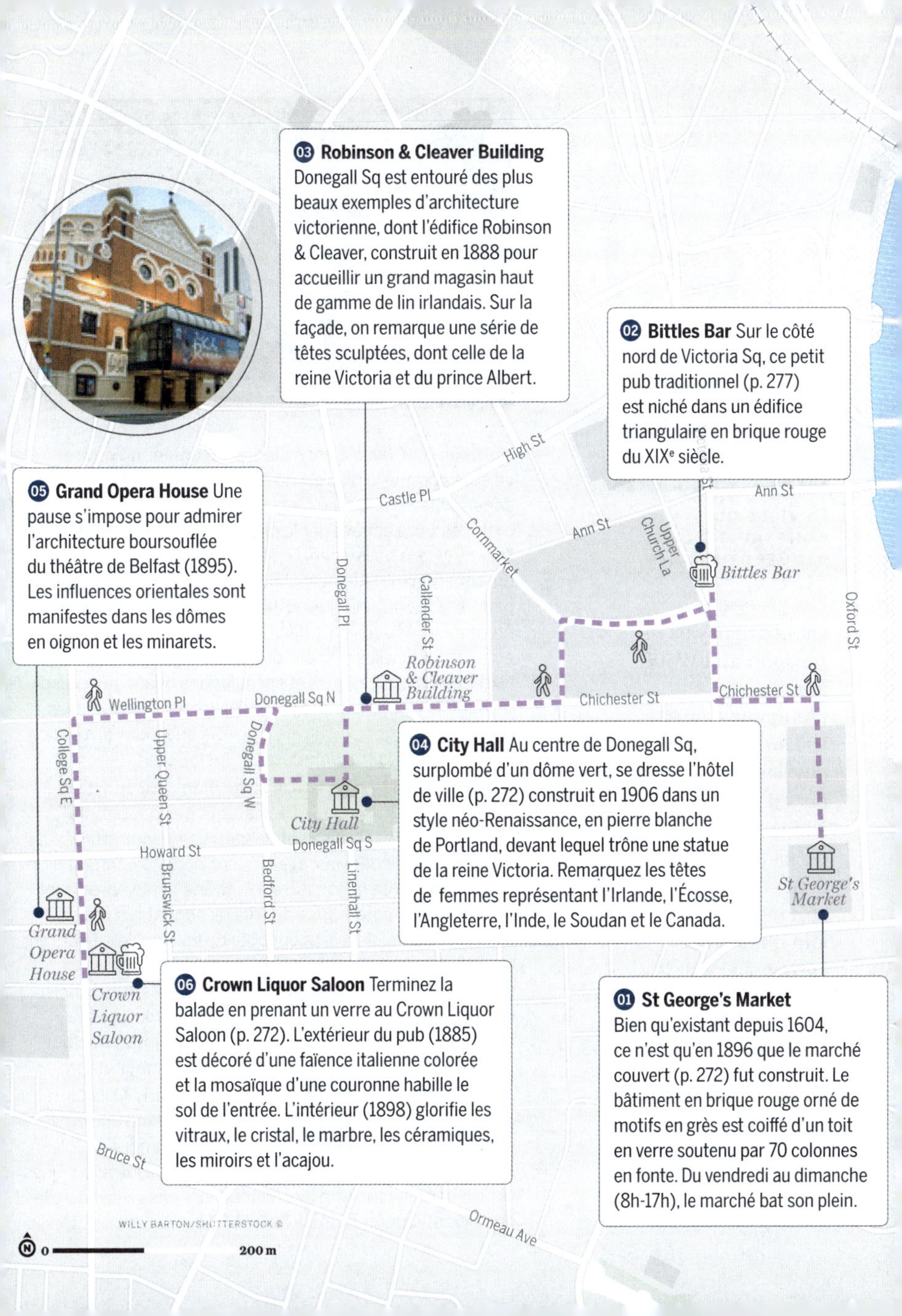

01 St George's Market
Bien qu'existant depuis 1604, ce n'est qu'en 1896 que le marché couvert (p. 272) fut construit. Le bâtiment en brique rouge orné de motifs en grès est coiffé d'un toit en verre soutenu par 70 colonnes en fonte. Du vendredi au dimanche (8h-17h), le marché bat son plein.

02 Bittles Bar Sur le côté nord de Victoria Sq, ce petit pub traditionnel (p. 277) est niché dans un édifice triangulaire en brique rouge du XIXᵉ siècle.

03 Robinson & Cleaver Building
Donegall Sq est entouré des plus beaux exemples d'architecture victorienne, dont l'édifice Robinson & Cleaver, construit en 1888 pour accueillir un grand magasin haut de gamme de lin irlandais. Sur la façade, on remarque une série de têtes sculptées, dont celle de la reine Victoria et du prince Albert.

04 City Hall Au centre de Donegall Sq, surplombé d'un dôme vert, se dresse l'hôtel de ville (p. 272) construit en 1906 dans un style néo-Renaissance, en pierre blanche de Portland, devant lequel trône une statue de la reine Victoria. Remarquez les têtes de femmes représentant l'Irlande, l'Écosse, l'Angleterre, l'Inde, le Soudan et le Canada.

05 Grand Opera House Une pause s'impose pour admirer l'architecture boursouflée du théâtre de Belfast (1895). Les influences orientales sont manifestes dans les dômes en oignon et les minarets.

06 Crown Liquor Saloon Terminez la balade en prenant un verre au Crown Liquor Saloon (p. 272). L'extérieur du pub (1885) est décoré d'une faïence italienne colorée et la mosaïque d'une couronne habille le sol de l'entrée. L'intérieur (1898) glorifie les vitraux, le cristal, le marbre, les céramiques, les miroirs et l'acajou.

TAKASHI IMAGES/SHUTTERSTOCK ©

Le Titanic à Belfast

LA VILLE QUI CONSTRUISIT LE PAQUEBOT MAUDIT

Les grues des chantiers navals Harland and Wolff dominent le site où fut construit le *Titanic*. Les ouvriers de l'époque, fiers de participer à la création du paquebot le plus luxueux au monde, étaient loin d'imaginer la tragédie dont le bateau deviendrait le théâtre en avril 1912.

À gauche et au centre Musée Titanic Belfast
À droite Le SS Nomadic

L'histoire du *Titanic* a été mille fois racontée : un navire célébré comme le plus grand et le plus puissant jamais construit lève l'ancre en fanfare pour son voyage inaugural, mais celui-ci s'achève par le plus célèbre naufrage de l'histoire de la navigation. Le 14 avril 1912, le *Titanic* heurta un iceberg dans l'Atlantique Nord avant de sombrer au petit matin, entraînant avec lui environ 1 500 passagers et membres d'équipage (le bilan exact est sujet à débats). Les enquêtes officielles menées de part et d'autre de l'Atlantique alimentèrent polémiques et spéculations quant aux causes du naufrage, tandis que le luxe dans lequel évoluaient les passagers fortunés du navire et le rôle que joua l'arrogance humaine dans la tragédie captivèrent le public.

Mais que sait-on de la ville où le *Titanic* fut construit ? Au début du XXe siècle, les armateurs des paquebots transatlantiques rivalisaient d'ingéniosité pour attirer émigrants et riches passagers à leur bord. Cherchant à se démarquer de la concurrence, Bruce Ismay, président de White Star, commanda auprès des chantiers navals Harland and Wolff trois paquebots de luxe qui faisait primer le confort sur la vitesse. En 1909, la quille du *Titanic* fut posée aux côtés de celle de son navire jumeau, l'*Olympic*. Belfast était alors un centre important pour l'industrie navale mondiale, et Harland and Wolff employait quelque 14 000 ouvriers à la construction de ses paquebots.

L'arrière-grand-père de Susie Millar, Tommy Millar, fut employé dans la salle des machines de Harland and Wolff avant de rejoindre l'équipage du *Titanic* en tant qu'ingénieur. Il ne survécut pas au naufrage, laissant derrière lui deux jeunes fils. Susie Millar raconte leur histoire lors des visites qu'elle organise autour du *Titanic* à Belfast (titanictours-belfast.co.uk).

ATTILA JANDI/SHUTTERSTOCK ©

RAFAEL FELIPE/SHUTTERSTOCK ©

"Quand j'étais enfant, à Belfast, on ne parlait pas du *Titanic*," se souvient-elle. "Le sujet était tabou, même dans ma famille qui avait perdu l'un des siens dans le naufrage. Je connaissais l'histoire parce qu'à l'âge de huit ans, on m'avait donné un livre que mon grand-père avait écrit sur son père et sur ce qui lui était arrivé à bord du paquebot. Je savais que le nom de mon arrière-grand-père figurait sur le mémorial du *Titanic* de l'hôtel de ville, mais la tragédie n'était jamais commémorée à Belfast."

> "Le sujet était tabou, même dans ma famille qui avait perdu l'un des siens dans le naufrage."

Changement de cap

Les années 1990 virent renaître l'intérêt pour le *Titanic*, en partie grâce à la sortie du film de James Cameron en 1997. " Les visiteurs arrivaient à Belfast pour découvrir l'endroit où avait été construit le *Titanic*, et ne trouvaient rien ; ils déambulaient alors au milieu de nulle part", raconte Millar. "Avec la fin des Troubles et le centenaire du *Titanic* prévu en 2012, les habitants de la ville ont commencé à se dire qu'il fallait raconter l'histoire du bateau à Belfast."

À partir de 2009, les anciens chantiers navals, renommés "Titanic Quarter", ont fait l'objet d'un important programme de réhabilitation articulé autour du Titanic Belfast, un musée multimédia qui fut inauguré pour le centenaire, en 2012.

"J'aime me tenir sur le quai et imaginer que le *Titanic* lève l'ancre devant moi avec seulement quelques personnes à bord," rapporte Millar. "Belfast porte en elle tant de détails authentiques qui nous lient au paquebot."

Tout sur le Titanic

Titanic Belfast Expérience multimédia et multisensorielle inoubliable au cœur du Titanic Quarter (p. 272).

SS Nomadic Bateau à vapeur qui conduisit des passagers jusqu'au *Titanic* (p. 272).

Cales de construction Derrière l'édifice scintillant du Titanic Belfast se trouvent les cales où furent construits le *Titanic* et l'*Olympic*.

Bureaux d'études de Harland and Wolff C'est dans ces bureaux, appartenant aujourd'hui au Titanic Hotel (www.titanichotelbelfast.com) dans Queen's Rd, que furent dessinés les plans du *Titanic*.

Cale sèche et station de pompage du Titanic Le *Titanic* fut équipé puis mis à l'eau dans une immense cale sèche. Un projet de réhabilitation prévoit l'installation d'une distillerie et d'un centre des visiteurs immersif sur les lieux.

Mémorial et jardin du Titanic Au City Hall (p. 272).

35 Les lacs du comté de FERMANAGH

ÎLES | SPORTS NAUTIQUES | FAUNE

Jadis occupées par d'importants monastères dédiés au développement de la connaissance et à l'innovation, les îles du Lough Erne sont aujourd'hui peuplées d'oiseaux et de bétail. Leur héritage spirituel et le mystère qui les entoure hantent encore les lieux, à l'image de la brume qui tapisse les eaux du lac.

MEDIAPRODUCTION/GETTY IMAGES ©

En pratique

Circuler Des bus express relient Enniskillen à Belfast (130 km) et Dublin (180 km), mais les rives du Lough Erne sont mal desservies par les bus locaux.

En bateau Les ferries pour **Devenish Island** partent du ponton de Trory ; ceux pour **White Island** partent de la marina de Castle Archdale (castlearchdaleboathire.com). Les bateaux d'Erne Water Taxi (p. 276) peuvent vous emmener partout sur le lac. À Enniskillen, Erne Tours (p. 276) propose des croisières vers Devenish Island, tandis qu'Erne Boat Hire (p. 276) loue des embarcations à piloter soi-même.

SCENICIRELAND.COM/CHRISTOPHER HILL PHOTOGRAPHIC/ALAMY STOCK PHOTO ©

Explorer le Lough Erne

Un paysage unique L'Upper et le Lower Lough Erne – deux lacs d'eau douce reliés par une rivière – offrent à la vue un fabuleux paysage composé de méandres et de baies secrètes. Le lough est émaillé de 154 îles, appelées *drumlins* (petites collines formées lors de la dernière période glaciaire), qu'il faut admirer depuis une embarcation sur l'eau. Il y a encore un siècle, quelque 500 personnes résidaient sur ces *drumlins* ; aujourd'hui seules deux îles sont encore habitées. “Lorsque vous êtes au milieu du lac, vous n'entendez plus que le bruit des oiseaux et de l'eau clapotant contre la coque du bateau,” indique Barry Flanagan, prestataire local de bateaux-taxis.

Sur l'eau Vous pourrez pratiquer une myriade de sports nautiques : paddle,

YEVHEN NOSULKO/SHUTTERSTOCK ©

Observation de la faune

Les forêts, prairies et parc du domaine de **Crom** (p. 275), le long des berges de l'Upper Lough Erne, sont peuplés d'écureuils roux, de loutres, de martres et d'espèces rares de papillons. Le Lower Lough abrite d'importantes populations de courlis, vanneaux et bécassines. La sterne caugek niche aussi ici, et l'on aperçoit parfois des martins-pêcheurs.

À gauche Courlis cendré **En haut à gauche** Îles du Lough Erne **En haut à droite** Monastère en ruine sur Devenish Island (p. 257)

canoë-kayak, bateaux à moteur sans permis ou encore vélos aquatiques. Louez votre équipement dans l'**Enniskillen Blueway Water Activity Zone** (www.waterwaysireland.org), à la **marina de Castle Archdale** (www.castlearchdaleboathire.com) et au **Share Discovery Village** (www.sharevillage.org). "On peut facilement rallier Devenish Island depuis Enniskillen en canoë en une demi-journée, ce qui fait une superbe excursion avec ou sans guide," explique Flanagan.

"L'Upper Lough Erne est un autre endroit merveilleux pour le canoë ou le kayak. Les eaux y sont calmes car les îles sont assez proches les unes des autres. Vous pourrez partir du Share Discovery Village et pagayer jusqu'au domaine de **Crom** (p. 275)."

Temple insulaire Flanagan recommande également de visiter le **temple Hare Krishna** (krishnaisland.org) sur l'île d'Inish Rath. Un ferry s'y rend le dimanche, lorsque le temple ouvre ses portes aux visiteurs.

Conseils d'initié

Promenade fantastique Le sentier qui traverse la forêt de Ballintempo jusqu'au tombeau néolithique d'Aghanaglack fait partie du Cuilcagh Lakelands Geopark. Pour moins sentir la montée, louez un vélo électrique au Corralea Activity Centre (corralea.com).

Lac en solitaire Le Lough MacNean est complètement préservé. Explorez-le en bateau et profitez de la solitude du lieu.

Délices locales Goûtez le Fermanagh Black Bacon (blackbacon.com), excellent bacon de cochons élevés sur Inishcorkish Island, le pain irlandais de chez Joe the Baker (joethebaker.com), et le gin Boatyard (p. 277) – les visites guidées de sa distillerie sont très appréciées.

Recommandé par Barry Flanagan, propriétaire d'Erne Water Taxi à Enniskillen (p. 276) @ErneWaterTaxi

À gauche Lough MacNean
Ci-dessous Cimetière de Caldragh, Boa Island

Îles sacrées

Monastère Sur **Devenish Island** se dressent les vestiges d'un monastère augustinien du VIe siècle. Une tour ronde du XIIe siècle presque intacte et une haute croix du XVe siècle rappellent que ce site, qui compta jusqu'à 1 000 moines, était jadis un monastère florissant. "Les édifices encore debout permettent d'imaginer ce que pouvait être la vie des moines, le pouvoir qu'ils détenaient et leur importance dans l'histoire de l'Irlande," observe Flanagan. "L'endroit est resté inchangé pendant des siècles, et l'on en ressent encore toute la spiritualité. Franchissez le portail à l'arrière de l'église pour rejoindre le sommet de la colline et admirer le panorama sur l'île et le lac."

Mystérieuses statues Les ruines d'une église du XIIe siècle, sur **White Island**, abritent huit fascinantes statues de pierre qui remonteraient au IXe siècle. Leur âge et leur rôle font cependant débat. "On ne sait presque rien de leur histoire, mais ces sculptures sont très évocatrices," remarque Flanagan. Sur **Boa Island** (accessible par la route), deux étonnantes statues de pierre se dressent dans le fantasmagorique **cimetière de Caldragh**. La plus grande daterait de la période paléochrétienne, et représenterait la déesse de la guerre irlandaise Badhbh.

Silence... on tourne !

GAME OF THRONES UN HÉRITAGE DURABLE

Les collines verdoyantes, les forêts mystérieuses et le littoral escarpé du nord de l'Irlande vous paraissent familiers ? C'est sûrement parce que vous les avez vus à l'écran. De nombreuses scènes de la série culte *Game of Thrones* ont été tournées en Irlande du Nord, et bien des soldats tombés aux côtés de Jon Snow étaient des figurants de la région.

À gauche Dark Hedges **Au centre** Port de Ballintoy **À droite** Inch Abbey

Andrew McClay, guide à Belfast pour les **Game of Thrones Tours** (p. 275), a découvert l'œuvre de George R. R. Martin à l'âge de 13 ans avant de jouer comme figurant dans la série télévisée. "Je me suis laissé pousser la barbe et j'ai tout fait pour ressembler à un personnage qui aurait sa place dans *Game of Thrones*," raconte-t-il.

"L'épisode que j'ai préféré tourner était *La Bataille des bâtards*, dans la saison 6. Nous avons reçu une semaine d'entraînement sans que personne ne sache pourquoi : on nous apprenait à manier épées, boucliers, arcs et flèches. Au bout d'une semaine, on nous a expliqué que les Stark allaient s'opposer aux Bolton, et on nous a mis en rang pour nous annoncer qui irait dans quel camp. Je me suis dit : Qu'est-ce que je vais faire s'ils me mettent chez les Bolton ? Je ne pourrai jamais porter leurs couleurs," s'amuse McClay, "mais on m'a affecté à la maison Stark."

McClay a aussi travaillé avec les costumiers. "Ils adoraient m'avoir avec eux parce que je connaissais chaque détail des armures de la série, et je savais qui devait porter quoi. Résultat, quand je n'étais pas figurant, je polissais des casques. Quand je ne me battais pas, je nettoyais," se souvient-il. La carrière de Magheramorne, sur la côte d'Antrim, fut aussi un lieu clé. "On y a tourné beaucoup de batailles, notamment durant 55 nuits pour l'épisode *La Longue Nuit*, dans la saison 8," explique-t-il. Les températures sont alors descendues jusqu'à -12°C.

Aujourd'hui, McClay puise dans son expérience pour animer ses visites guidées. "Pendant le tournage, je posais des questions à l'équipe de production sur leur manière de travailler, leurs techniques – par exemple les jeux de lumière qu'ils employaient pour faire croire à des rayons de lune pénétrant dans une grotte, ce genre de choses." Du papier déchiré était également utilisé pour imiter la neige. "Il y en avait partout. Ils allumaient

BALLYGALLY VIEW IMAGES/SHUTTERSTOCK ©

THE ESCAPE OF MALEE/SHUTTERSTOCK ©

d'énormes ventilateurs pour propulser la neige et nous devions courir à travers ce blizzard de papier."

L'après-Game of Thrones

Le tournage de *Game of Thrones* aurait rapporté 251 millions de livres à l'économie locale. Selon des chiffres de l'office du tourisme de 2019, jusqu'à 350 000 touristes se rendaient en Irlande du Nord chaque année pour visiter les lieux de tournage de la série.

La télévision et le cinéma nord-irlandais ont également bénéficié de l'expérience *Game of Thrones* – les compétences et techniques acquises en travaillant sur une production de cette ampleur ont préparé l'industrie locale à l'accueil d'autres grands tournages dans la région. Ainsi, en 2021, *Donjons et Dragons*, avec Chris Pine, Regé-Jean Page et Hugh Grant, a été en partie tourné aux Titanic Studios tandis que plusieurs séries télévisées ont été réalisées à Belfast, dont *Line of Duty*, une production de la BBC achevée en 2020.

> On estime que le tournage de *Game of Thrones* a rapporté 251 millions de livres à l'économie locale

Le succès de *Game of Thrones* a permis à l'Irlande du Nord de se forger une nouvelle réputation en montrant au monde la beauté cinématographique de ses paysages et en conquérant un nouveau public. La popularité de la région auprès des fans de *Game of Thrones* ne semble pas diminuer, comme en atteste l'ouverture au public en 2022 des Linen Mill Studios, près de Banbridge avec l'attraction **Game of Thrones Studio Tour** (p. 275). De nombreuses scènes de la série furent tournées dans cette ancienne manufacture de lin devenue studio de cinéma.

Paysages de Game of Thrones

Castle Ward (p. 275) Le domaine servit de décor à Winterfell dans la saison 1.

Tollymore Forest Park (p. 275) C'est ici que furent trouvés les louveteaux des Stark.

Inch Abbey Le camp de Robb Stark dans la saison 1.

Grottes de Cushendun Mélisandre y donna naissance à l'Ombre.

Ballintoy Lordsport, sur Pyk, la capitale des îles de Fer où ont lieu les retrouvailles de Theon et Yara Greyjoy.

Larrybane Quarry Le camp de Renly Baratheon dans les Terres de l'Orage.

The Dark Hedges Cette allée de hêtres tortueux est reconnaissable au premier coup d'œil : c'est l'Allée du roi. À 15 minutes au nord de Ballymoney (Bregagh Rd).

Binevenagh Sur ce plateau furent filmées les scènes des prairies Dothraki, dans la saison 5.

36 ESCAPADE à Derry-Londonderry

HISTOIRE | CULTURE | FRESQUES

La deuxième agglomération d'Irlande du Nord est un centre artistique et culturel florissant, dont les pubs animés abritent une scène musicale en plein essor. La ville a une histoire chargée, du siège de Derry à la bataille du Bogside et au Bloody Sunday. Ne manquez pas le tour des remparts du XVIIe siècle ni les fresques du Bogside.

En pratique

S'y rendre Des bus directs rallient Derry depuis Belfast (1 heure 45) et Coleraine (1 heure ; bus desservant la côte). Des trains relient Derry à Coleraine (40 min) et Belfast (2 heures).

Circuits pédestres City Walking Tours (p. 273) propose toute l'année des circuits à pied d'une heure dans la ville historique. Des circuits pour découvrir le Bogside et les fresques de Derry sont également proposés.

Sur le pouce Depuis des années Pyke 'n' Pommes POD (p. 277), aménagé dans un conteneur maritime, est la meilleure adresse pour manger à Derry.

Ci-contre *The Petrol Bomber*, fresque réalisée par les "Bogside Artists" **À gauche en haut** L'élégant Peace Bridge

Sur les traces de l'Histoire

Remparts de Derry Achevés en 1619, les remparts de Derry sont les derniers d'Irlande à avoir subsisté presque intacts. Épais de 9 m et hauts de 8 m, ils entourent la ville sur environ 1,5 km : en faire le tour vous donnera un bon aperçu de la configuration et de l'histoire de la cité. Aux XVIIIe et XIXe siècles, les quatre portes d'origine (Shipquay, Ferryquay, Bishop's et Butcher's) ont été reconstruites et trois nouvelles (New, Magazine et Castle) ajoutées.

Bogside En août 1969 dans la zone résidentielle ouvrière de Bogside, majoritairement catholique, éclata la "bataille du Bogside" (une guérilla urbaine opposant la jeunesse à la police) qui poussa le gouvernement britannique à dépêcher l'armée en Irlande du Nord. Au croisement de Rossville St et de Fahan St, le **Free Derry Corner** est un pan de mur orné de la célèbre formule "You are Now Entering Free Derry" ("Vous pénétrez dans Derry libre"). En janvier 1972, les alentours de Rossville St furent le théâtre de la tragédie du Bloody Sunday, le dimanche 30 janvier 1972, marqué par le **Bloody Sunday Memorial**, simple obélisque de granit érigé à la mémoire des 14 civils abattus par l'armée britannique.

L'excellent **Museum of Free Derry** (p. 273) retrace l'histoire du Bogside, du mouvement pour les droits civiques et des événements du Bloody Sunday. On découvre notamment les photographies originales qui ont inspiré les fresques de la People's Gallery, située non loin.

Fresques du Bogside Les 12 fresques qui ornent les pignons des maisons de Rossville St, près du Free Derry Corner, sont surnommées la **People's Gallery**. Elles sont l'œuvre des "Bogside Artists" (Kevin Hasson, Tom Kelly et son fère Will, décédé en 2017), qui vécurent tous les trois ici pendant les heures les plus sombres des "Troubles" du Bogside. On les voit très bien depuis la partie nord des remparts.

La ville aux deux noms

Le double nom Derry-Londonderry est un héritage de son histoire mouvementée. En 1613, en reconnaissance du rôle des corporations de Londres dans la colonisation de la région, la ville fut rebaptisée "Londonderry" à l'occasion d'une charte royale. Aujourd'hui encore, il s'agit du nom officiel que les unionistes farouches insistent pour utiliser. L'appellation "Derry" est préférée des nationalistes – et, indépendamment même des opinions politiques, c'est elle qui est le plus couramment en usage.

37 Randonnée sur la CAUSEWAY COAST

RANDONNÉE | LÉGENDES | GÉOLOGIE

Des colonnes de basalte serrées les unes contre les autres forment une chaussée qui s'avance dans l'océan : ce fascinant caprice de la nature serait l'œuvre de géants légendaires. La Chaussée des Géants mérite son statut de site phare de la région, mais vous auriez tort d'ignorer les paysages spectaculaires du reste de la côte d'Antrim. Enfilez vos chaussures de randonnée, et suivez le guide !

En pratique

Circuler Bus et trains relient Belfast à Coleraine. Les bus Causeway Rambler n°172 et 402 parcourent la côte entre Coleraine et Ballycastle.

Quand Venez au printemps ou en automne pour éviter la foule estivale.

Combien La visite de la Chaussée est gratuite. Garez-vous à Bushmills et rejoignez le site en bus (renseignez-vous sur les horaires) pour éviter de payer le billet combiné pour le parking et le centre d'accueil des visiteurs (voir p. 272).

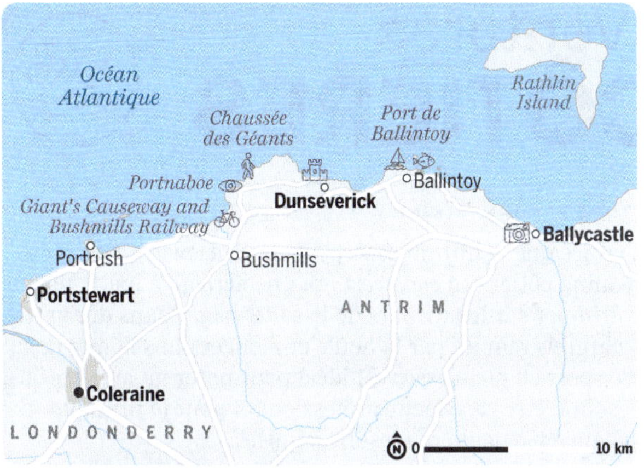

La Causeway Coast à pied

Causeway Coast Way Cet itinéraire de randonnée de 53 km (walkni.com) relie Portstewart à Ballycastle. En 2 jours (voire moins), on y découvre d'impressionnantes falaises, de belles plages de sable, des châteaux en ruine et, bien sûr, la **Chaussée des Géants** elle-même. Les plus beaux tronçons se situent entre Portballintrae et la Chaussée des Géants (4,3 km ; une partie en plein cœur de la nature sauvage, loin de la route), entre la Chaussée des Géants et Dunseverick Castle (7,3 km), et entre Dunseverick Castle et le port de Ballintoy (7,8 km ; arrangez-vous pour passer avant la marée haute à White Park Bay). Évitez le tronçon entre Ballintoy et Ballycastle qui peut être dangereux : on y marche au bord d'une route sans trottoir, très près des voitures.

"Un peu avant les ruines du **Dunseverick Castle**, vous verrez apparaître en contrebas une baie appelée **Port Moon**, avec une petite cabane de pêcheur. L'endroit est d'une beauté exceptionnelle," assure Mark Rodgers, guide dans la région. "Si vous savez comment vous y prendre, vous pouvez quitter le sentier pour descendre vers Port Moon, et même loger dans le cabanon." Contactez la Causeway Coast Kayak Association (p. 276) pour réserver.

Chemin de fer historique Un sentier pédestre et cyclable longe les rails du **Giant's Causeway and Bushmills Railway**. Ce chemin de fer à voie étroite est opérationnel en haute saison. Il suit sur 3 km l'itinéraire d'un petit train touristique du XIXe siècle entre Bushmills et le centre des visiteurs de la Chaussée des Géants. La piste traverse la rivière Bush et longe de beaux paysages jalonnés de dunes.

Sentiers de la Causeway Coast Plusieurs sentiers balisés mènent aux colonnes hexagonales ou au sommet des falaises de la côte.

À gauche en haut Chaussée des Géants **À gauche en bas** Giant's Causeway and Bushmills Railway

Le regard d'un habitant

Mon site préféré J'aime le calme profond qui règne à Portnaboe, dont le nom signifie "baie aux vaches". Certains pêcheurs et guides de la côte ont fait répandre leurs cendres ici, et je ressens une vraie connexion avec l'endroit.

Ma période préférée J'apprécie particulièrement les mois de septembre et octobre. Les couleurs sont magnifiques à cette période de l'année ; tout n'est qu'or, bruns et rouges. Le site est quasi désert, et vous pourrez admirer le soleil se coucher sur la Chaussée en dégustant quelques gorgées de whiskey Bushmills.

Recommandé par Mark Rodgers, guide de Portrush (dalriadakingdomtours.co.uk)

38 Aventures CÔTIÈRES

CANYONING CÔTIER | AVENTURE | FAUNE MARINE

On pourrait presque croire que le littoral escarpé de la Causeway Coast a été fait sur mesure pour le canyoning côtier (ou *coasteering*), une activité à haute teneur en adrénaline qui vous fera grimper sur les rochers de basalte, nager dans des grottes marines et dans des bassins naturels remués par la houle et plonger dans la mer depuis des promontoires rocheux. Ce sport en plein essor est idéal pour poser un autre regard sur la splendide côte. Nul besoin d'être cascadeur professionnel pour le pratiquer : aucune expérience ou compétence particulière ne sont requises.

GARETH MCCORMACK/ALAMY STOCK PHOTO ©

En pratique

Avec qui Causeway Coasteering (p. 276), à Portrush, et Coasteering NI (p. 276), à Ballintoy, proposent des excursions sur la Causeway Coast.

Quand L'été, lorsque les eaux sont calmes et limpides (16° en moyenne) et les paysages dégagés. La température de l'eau descend aux alentours de 11- 15°C en automne. En hiver, seuls les braves oseront affronter la mer agitée et les vents violents.

Combien Comptez 40 £/pers pour 3 heures, avec combinaison, casques et accessoires pour la flottabilité.

STEPHEN BARNES/SPORT/ALAMY STOCK PHOTO ©

SHAWNWIL23/SHUTTERSTOCK ©

Spots côtiers De nombreux sites servent de terrain de jeu pour le canyoning côtier sur la Causeway Coast. "Chacun a son charme," assure Matt Wright de Causeway Coasteering (p. 276). "Les grottes calcaires autour de White Rocks sont superbes, et nous visitons aussi un spot près du Dunluce Castle. Le promontoire de Runkerry est exceptionnel avec ses trois immenses grottes, mais l'endroit est dangereux et nous ne nous y rendons que si la mer est calme. À l'occasion, nous explorons également Ballintoy, Portbradden et Kinbane Castle.'

Canyoning côtier "Les sauts dans l'eau sont d'abord plutôt petits, et, à mesure que la session avance, la hauteur augmente – parfois jusqu'à 12 m, mais tout le monde ne se lance pas," explique Wright. "Lorsqu'il y a un peu de houle, ce qui est fréquent dans la région, toute la côte est battue par la mer. Des bassins se forment alors entre les rochers, et les vagues vont et viennent à la manière d'un siphon naturel."

Lors des expéditions de canyoning côtier, certaines sections doivent être escaladées. "Il n'y a pas besoin de baudrier. On n'est jamais à plus d'un ou deux mètres au-dessus de l'eau," précise Bobby Marno, guide en chef chez Coasteering NI (p. 276). "Certains jours, la surface de l'eau est aussi transparente que du verre. Debout sur les rochers, on voit alors clairement les algues et le sable au fond, avec parfois une roussette ou une raie tournant en rond."

Ci-contre Kinbane Castle **Page ci-contre en haut** Session de canyoning côtier sur la Causeway Coast **Page ci-contre en bas** Combinaisons mises à sécher, Ballintoy

Conseils d'initié

Faune marine
Lors des expéditions de canyoning côtier, gardez l'œil ouvert pour apercevoir dauphins et marsouins. On rencontre régulièrement des phoques et, à l'occasion, un requin pèlerin montre le bout de son nez. Je n'ai jamais vu d'orques, mais elles visitent la côte de temps à autre. On voit aussi des oursins et des anémones de mer.

Algues comestibles
Pendant nos sessions de canyoning côtier, nous consommons toutes sortes d'algues. L'une d'elles a un petit goût de truffe et d'ail, c'est vraiment surprenant.

Restaurant local
Native Seafood & Scran (nativeseafood.co.uk), à Coleraine est spécialisé dans les produits de la mer. Vous trouverez une seconde adresse à Portstewart.

Recommandé par
Matt Wright de Causeway Coasteering (p. 276), à Portrush

39 Le Donegal SAUVAGE

CÔTE ATLANTIQUE | CALME | AVENTURE

Littoral escarpé, plages, forêts et montagnes... C'est dans le comté de Donegal que vous trouverez l'Irlande sauvage. Tentez de nouvelles aventures et laissez-vous porter par la puissance de l'Atlantique en explorant le comté à pied, en voiture, en surf ou en kayak.

LUKASSEK/SHUTTERSTOCK ©

En pratique

Circuler Explorez le comté de préférence en voiture ou à vélo. Arrêtez-vous pour une randonnée, un pique-nique ou une photo.

Quand Venez entre mai et septembre, lorsque tout est ouvert. La météo est imprévisible : prévoyez vêtements chauds, coupe-vent et imperméables.

Dormir au bout du monde Pour une vue imprenable sur l'océan, logez dans un ancien cottage de gardien de phare comme à Fanad Head ou à St John's Point (greatlighthouses.com).

HARALD SCHMIDT/SHUTTERSTOCK ©

Péninsules côtières

Avec 1 134 km de littoral, au début de la **Wild Atlantic Way**, le Donegal déploie d'innombrables péninsules et caps à découvrir en voiture, à pied ou en varappe. Sa côte est ponctuée de longues plages de sable, idéales pour se promener, pique-niquer, se baigner ou surfer.

L'une des boucles routières de la **péninsule de Fanad** vous permet de traverser Rathmullan, de vous arrêter sur le sable blanc des plages de **Ballymastocker Bay** ou de **Ballyhiernan Bay** puis de visiter **Fanad Head** et son phare, le **Fanad Lighthouse**.

Un pont mène à la péninsule voisine de **Rosguill**. Ne manquez pas l'**Atlantic Drive**, une route de 11 km offrant une superbe vue sur les escarpements et plages de la côte. Faites escale dans le village de Downings pour prendre un verre et admirer la baie de Sheephaven.

THOMAS JANISCH/GETTY IMAGES ©

Culture gaélique

Partez explorer les Gaeltachtaí du comté de Donegal, notamment les îles, pour entendre parler le gaélique et découvrir la culture traditionnelle irlandaise portée par la musique, les *sean-nós* (chansons"à l'ancienne") et la danse. De nombreux pubs proposent des sessions de musique traditionnelle, et certains lieux ont développé leur propre danse, comme les "Waves of Tory" (Vagues de Tory) sur Tory Island.

À gauche Malin Head (p. 268) **En haut à gauche** Phare de Fanad **En haut à droite** Phare de St John's Point

La **péninsule d'Inishowen** permet d'arpenter **Malin Head**, le point le plus septentrional d'Irlande. Humez l'air marin et contemplez ces paysages venus d'ailleurs, qui apparaissent dans *Star Wars, épisode VIII : Les Derniers Jedi*. Le film fut tourné ici ainsi qu'aux environs de Skellig Michael, dans le Kerry (p. 192).

Dompter l'Atlantique

Pour un tête-à-tête plus intime avec la Wild Atlantic Way, prenez un cours dans une école de surf ou louez une planche sur les plages de Bundoran, Rossnowlagh et Dunfanaghy. Vous pourrez également découvrir en kayak les grottes et criques de la **péninsule d'Inishowen** avec Inish Adventures (p. 276) ou escalader un stack (éperon rocheux détaché du littoral) avec Unique Ascent (p. 276).

Partez en croisière dans la **baie de Donegal** ou sur le bras de mer de **Lough Swilly**, au nord du comté, ou plongez à la découverte d'épaves englouties avec le Mevagh Dive Centre (p. 276). Sur la terre ferme, vous pourrez vous adonner à l'escalade, au cheval ou au vélo.

Îles du Donegal

Tory Island (Toraigh) Escarpée, isolée et décontractée. Marchez le long des falaises et admirez la vue sur l'Irlande continentale tout en guettant puffins et phoques. Ne manquez pas de découvrir les traditions de l'île : musique, chant, danse, mythes et légendes.

Arranmore Island (Árainn Mhór) Idéale pour une excursion d'une journée, une randonnée dans la nature ou une session pêche, vélo ou kayak. Si vous aimez la plage, cap sur Aphort ou Leabh Gharbh.

Gola Island (Oileán Ghabhla) À seulement 1 km de la côte, l'île est émaillée de vestiges anciens. Parcourez-la à pied, observez les oiseaux, promenez-vous sur ses plages de sable comme celle de Tráigh na Béicí, ou adressez-vous à Gola Island Adventures (p. 276) pour un tour en kayak ou paddle.

Recommandé par Henry Doohan, guide touristique, (donegaltourguide.ie)

Page ci-contre Ferry de Tory Island
Ci-dessous Mont Errigal

Observation de la faune

Les 160 km² du **Glenveagh National Park** (p. 272) sont le terrain idéal pour observer la faune locale – procurez-vous une carte et privilégiez l'une des randonnées les plus longues, qui s'éloignent du lac. Vous apercevrez peut-être alors cerfs élaphes, faucons pèlerins et aigles royaux.

Autrement, dotez-vous d'un détecteur de chauves-souris pour une randonnée nocturne à la rencontre des différentes espèces de ce mammifère volant qui peuple le parc national.

Depuis la côte du Donegal, on aperçoit souvent des dauphins, des baleines et des requins pèlerins, ainsi que des phoques. Pendant la saison de reproduction (printemps-été), des oiseaux marins tels que puffins, petits pingouins, fulmars et mouettes tridactyles viennent nicher dans la région.

Sentiers panoramiques

Le comté de Donegal compte d'innombrables sentiers de randonnée qui traversent les forêts ou longent les falaises et plages de la côte.

Si vous n'avez pas peur du vide et que vous êtes rompu à la marche en montagne, attaquez-vous à l'étroit **One Man's Pass** ("col d'un seul homme") qui fait une boucle sur les falaises de Slieve League (p. 245). La vue à pic depuis la crête des falaises qui dominent la mer du haut de leurs 596 m y est spectaculaire. En vous levant tôt, vous pourrez aussi partir à l'assaut du **mont Errigal** (751 m). Comptez 3 à 4 heures pour l'une ou l'autre de ces randonnées et emportez un équipement adapté.

Si vous êtes d'humeur moins sportive, ou avec des enfants, essayez les sentiers lacustres du **Glenveagh National Park** ou celui de la plage d'**Ards Forest Park** (p. 275), où une promenade en planches serpente le long des dunes avant de revenir par la forêt.

PLAGES DE CARTE POSTALE du Donegal

01

02

04

03

01 Ballymastocker Bay
Superbe étendue de sable blanc avec panorama sur la péninsule de Fanad, le Lough Swilly et la péninsule voisine d'Inishowen.

02 Culdaff Beach
Plage de sable labellisée Pavillon bleu sur la côte est de la péninsule d'Inishowen. D'intéressants escarpements rocheux ornent l'une de ses extrémités.

03 Port Bán Beach
Joli croissant de sable blanc abrité, accessible par un sentier herbeux. Près de Dunree Head, sur Inishowen.

04 Murvagh Beach
Proches de la ville de Donegal et de Rossnowlagh Beach (n°6), les dunes de cette plage à Pavillon bleu mènent à la forêt de Murvagh.

05 Narin Beach
De belles dunes ourlent cette plage de sable Pavillon bleu de Dunmore Head, et sa voisine de Portnoo.

05

06

08

07

09

06 Rossnowlagh Beach

Longue de 4 km, surplombée par des falaises à l'une de ses extrémités, cette plage est l'une des meilleures du comté de Donegal pour débuter en surf ou faire une promenade.

07 Marble Hill Strand

Nichée dans Sheephaven Bay, une plage Pavillon bleu très appréciée des vacanciers de Dunfanaghy. Plusieurs variétés de fleurs sauvages tapissent ses dunes.

08 Kinnagoe Bay

Plage isolée au pied d'une colline d'Inishowen. Au large gît l'épave d'un navire de l'Invincible Armada espagnole de Philippe II, coulé en 1588.

09 Drumnatinny Beach

Depuis le village de Falcarragh (An Fál Carrach), traversez les dunes pour rejoindre cette jolie plage, également connue sous le nom de Back Strand.

Carnet d'adresses

Les grands classiques (p. 244)

Belfast – centre d'information
Visit Belfast
(028-9024 6609 ; www.ulsterorchestra.org.uk ; 9 Donegall Sq N ; 9h-19h lun-sam et 11h-16h dim juin-sept, 9h-17h30 lun-sam et 11h-16h dim oct-mai)

Chaussée des Géants
L'accès à la Chaussée des Géants est gratuit, mais vous devrez payer le parking auprès du centre des visiteurs. Il est possible de se garer gratuitement à Bushmills (voir p. 262). (028-2073 1855 ; www.nationaltrust.org.uk/giants-causeway ; 60 Causeway Rd ; accès centre des visiteurs, expo, visite guidée et parking adulte/enfant 13/6,50 £, parking seul 5 £/voiture ; 9h-19h juin-sept, 9h-18h mars-mai et oct, 9h-17h nov-fév)

Dunluce Castle
(028-2073 1938 ; 87 Dunluce Rd, Bushmills ; adulte/enfant 5,65/3,75 £ ; 9h30-17h fév-nov, 9h30-16h déc-jan)

Falaises de Slieve League – Slieve League Cliffs Centre
(074-973 9077 ; slieveleaguecliffs.ie ; Bunglass Rd, Teelin ; 10h30-17h30 tlj Pâques-sept, ven-mar fév-Pâques et oct-nov ;)

Glenveagh National Park
Les voitures doivent stationner au niveau du centre des visiteurs. L'agréable route de 3,6 km, en bordure de lac, qui le sépare du château (p. 274) se parcourt à pied, à vélo ou en navette (4/heure). (076-100 2537 ; www.glenveaghnationalpark.ie ; sur la R251 ; navette/château/jardin 3/7/7 €, gratuit -16 ans ; centre des visiteurs 9h30-17h30 mars-oct, 9h-16h45 nov-fév)

Pont de corde de Carrick-a-Rede
(028-2073 1855 ; www.nationaltrust.org.uk/carrick-a-rede ; 119 Whitepark Rd, Ballintoy ; adulte/enfant 9/4,50 £ ; 9h30-18h avr-oct, 9h30-15h30 nov-mars)

Musées et monuments belfastois

City Hall
Voir p. 251. (028-9027 0456 ; www.belfastcity.gov.uk ; Donegall Sq ; 9h30-17h lun-ven, 10h-17h sam-dim, 10h-20h jeu juin-sept)

Crown Liquor Saloon
Voir p. 251. (028-90243187 ; www.nationaltrust.org.uk/the-crown-bar ; 46 Great Victoria St ; 11h30-23h lun-sam, 12h30-22h dim)

Crumlin Road Gaol
La visite guidée de la célèbre prison de Belfast vous fera passer par le tunnel construit sous Crumlin Rd en 1850 pour transférer les prisonniers depuis le tribunal, de l'autre côté de la rue – puis découvrir les cellules exiguës de l'aile C, et enfin l'effroyable chambre d'exécution. Mieux vaut réserver la visite. (028-9074 1500 ; www.crumlinroadgaol.com ; 53-55 Crumlin Rd ; visite guidée adulte/enfant 12/7,50 £ ; 10h30-15h dim-jeu, jusqu'à 16h30 ven-sam avr-sept, 10h-15h tlj oct-mars)

St George's Market
Voir p. 251. (028-9043 5704 ; 12-20 East Bridge St, Belfast ; 8h-14h ven, 9h-15h sam, 10h-15h dim)

SS Nomadic
Construit à Belfast en 1911, ce petit navire à vapeur de la White Star Line transporta depuis Cherbourg 172 malheureux passagers jusqu'au *Titanic*. (028-9076 6386 ; www.titanicbelfast.com ; Hamilton Dock, Queen's Rd ; Nomadic Experience, Titanic Belfast inclus, adulte/enfant 21,50/10 £ ; 10h-18h juin-août, 10h-17h avr-mai et sept, 11h-16h oct-mars)

Titanic Belfast
Sur le site de la cale de lancement du *Titanic* se dressent aujourd'hui les lignes épurées du Titanic Belfast, musée à la gloire du passé

de la ville et de la construction du plus célèbre des paquebots transatlantiques. Les expositions multimédias, habilement agencées, sont rehaussées d'images d'époque. Des projections et des documents sonores y présentent le formidable essor, au début du XXe siècle, d'une Belfast devenue une cité industrielle de premier ordre. Circuit high-tech, bande-son et odorama, accompagnent la reconstitution du chantier naval. (028-9076 6386 ; www.titanicbelfast.com ; 1 Olympic Way, Queen's Rd ; Titanic Experience, SS Nomadic inclus, adulte/enfant 21,50/10 £ ; 9h-19h juin-août, 9h-18h avr-mai et sept, 10h-17h oct-mars)

Ulster Museum

Ne manquez pas l'Armada Room et ses objets retrouvés dans l'épave du galion espagnol *Girona*, coulé en 1588, ainsi que la momie égyptienne de Takabuti, vieille de 2 500 ans. (028-9044 0000 ; www.nmni.com ; Botanic Gardens, Stranmillis Rd, Belfast ; entrée libre, sur réservation ; 10h-17h mar-dim)

Ulster Folk Museum et Ulster Transport Museum

Deux des meilleurs musées de la province vous attendent juste à la sortie de Belfast. L'excellent **Ulster Folk Museum** présente, avec personnes en costume d'époque (l'été), le mode de vie en Irlande au cours des derniers siècles, avec des reproductions de fermes, de forges, d'églises, de moulins et d'un village entier. La révolution industrielle n'est pas en reste.

De l'autre côté de la route, l'**Ulster Transport Museum** expose locomotives, motos, trams, bus et voitures, avec en point d'orgue de la visite, le prototype (fabriqué à Belfast en 1981) de la DeLorean DMC du film *Retour vers le futur*. (028-9042 8428 ; www.nmni.com ; 153 Bangor Rd, Holywood, Cultra ; 1 musée adulte/enfant 9/5,50 £, billet combiné 2 musées 11/6 £ ; 10h-17h mar-dim mars-sept, 10h-16h mar-ven, 11h-16h sam-dim oct-fév)

THOMAS JANISCH/GETTY IMAGES ©

Pont de corde de Carrick-a-Rede

Un peu plus loin dans Derry

Visit Derry Information Centre

Grand centre d'information au personnel aimable proposant cartes et brochures sur Derry et ses alentours. (028-7126 7284 ; www.visitderry.com ; 44 Foyle St ; 9h-19h lun-ven, 9h-18h sam, 10h-17h dim juin-août, horaires réduits sept-mai ;)

City Walking Tours

Voir p. 260. (077-1293 7997 ; www.derrycitytours.com ; 11 Carlisle Rd ; visite guidée 6 £, gratuit -12 ans ; circuits Derry historique 10h, 12h, 14h et 16h tte l'année)

Guildhall

À l'extérieur des remparts, ce bâtiment néogothique, édifié en 1890 puis reconstruit après un incendie en 1908, est réputé pour ses vitraux, offerts par les corporations londoniennes (London Livery Companies), et son horloge inspirée de Big Ben. Faisant aujourd'hui office d'hôtel de ville, il abrite une exposition historique retraçant la colonisation de l'Ulster. (028-7137 6510 ; www.derrystrabane.com/Guildhall ; Guildhall St ; entrée libre ; 10h-17h30)

Museum of Free Derry

Voir p. 261. (028-71 360880 ; www.museumoffreederry.org ; 55 Glenfada Park ; tarif plein/réduit 7/6 £ ; 10h-16h mar-sam)

St Columb's Cathedral

Construite entre 1628 et 1633 avec le même schiste gris-vert que les remparts, cette église est le plus vieil édifice de Derry encore debout. Sous le porche (sous la flèche, près de l'entrée de la cour St Columb's), on peut voir la première pierre posée en 1633, où est indiquée la date d'achèvement de la cathédrale. (www.stcolumbscathedral.org ; 17 London St ; don apprécié 2 £ ; 9h-17h lun-sam mars-oct, 10h-14h nov-fév)

Tower Museum

Les expositions et présentations audiovisuelles bien pensées de ce musée primé, aménagé dans la réplique d'une tour du XVIe siècle, vous feront voyager dans l'histoire de la ville, de l'arrivée de Colomba (Colmcille), saint patron de Derry, à la bataille du Bogside. Belle vue sur la ville depuis le 5e étage. (028-7137 2411 ; www.derrystrabane.com/towermuseum ; Union Hall Pl ; adulte/enfant 4/2 £ ; 9h-17h30 tlj)

Musées et expositions en Ulster

Glebe House and Gallery

Cette maison du Donegal du XIXe siècle appartenait à l'artiste Derek Hill (1916-2000). Elle est remplie d'œuvres d'artistes de Tory Island, mais aussi de Picasso, Hokusai ou encore Kokoshka. Luxuriants jardins sur place. (074-913 7071 ; glebegallery.ie ; Church Hill, Letterkenny ; Glebe House adulte/enfant 5/3 €, galerie gratuite ; 11h-18h30 tlj Pâques et mai-oct, jardins 9h-16h30 tlj nov-mars, 8h-18h30 mars-oct)

RAINBOW79/GETTY IMAGES ©

Dunluce Castle

Ulster American Folk Park

Dans le comté de Tyrone, ce musée en plein air raconte l'histoire de l'émigration des habitants de l'Ulster vers l'Amérique. La vie quotidienne de chaque côté de l'Atlantique y est reconstituée, avec des cottages irlandais et des cabanes en rondins de Nouvelle-Angleterre. (028-8224 3292 ; www.nmni.com ; 2 Mellon Rd, Omagh ; adulte/enfant 9/5,50 £ ; 10h-17h mar-dim mars-oct, 10h-16h mar-ven et 11h-16h sam-dim nov-fév)

St Patrick Centre

À Downpatrick, près du tombeau de saint-Patrick, l'exposition multimédia "*Ego Partricus*" ("Je suis Patrick") retrace la vie du saint. Commentaires disponibles en français. (028-4461 9000 ; www.saintpatrickcentre.com ; St Patrick's Sq, Downpatrick ; adulte/enfant 5,75/3,50 £ ; 9h-17h tlj, dernière entrée 16h)

Châteaux et belles demeures

Dunluce Castle

Voir p. 245. (infos pratiques p. 272)

Florence Court

Près d'Enniskillen, au cœur d'un vaste domaine boisé agrémenté de jardins et de 15 km de sentiers pédestres et cyclables, cette majestueuse demeure, qui daterait de la seconde moitié du XVIIIe siècle, est connue pour ses stucs rococo et son mobilier ancien. (028-6634 8249 ; www.nationaltrust.org.uk/florence-court ; Enniskillen ; adulte/enfant 11,50/5,75 £, jardins et parc seuls 7/3,50 £ ; demeure 11h-17h tlj Pâques-oct, domaine 10h-18h, horaires réduits reste de l'année)

Glenveagh Castle

Le château de Glenveagh a été construit sur le modèle du château de Balmoral, en Écosse, résidence estivale de la famille royale britannique. La visite guidée, seul moyen de découvrir les lieux, révèle une série de pièces à la décoration flamboyante. La tour ronde abrite les plus somptueuses, dont la chambre rose bonbon où aurait dormi Greta Garbo. Également de spectaculaires jardins exotiques, avec des terrasses, un jardin à l'italienne, un potager... (www.glenveaghnationalpark.ie ; près de la R251 ; visite guidée adulte/enfant 7 €/gratuit, navette au départ du centre des visiteurs du parc (p. 272) 4 €/gratuit ; 9h-18h avr-oct, 9h-17h nov-mars)

Game of Thrones

Castle Ward
Sur la rive du Strangford Lough, cet imposant manoir de la seconde moitié du XVIIIe siècle est unique en son genre : la façade avant est néoclassique, selon les goûts de lord Bangor, tandis que l'arrière de la demeure est gothique, un style que préférait son épouse. (028-4488 1204 ; www.nationaltrust.org.uk/castle-ward ; Strangford, Downpatrick ; adulte/enfant 10/5 £ ; domaine 10h-18h tlj, manoir 11h-16h jeu-dim mars-mai et sept-oct, 11h-16h mer-dim juin-août)

Game of Thrones Studio Tour
Voir p. 259. (048-40 464 777 ; www.gameofthronesstudiotour.com ; adulte/enfant 39,50/27,50 £ ; 9h30-18h tlj jan-mars et oct-déc, 9h-20h avr-juin et sept, 8h30-20h30 juil-août ; P se garer au Studio Tour Car Park, The Boulevard, Banbridge)

Game of Thrones Tours
Voir p. 258. (028-9568 0023 ; gameofthronestours.com ; tarif plein/réduit 45/50 £, à partir de 12 ans)

Tollymore Forest Park
Proche de Newcastle, ce joli parc forestier donne l'occasion d'effectuer de superbes randonnées à pied ou à vélo sur les berges de la Shimna et au nord des Mourne Mountains. (nidirect.gov.uk/articles/tollymore-forest-park ; Bryansford ; 10h-coucher du soleil)

Falaises et grottes

Grottes de Marble Arch
À bord d'un bateau circulant sur une rivière souterraine, découvrez les superbes formations de calcite de cette série de grottes. Au sud d'Enniskillen, dans le comté de Fermanagh. (028-6332 1815 ; marblearchcaves.co.uk ; 43 Marlbank Rd, Florencourt ; adulte/enfant 10/5 £ ; 10h-16h tlj)

Pont de corde de Carrick-a-Rede
Voir p. 245. (infos pratiques p. 272)

The Gobbins
Superbe randonnée guidée en bordure de falaise, à travers des ponts tubulaires, des tunnels et des grottes. (028-9337 2318 ; thegobbinscliffpath.com ; Oughtmama, The Gobbins Visitor Centre, Middle Rd, Islandmagee ; adulte/enfant/famille 20/14,50/42 £ ; 8h30-17h)

Écrins de verdure

Ards Forest Park
Voir p. 269. (www.coillte.ie/site/ards-forest-park ; N56, à 5 km au nord de Creeslough, comté de Donegal ; parking 8h-21h avr-sept, 8h-17h oct-mars)

Belfast Botanic Gardens
La pièce maîtresse de ce joli parc de Belfast est la magnifique Palm House, serre signée Charles Lyndon et érigée entre 1839 et 1852, chef-d'œuvre en fer forgé et verre incurvé. (028-9031 4762 ; Stranmillis Rd, Belfast ; accès libre ; 7h30-crépuscule)

Cave Hill Country Park
Des sentiers balisés mènent au sommet de ce site emblématique du nord de Belfast, où l'on découvre un beau panorama sur la ville, le Belfast Lough et les Mourne Mountains. (walkni.com/walks/cave-hill-country-park ; Antrim Rd, Belfast)

Crom Estate
Voir p. 255. (02867738118 ; nationaltrust.org.uk/crom ; Upper Lough Erne, Newtownbutler ; adulte/enfant 6,50/3,25 £ ; domaine 10h-18h tlj, centre des visiteurs et salon de thé 11h-17h mai-oct)

Glenveagh National Park
Voir p. 245. (infos pratiques p. 272)

Glenariff Forest Park
Les visiteurs sous-estiment souvent les gorges spectaculaires et les cascades de ce paisible parc forestier de la côte d'Antrim. (Ballymena, comté d'Antrim)

Kilbroney Park
La vue sur le Carlingford Lough depuis la forêt de Rostrevor est absolument merveilleuse. Les meilleurs sentiers de VTT de descente de la région se trouvent dans ce parc. (89 Shore Rd, Rostrevor ; accès libre ; 9h-17h nov-mars, 9h-19h avr et sept, 9h-21h mai, 9h-22h juin-sept)

Slieve Gullion Forest Park
Dans le sud d'Armagh, ce parc forestier abrite une excellente aire d'aventures pour les enfants, avec un sentier sur le thème des contes. Au bout d'une route panoramique se trouve un chemin menant au sommet du Slieve Gullion (573 m). (0330-137 4046 ; www.ringofgullion.org ; 89 Drumintee Rd, Meigh ; accès libre ; 8h-21h ou coucher du soleil avr-1er week-end oct, 8h-17h ou coucher du soleil oct-mars)

De chemins en sommets

Causeway Coast Way
Voir p. 263. (www.walkni.com)

Cuilcagh Boardwalk Trail
Cette passerelle de planches de 6,5 km (13 km/3 heures 30 aller-retour), traverse des tourbières jusqu'au plus haut sommet du comté de Fermanagh (666 m). Les derniers mètres se font sur un long escalier. (cuilcaghlakelands.org ; Cuilcagh Lakelands Geopark, comtés de Cavan et de Fermanagh ; P parking principal 43 Marlbank Rd, Enniskillen)

Slieve Donard
Randonnée facile vers le point culminant des Mourne Mountains (853 m), avec un beau panorama au sommet. (walkni.com/mourne-mountains/slieve-donard-via-glen-river ; Donard Car Park, comté de Down)

Slemish Mountain
Dans sa jeunesse, saint Patrick aurait travaillé comme berger sur cette colline (438 m). Proche de Ballymena, dans le comté d'Antrim. (walkni.com/walks/slemish ; Carnstroan Lane, Broughshane)

Unique Ascent
Voir p. 268. Des sorties d'"escalade marine" dans le Donegal avec le guide Iain Miller. (uniqueascent.ie ; uniqueascent@gmail.com ; Tullaghobegley Irish, Falcarragh)

Le grand bain

Causeway Coast Kayak Association
Voir p. 263. (info@ccka.co.uk ; ccka.co.uk ; Portrush)

Causeway Coasteering
Voir p. 264. (jump@causewaycoasteering.com ; causewaycoasteering.com ; Portrush ; sortie 2-3 heures 35-55 £/pers)

Coasteering NI
Voir p. 264. (splash@coasteeringni.co.uk ; coasteeringni.co.uk ; Harbour Rd, Ballintoy ; sortie 2 heures 30, 45 £/pers)

Erne Boat Hire
Voir p. 255. (075-2342 3232 ; erneboathireltd.com ; Regal Pass Jetty, Wellington Rd, Enniskillen ; croisière 4 heures 60 £ ; départ 10h et 14h30)

Erne Tours
Voir p. 255. (028-6632 2882 ; ernetours.com ; Round 'O' Jetty, Brook Park, Enniskillen ; croisière adulte/enfant 10/6 £)

Erne Water Taxi
Voir p. 255. (077-1977 0588 ; www.ernewatertaxi.com ; Castle Museum Jetty, Enniskillen ; croisière 1 heure adulte/enfant 15/8 £)

Gola Island Adventures
Voir p. 268. (087-247 4146 ; facebook.com/golaisland ; Gola Island, comté de Donegal)

Inish Adventures
Voir p. 268. (074-938 5903 ; www.inishadventures.com ; front de mer, James St, Moville)

Mevagh Dive Centre
Voir p. 268. (074-91 54708 ; www.mevaghdiving.com ; Milford Rd, Carrigart)

Share Discovery Village
Voir p. 256. (028-6772 2122 ; www.sharevillage.org ; 221 Lisnaskea Rd, Lisnaskea)

Festins les pieds dans l'eau

Brunel's £££
Sur le front de mer de Newcastle, le chef Paul Cunningham utilise des ingrédients de la région pour préparer des plats audacieux, créatifs et superbement présentés. (028-4372 3951 ; brunelsrestaurant.co.uk ; 32 Downs Rd, Newcastle ; plats déj 6-16 £, dîner 16-34 £)

Morton's Fish & Chips £
Les bateaux déposent leurs chargements de cabillauds, haddocks, saint-jacques et langoustines au pied de ce cabanon du port de Ballycastle. (028-2076 1100 ; mortonsfishballycastle.com ; The Harbour, Bayview Rd, Ballycastle ; plats 2-8,20 £ ; 15h-20h lun-mer, 13h-20h jeu-dim)

Pyke 'n' Pommes POD £
Une cuisine de rue à base de produits de la région (tacos au haddock pané à la tequila, poitrine de bœuf braisée à la bière brune, chou-fleur pané, burgers de bœuf Wagyu) est servie depuis un conteneur en bordure de rivière, à Derry. (www.pykenpommes.ie ; derrière la Foyle Port Marina, près de Baronet St, Derry ; plats 4-16 £ ; 12h-20h30 ven-sam, 12h-18h sam-jeu ;)

Dégustation de whiskey et de gin

Old Bushmills Distillery
La visite guidée de la plus vieille distillerie du monde comprend une dégustation de Bushmills, un whiskey produit avec de l'orge irlandaise et l'eau d'un affluent de la rivière Bush. (028-2073 3218 ; www.bushmills.com ; 2 Distillery Rd, Bushmills ; visite adulte/enfant 9/5 £ ; 9h15-16h45 lun-sam, 12h-16h45 dim)

Boatyard Distillery
Voir p. 256. (boatyarddistillery.com ; Tullybay marina, 346 Lough Shore Rd, Enniskillen ; visite guidée 45 £/pers ; 11h et 14h mer-dim)

Session de musique dans un pub de Belfast

Pintes et musique traditionnelle

Bittles Bar
Voir p. 250 (028-9031 1088 ; www.facebook.com/BittlesBar ; 103 Victoria St/70 Upper Church Lane, Belfast ; 11h-23h lun-jeu, 11h-1h ven-sam, 12h-18h dim)

Crawford's Bar
Le village de Rostrevor, dans le comté de Down, est réputé pour sa musique traditionnelle. C'est ici qu'a lieu en juillet le **Fiddler's Green International Festival** (fiddlersgreenfestival.com). Le Crawford's Bar organise régulièrement des concerts pendant lesquels on déguste bières et alcools artisanaux de la région. (029-4173 9911 ; therostrevorinn.com ; The Rostrevor Inn, 33-35 Bridge St, Rostrevor ; à partir de 15h)

Leo's Tavern
Les concerts de chez Leo's sont légendaires. Des musiciens y jouent tous les soirs en été et régulièrement le reste de l'année. Dans le district Gaeltacht de Gweedore, dans le comté de Donegal. (074-954 8143 ; leostavern.com ; Meenaleck, près de la R259, Crolly ; plats 13-23 € ; cuisine 17h-20h45 lun-ven, 13h-20h45 sam-dim, bar 16h-minuit lun-ven, 12h-minuit sam-dim)

Sunflower Pub
Voir p. 247. (028-9023 2474 ; sunflowerbelfast.com ; 65 Union St, Belfast ; 12h-minuit lun-mer, 12h-1h jeu-sam, 13h-minuit dim)

Carnet pratique

À droite Dunquin, péninsule de Dingle (p. 175)

ARRIVER EN IRLANDE

La plupart des visiteurs arrivent en Irlande via Dublin. L'aéroport est à 13 km au nord du centre-ville et compte deux terminaux. Mais il existe d'autres points d'entrée, à Cork, Shannon ou Belfast notamment, ou par la voie des mers, en ferry, depuis la France ou la Grande-Bretagne.

POINTS D'ENTRÉE

L'aéroport de Dublin (Dublin Airport ; ✆01-814 1111 ; www.dublinairport.com) est le principal aéroport international d'Irlande, avec des vols directs depuis l'Europe continentale et l'Amérique du Nord notamment.

L'aéroport international de Belfast (Belfast International Airport, Aldergrove ; ✆028-9448 4848 ; www.belfastairport.com) accueille des vols directs depuis l'Europe (easyJet), l'Amérique du Nord et la Grande-Bretagne. Il se situe à 30 km au nord-ouest du centre-ville. Vous trouverez une station de taxis à la sortie du hall des arrivées. Comptez 25 £ et 20-40 minutes pour rejoindre le centre. Des bus Metro et Glider partent également pour Belfast. Achetez vos billets aux distributeurs près des arrêts.

L'aéroport de Cork (Cork Airport ; ✆021-431 3131 ; www.corkairport.com), à 15 minutes de la ville, accueille des vols directs en provenance de Paris et, en saison, de Bordeaux et de Zurich. Il est desservi par Aer Lingus, Ryanair et la Swiss, entre autres.

L'aéroport de Shannon (Shannon Airport, SNN ; ✆061-712 000 ; www.shannonairport.ie), se trouve à 1 heure de route de Galway. Il dessert quelques villes du Royaume-Uni et d'Espagne.

Depuis la France, plusieurs compagnies de ferries relient directement la France (mais pas la Belgique) à l'Irlande. Les tarifs varient beaucoup d'une saison à l'autre ; fréquentes promotions sur les sites. Réservez bien à l'avance.

Depuis **Roscoff**, en Bretagne, **Brittany Ferries** (✆0825 828 828 ; www.brittany-ferries.fr) opère de fin mars à fin octobre au moins une liaison hebdomadaire vers Cork et Rosslare. Depuis **Cherbourg**, en Normandie, **Irish Ferries** (✆01 70 72 03 26 ; www.irishferries.com) assure jusqu'à 4 liaisons/sem avec Dublin de mai à septembre, et **Stena Lines** (✆02 33 43 23 87 ; www.stenaline.fr) opère une liaison avec Rosslare.

Depuis la Grande-Bretagne, les principales compagnies de ferries sont les suivantes : **Irish Ferries** (✆01 70 72 03 26, 0818 300 400 ; www.irishferries.com). Dublin-Holyhead (jusqu'à 5/jour toute l'année) ; **P&O Ferries** (✆01-686 9467 ; www.poferries.com). Dublin-Liverpool et Larne-Cairnryan tlj toute l'année ; **Stena Line** (✆02 33 43 23 87 ; www.stenaline.fr). Liaisons quotidiennes Holyhead-Dublin, Belfast-Liverpool, Belfast-Cairnryan et Rosslare-Fishguard.

FORMALITÉS D'ENTRÉE

Visas Les citoyens européens et suisses n'ont pas besoin de visa pour se rendre en république d'Irlande et en Irlande du Nord. Les Canadiens peuvent séjourner sans visa pendant 3 mois en république d'Irlande, 6 mois en Irlande du Nord.

Précautions Avant le départ, assurez-vous que les modalités d'entrée sur le territoire n'ont pas changé (en particulier en Irlande du Nord, du fait du Brexit). Vérifiez sur le site du gouvernement www.diplomatie.gouv.fr/fr/conseils-aux-voyageurs pour les dernières mises à jour.

AÉROPORT DE DUBLIN : BON À SAVOIR

Bureau de change Dans le terminal 1, on trouve des bureaux de change dans le hall des arrivées (5h30-minuit) et le hall des bagages (7h-19h), ainsi que dans le hall des bagages du terminal 2 (4h30-22h30). Les banques en ville proposent de meilleurs taux.
Bornes de recharge Présentes dans les zones d'attente du hall des départs, mais pas aux arrivées.
DAB Distributeurs acceptant les cartes Cirrus, Maestro ou Plus dans les deux terminaux.
Douane Les produits achetés en UE sont acceptés comme relevant d'un usage personnel, les quantités autorisées allant jusqu'à 3 200 cigarettes (ou 3 kg de tabac), 10 L de spiritueux ou 90 L de vin non pétillant ou 110 L de bière. Pour les produits achetés en duty-free hors de l'UE, les quantités sont limitées à 200 cigarettes, 1 L de spiritueux ou 2 L de vin, 60 mL de parfum et 250 mL d'eau de toilette.
Taxi Des taxis attendent devant le hall des arrivées des deux terminaux. Certains d'entre eux n'acceptent pas les paiements par carte bancaire.
Wi-Fi Gratuit et illimité dans les deux terminaux. Connectez-vous au réseau Dublin Airport Wi-Fi.

DEPUIS/VERS L'AÉROPORT DE DUBLIN

Aircoach (www.aircoach.ie) compte trois lignes de bus desservant 20 arrêts à Dublin. Les bus partent de la zone 11 du terminal 1, à deux minutes du hall des arrivées. Achetez vos billets auprès du conducteur ou du personnel présent à l'arrêt de bus (espèces ou sans contact).

Airlink Express (airlinkexpress.ie) dispose de deux lignes, la 747 pour la gare de Heuston et la 757 pour Camden St. Les bus stationnent devant le hall des arrivées des terminaux 1 et 2. Faites l'appoint ou achetez une carte Leap.

Bus locaux Les lignes n°16, 41 et 102 desservent différents arrêts du centre-ville. Vous les trouverez à l'extrémité du parking, devant le terminal 1. Faites l'appoint ou achetez une carte Leap (voir ci-contre). La place pour les bagages y est limitée.

BUDGET

Taxi
25-40 €
45 min

Bus local
3,30 €
45-60 min

Aircoach
7 €
30-60 min

Taxi
Des taxis attendent devant le hall des arrivées des deux terminaux. Certains d'entre eux n'acceptent pas les paiements par carte. .bancaire.

Planifier son itinéraire
L'application National Journey Planner est très utile pour planifier les trajets en bus ou en train.

Visitor Leap Card
Achetez-la auprès du Bus & Travel Information Desk (hall des arrivées, terminal 1) pour des trajets illimités sur les réseaux Dublin Bus (comprenant les bus Airlink de l'aéroport), Luas et DART. (about.leapcard.ie /leap-visitor-card)
Options 1/3/7 jours 10/19,50/40 €.
Recharge 1, 3 ou 7 jours dans les points de vente Leap.

CONSEILS PRATIQUES POUR CIRCULER

La voiture est idéale pour explorer l'Irlande à votre rythme et prendre le temps d'admirer le paysage. Les transports en commun, efficaces et bon marché, permettent de rallier les villes principales ainsi que les bourgs et villages jalonnant leurs itinéraires. Les localités à l'écart des grands axes routiers, en revanche, sont très mal desservies.

VOITURE

La voiture est le mode de transport le plus pratique pour explorer l'Irlande. Des agences de location sont présentes dans toutes les villes et localités principales. La plupart des véhicules sont équipés de boîtes de vitesse manuelles ; les automatiques sont plus chères. Si vous passez la frontière, vérifiez que vous êtes couvert par votre assurance en Irlande du Nord.

BUS

Le bus est le moyen de transport le plus économique. En République d'Irlande, les compagnies privées font concurrence à l'entreprise nationale Bus Éireann (www.buseireann.ie) et couvrent même certaines régions où elle est absente. En Irlande du Nord, c'est Ulsterbus (www.translink.co.uk) qui gère le réseau de bus.

LOCATION DE VOITURE/JOUR

À partir de 15 €

Essence 1,73 €/litre

Péage 1,40-3,10 €

Dans la campagne irlandaise, les routes sont souvent étroites et sinueuses, et les virages sans visibilité peuvent être dangereux, sans compter les moutons errant sur les voies. Si un véhicule arrive face à vous, cherchez un espace vers lequel vous rabattre ; la règle veut que le véhicule qui en est le plus proche cède le passage, quitte à faire marche arrière (remerciez l'autre conducteur d'un geste de la main). Attention à la brume, qui peut se lever soudainement, notamment dans les hauteurs.

BATEAU

Des bateaux desservent les îles du littoral irlandais. Les ferries, particulièrement utiles si vous êtes à vélo, permettent de traverser rapidement fleuves, loughs et bras de mer. De nombreux loughs et cours d'eau d'Irlande peuvent être découverts dans le cadre d'une croisière touristique.

TRAIN

Le réseau ferroviaire irlandais est limité, mais les lignes existantes, notamment Belfast-Dublin et Dublin-Cork, sont rapides et confortables. Les réseaux sont gérés par Iarnród Éireann (Irish Rail) en République d'Irlande, et par NI Railways en Irlande du Nord. Achetez vos billets le plus tôt possible pour obtenir les meilleurs tarifs.

CODE DE LA ROUTE

Conduisez à gauche et dépassez par la droite. Priorité à droite aux ronds-points.

L'âge minimum pour conduire est de 17 ans.

La vitesse est limitée à 120 km/h sur l'autoroute (70 miles/h, soit 112 km/h, en Irlande du Nord), et à 50 km/h en zone urbaine (30 miles/h, soit 48 km/h, en Irlande du Nord), sauf indication contraire.

La quantité d'alcool dans le sang ne doit pas dépasser 0,5 g/L.

VÉLO

Grâce à sa petite taille et ses superbes paysages, l'Irlande est une destination idéale pour le cyclotourisme. Le climat imprévisible et l'étroitesse des routes peuvent toutefois gâter l'expérience. Un réseau de pistes cyclables protégées ou le long de routes peu fréquentées est en cours de développement, comprenant plusieurs voies vertes le long de voies ferrées désaffectées. On trouve facilement des vélos à louer dans les villes touristiques. Dublin et Belfast disposent d'un système de vélos partagés.

PÉAGES

Plusieurs autoroutes sont payantes, généralement par barrière de péage. Sur la M50, le péage est automatique : des caméras enregistrent les plaques d'immatriculation des usagers. Réglez en ligne avant le lendemain à 20h. Certaines agences de location de voitures incluent les frais de péages dans leurs tarifs.

ROUTES PANORAMIQUES

En voiture, sortez des routes principales dès que l'occasion se présente. C'est sur les petites routes que vous pourrez admirer les paysages les plus époustouflants d'Irlande, et vous ne compterez plus les haltes sur le bas-côté pour prendre des photos.

CALCULEZ VOTRE EMPREINTE CARBONE

En voiture, le trajet Dublin-Cork émet environ 50 kg de CO_2, contre 26 kg par passager pour le même trajet en bus, et 10 kg en train.
Plusieurs calculateurs en ligne permettent d'estimer l'empreinte carbone de votre voyage.

DISTANCES ROUTIÈRES (EN KM)

Belfast	–									
Cork	424	–								
Dublin	167	256	–							
Enniskillen	133	355	162	–						
Galway	306	209	212	180	–					
Kilkenny	284	148	114	236	172	–				
Killarney	436	87	304	372	193	198	–			
Sligo	206	336	214	67	138	245	343	–		
Waterford	333	126	163	319	220	48	193	293	–	
Wexford	309	187	135	302	253	80	254	307	61	–
	Belfast	Cork	Dublin	Enniskillen	Galway	Kilkenny	Killarney	Sligo	Waterford	Wexford

DÉSAGRÉMENTS ET DANGERS

L'Irlande est l'un des pays les plus sûrs d'Europe, ce qui ne dispense pas des précautions d'usage.

COVID-19

Depuis le 6 mars 2022, l'Irlande a levé toutes les restrictions sanitaires liées à la Covid-19. Cependant, ces règles peuvent évoluer. Avant de vous rendre en Irlande, consultez le site du ministère des Affaires étrangères français, rubrique Conseils aux voyageurs (www.diplomatie.gouv.fr), et le site du gouvernement irlandais (www.gov.ie) pour connaître les dernières conditions d'entrée.

IRISH TOURIST ASSISTANCE SERVICES

L'ITAS (itas.ie) fournit aide et soutien aux personnes victimes de crimes lors de leur séjour en Irlande. Si cela vous arrive, adressez-vous au poste de police (Garda en République d'Irlande, PSNI en Irlande du Nord) le plus proche, et demandez que vous soit remis un récépissé de votre déclaration, généralement exigé par les assurances et pour les demandes de documents de voyage en urgence.

IRLANDE DU NORD

Les tensions religieuses sont de nos jours rarement un problème pour les visiteurs étrangers. Tenez-vous néanmoins informé de l'actualité locale et évitez les zones les plus sujettes à des tensions. Gardez à l'esprit que religion et politique demeurent des sujets sensibles dans la région. Évitez de venir en Irlande du Nord lors des défilés orangistes du 12 juillet, lorsque les passions sectaires se réveillent.

SIMULIES (MIDGES)

Ces petits moucherons à la morsure irritante sont surtout actifs de mai à septembre dans les régions marécageuses du Connemara et du Donegal. Ils émergent généralement au crépuscule et ne sont porteurs d'aucune maladie. L'efficacité des répulsifs est variable. Portez des vêtements couvrants et clairs.

STEFANIEMUELLER/SHUTTERSTOCK ©

CAAMALF/SHUTTERSTOCK ©

PHARMACIES

Pour les maux sans gravité ne nécessitant pas de prescription, les pharmaciens vous conseilleront et vous délivreront des médicaments sans ordonnance. Ils peuvent aussi vous orienter vers un médecin si votre état l'exige.

PROBLÈMES JURIDIQUES

La possession d'une petite quantité de cannabis donne généralement lieu à un avertissement ; la possession d'autres drogues fait l'objet de sanctions plus sévères. Si vous êtes arrêté, vous avez le droit de contacter un avocat ou votre ambassade.

ASSURANCES

La carte européenne d'assurance maladie (CEAM ; demande en ligne sur www.ameli.fr) couvre les citoyens de l'UE pour la plupart des frais médicaux en République d'Irlande. En Irlande du Nord, la prise en charge en urgence aux services d'urgences (Accident & Emergency ou A&E) des hôpitaux publics, est gratuite, y compris pour les étrangers.

CONSEILS POUR GÉRER VOTRE BUDGET

CARTES BANCAIRES

Les cartes Visa et MasterCard sont très largement acceptées. Les cartes American Express ne sont acceptées que dans les établissements de grandes chaînes. Au-delà de 50 € (45 £ en Irlande du Nord), la plupart des transactions nécessitent la saisie du code PIN. Certains B&B de zones rurales ne prennent que les espèces.

DEVISES

La République d'Irlande utilise l'euro. En Irlande du Nord, la livre sterling (£) est la monnaie officielle, mais de nombreux établissements acceptent l'euro.

CHANGE DE DEVISES

Les banques offrent les meilleurs taux, mais les bureaux de change ont des horaires plus étendus.

DEVISES

République d'Irlande : euro
Irlande du Nord : livre sterling

BUDGET

Une pinte de Guinness
5 €

Un cappuccino
3,50 €

Un dîner pour deux
40 €

DAB

Toutes les banques disposent de DAB intégrés aux réseaux bancaires internationaux comme Cirrus, Maestro ou Plus. Pour les visiteurs vivant dans des pays hors de la zone euro, les transactions peuvent entraîner des frais supplémentaires.

POURBOIRES

Il n'est pas inhabituel de laisser 10 à 15% de l'addition dans les restaurants, sauf lorsqu'un supplément est déjà facturé pour le service. Aucun pourboire n'est attendu dans les pubs et bars.

TAUX DE CHANGE

Si l'on vous propose le choix de la devise lors d'un paiement par carte bancaire, préférez toujours la monnaie locale (l'euro en République d'Irlande, la livre sterling en Irlande du Nord) à celle de votre pays de résidence.

TAXES ET REMBOURSEMENTS

Pour la plupart des produits, le prix comprend la TVA de 23% (20% en Irlande du Nord). Les visiteurs résidant dans un pays extérieur à l'UE peuvent se la faire rembourser à condition que le magasin où l'achat a été effectué adhère au programme de remboursement Retail Export Scheme (Tax-Free Shopping en Irlande du Nord), ce qui est généralement indiqué par un autocollant sur la vitrine. En revanche, aucun remboursement n'est possible si vous voyagez entre l'Irlande du Nord et la Grande-Bretagne, quel que soit votre pays de résidence.

RÉDUCTIONS ET BONS PLANS

Dublin Pass (dublinpass.com). Inclut un circuit à bord d'un bus touristique à montée et descente libres ainsi que l'accès à 30 sites touristiques et des réductions pour 20 autres sites.

Heritage Card (heritageireland.ie). Accès libre à tous les sites historiques gérés par l'Office of Public Works. Peut être intéressant pour les familles souhaitant visiter plusieurs sites.

VOYAGE RESPONSABLE

Conseils pour alléger votre empreinte écologique, soutenir la vie locale et avoir un impact positif.

SUR LA ROUTE

Privilégiez les agences utilisant des véhicules légers pour vos visites de groupe dans l'arrière-pays irlandais. Les grands cars peuvent causer des embouteillages sur les petites routes de campagne.

Utilisez les parkings payants des sites touristiques plutôt que de vous garer sur le bas-côté. Vous réduirez ainsi le risque d'accidents et d'embouteillages.

Le camping sauvage en van aménagé est interdit en Irlande. Demandez la permission au propriétaire du terrain sur lequel vous souhaitez vous arrêter ou cherchez un emplacement légal sur totalcampingireland.ie/legal-stopovers.

Sustainable Travel Ireland attribue des labels bronze, argent et or aux hôtels, tour-opérateurs, sites touristiques et restaurants adoptant des pratiques durables. La liste des établissements ainsi labélisés est disponible sur sustainabletravelireland.ie.

Recyclage De nombreux déchets se recyclent en Irlande, notamment le plastique, le carton, les canettes en aluminium et les déchets alimentaires. Repérez les conteneurs adaptés dans votre hébergement. Plus d'informations sur mywaste.ie.

CONTRIBUEZ À VOTRE ÉCHELLE

Nettoyage des plages Participez à un nettoyage de plage avec Clean Coasts (cleancoasts.org).

Banques alimentaires De nombreux supermarchés disposent de lieux de collecte près des caisses. On peut y laisser de la nourriture mais également des produits d'hygiène ou de ménage.

Food Cloud est une association luttant contre le gaspillage alimentaire en Irlande. Les bénévoles collectent les excédents dans les fermes après la vente de leurs récoltes (food.cloud).

Renseignez-vous sur les initiatives de protection de la nature, ou faites un don. L'Irish Wildlife Trust milite pour la protection de la faune irlandaise et gère plusieurs réserves naturelles (iwt.ie).

PAS D'IMPAIRS

Faites preuve de respect lorsque vous visitez les monuments nationaux. Veillez à ne pas escalader ou endommager d'une quelconque manière les sites anciens.

Ne parlez de politique locale ou de religion que si vous êtes certain de n'offenser personne, en particulier dans le nord de l'île.

Ne discutez de l'histoire du pays qu'avec tact et sensibilité.

RÉDUISEZ VOTRE EMPREINTE CARBONE

Ne quittez pas les sentiers lors de vos randonnées, en particulier sur les promenades en bois. Celles-ci servent généralement à préserver les écosystèmes des tourbières.

Emportez des sacs réutilisables Les commerces irlandais ont l'obligation de faire payer les sacs de courses afin d'encourager les clients à les réutiliser.

De nombreux cafés proposent des réductions sur les boissons à emporter si vous disposez de votre propre contenant.

Les déchets biodégradables peuvent être nocifs pour la faune et les écosystèmes locaux – ne les jetez pas n'importe où.

4H4 PHOTOGRAPHY/SHUTTERSTOCK ©

SOUTENEZ LA VIE LOCALE

Design Ireland fait la promotion de créateurs et artisans indépendants de République d'Irlande. Leurs objets d'art et d'artisanat peuvent devenir de beaux souvenirs de voyage (designireland.ie).

Craft NI en fait de même en Irlande du Nord (craftni.org).

Mangez local. Achetez des produits frais et artisanaux dans les marchés de producteurs et les boutiques des fermes. L'Irish Organic Association propose une liste des boutiques de fermes bio (irishorganicassociation.ie).

VOYAGES ET CHANGEMENTS CLIMATIQUES

Tous les moyens de transport fonctionnant à l'énergie fossile génèrent du CO_2 – la principale cause du changement climatique induit par l'homme. L'industrie du voyage est aujourd'hui dépendante des avions. Si ceux-ci ne consomment pas nécessairement plus de carburant par kilomètre et par personne que la plupart des voitures, ils parcourent en revanche des distances bien plus grandes et relâchent quantité de particules et de gaz à effet de serre dans les couches supérieures de l'atmosphère. De nombreux sites Internet utilisent des "compteurs de carbone" permettant aux voyageurs de compenser le niveau des gaz à effet de serre dont ils sont responsables par une contribution financière à des projets respectueux de l'environnement. Lonely Planet "compense" les émissions de tout son personnel et de ses auteurs.

SITES INTERNET

iwt.ie
npws.ie
www.voyageons-autrement.com
www.tourisme-responsable.org

HÉBERGEMENTS TYPIQUES ET INSOLITES

L'Irlande compte des hébergements pour tous les budgets, de l'auberge de jeunesse bon marché au B&B familial en passant par l'hôtel de luxe ; optez pour des chambres avec vue pour profiter des superbes paysages de l'île. Le glamping est de plus en plus prisé, les "pods" (mini-cabanes) offrant une bonne protection contre la pluie.

BUDGET/NUIT

hutte en bois (*pod*) 80 €

Château 180 €

Roulotte 230 €

DESIGN PICS INC/ALAMY STOCK PHOTO ©

CHÂTEAUX, TOURS ET PAVILLONS DE GARDIEN

Vous rêvez d'une vie de château ? L'Irlande pourrait bien vous combler ! De nombreux châteaux y ont été convertis en hôtels de luxe tels que Ballynahinch Castle, dans le Connemara, Belleek Castle, dans le comté de Mayo, ou encore Lough Eske Castle, dans le comté de Donegal. Plusieurs châteaux, tours et pavillons de gardien contiennent également des appartements à louer pour les vacances, la plupart dans un cadre splendide au cœur de vastes jardins paysagers.

BATEAUX AVEC CABINES ET PÉNICHES

Louer un bateau ou une péniche avec cabines est un moyen fantastique de découvrir l'Irlande. La Shannon-Erne Waterway est un paradis de calme et de tranquillité. Dans le comté de Fermanagh, plusieurs opérateurs louent des bateaux avec cabines pour des vacances sur les eaux du Lough Erne ; aucun permis ou expérience n'est nécessaire.

PETER KROCKA/SHUTTERSTOCK ©

PHARES

Passer la nuit dans un phare permet de profiter d'une vue sur la mer et de paysages sauvages peuplés d'oiseaux de toutes sortes. Plusieurs phares d'Irlande proposent des locations de vacances, notamment les phares de Fanad Head et St John's Point dans le comté de Donegal, de Wicklow Head dans le comté de Wicklow, et de St John's Point dans le comté de Down (greatlighthouses.com).

JAN SZTEMON/GETTY IMAGES ©

TESTEZ LE "GLAMPING" : PODS ET YOURTES

Si le climat irlandais peut vous faire renoncer à vos envies de camping, les *pods* feront un bon compromis. Ces cabanes ovales en bois sont parfois très simples, avec couchettes en bois basiques (duvet non fourni), ou très luxueuses, avec vrais lits, kitchenettes et salle de bain. Les meilleures d'entre elles offrent un panorama exceptionnel. Certains sites proposent aussi des séjours en yourtes, le plus souvent équipées de poêles à bois, lits king size et autre mobilier. Le "glamping" est un mode d'hébergement très prisé – réservez le plus tôt possible.

CABANES ET BULLES DANS LES ARBRES

Une nuit perché dans les arbres, ça vous dit ? Vous trouverez en Irlande une offre allant de l'hébergement basique au luxueux avec Jacuzzi et confort moderne. Les bulles transparentes de Finn Lough (finnlough.com), installées dans le comté de Fermanagh, au cœur d'une forêt paisible bordant le Lough Erne, permettent de s'endormir la tête dans les étoiles.

ROULOTTES AVEC CHEVAL

Il est possible de louer une roulotte tractée par un cheval, que vous conduirez à travers les paisibles campagnes irlandaises et dans laquelle vous passerez vos nuits. Les roulottes sont équipées de cuisinières et de lampes à gaz, mais ne comptent ni salle d'eau ni électricité. Contactez Clissmann Horse Caravans (clissmannhorsecaravans.com) dans le comté de Wicklow.

RÉSERVATIONS

Il est conseillé de réserver, quelle que soit la période ; pendant les vacances d'été (juillet-août), c'est absolument indispensable. En été, les jours fériés sont le premier lundi du mois d'août en République d'Irlande, ainsi que le 12 juillet et le dernier lundi d'août en Irlande du Nord.

Discover Ireland (discoverireland.ie) et **Discover Northern Ireland** (discovernorthernireland.com) proposent des listes très complètes d'hébergements. Les offices de tourisme locaux peuvent souvent réserver pour vous.

Daft.ie (daft.ie) Portail immobilier incluant des annonces pour des locations de vacances ou à court terme.

Elegant Ireland (elegant.ie) Spécialisé dans la location de châteaux, maisons d'époque et lieux originaux.

Imagine Ireland (imagineireland.com) Locations de cottages à travers toute l'Irlande.

Irish Landmark Trust (irishlandmark.com) Association de protection du patrimoine proposant de séjourner dans des propriétés historiques – châteaux, tours, pavillons, écoles et phares.

National Trust (nationaltrust.org.uk) Hébergement en cottage et campings appartenant au National Trust d'Irlande du Nord.

Dream Ireland (dreamireland.com). Liste de cottages et appartements de vacances.

BOB HILSCHER/SHUTTERSTOCK ©

MAISON VIKING

Voyagez 1 000 ans en arrière en passant la nuit dans une maison viking reconstituée, avec toit de chaume, murs en torchis et foyer central dans l'Irish National Heritage Park, dans le comté de Wexford (www.irishheritage.ie).

BOÎTE À OUTILS

JOURS FÉRIÉS

Les jours fériés sont souvent synonymes d'embouteillages. Réservez vos hébergements le plus tôt possible.

TRAVERSER LA FRONTIÈRE

Il n'y a pas de contrôles à la frontière entre la République d'Irlande et l'Irlande du Nord. Le Brexit pourrait entraîner des changements à moyen terme ; renseignez-vous.

TABAC

Il est interdit de fumer dans les lieux clos, hormis dans les résidences privées et les chambres d'hôtel qui l'autorisent expressément. Il est également interdit de fumer en voiture s'il y a des enfants à bord.

INFOS UTILES

Fuseau horaire
GMT+1

Indicatif téléphonique
+353

Électricité
230 V/50 Hz

À SAVOIR

Les citoyens européens et suisses n'ont pas besoin de visa. Les Canadiens peuvent séjourner sans visa pendant 3 mois en République d'Irlande (6 mois en Irlande du Nord).

Urgences : 999 (police, pompiers et ambulance)

L'alimentation électrique est de 230 V/50 Hz. Les prises électriques ont trois fiches, comme au Royaume-Uni.

On trouve des ports USB dans un nombre croissant d'hôtels et de cafés.

L'Irlande utilise officiellement le système métrique, sauf pour l'alcool, mesuré en pinte. Le système impérial reste néanmoins couramment employé.

VOYAGEURS HANDICAPÉS

Les bâtiments récents sont tous accessibles en fauteuil roulant. Certains sites historiques, notamment les châteaux et tours, ne disposent pas d'ascenseurs.

Les hôtels sont souvent équipés d'ascenseurs, rampes, boucles auditives et chambres avec sdb accessibles en fauteuil. Disabled Friendly Hotels (disabledfriendlyhotels.com) publie une liste d'hébergements adaptés.

Des places de parking sont généralement réservées aux personnes porteuses d'un handicap dans les centres commerciaux et les sites touristiques.

Les bus locaux sont le plus souvent dotés d'accès surbaissés et de places prioritaires à bord. Une partie des véhicules de Bus Éireann Expressway et des lignes régionales ne sont pas accessibles en fauteuil, de même que de nombreux arrêts de bus des zones rurales.

Sites Internet Consultez Accessible Ireland (accessibleireland.com) et AccessAble pour l'Irlande du Nord (accessable.co.uk).

TÉLÉPHONE

Les téléphones européens fonctionnent en Irlande, sans surcoût. Pour les autres pays, vérifiez que votre téléphone est débloqué et achetez une carte SIM locale.

TOURNÉES AU PUB

Entre amis au pub, il est de coutume de payer chacun une tournée, l'un après l'autre.

SALUTATIONS

Une poignée de main en regardant dans les yeux est de rigueur lorsque vous rencontrez quelqu'un pour la première fois, et pour dire au revoir.

EN FAMILLE

Les transports en commun sont gratuits pour les enfants de moins de 5 ans.

Les hôtels fournissent généralement lits bébé sur demande préalable. Les grands hôtels proposent parfois des clubs enfants pendant les vacances scolaires. Certains B&B n'acceptent pas les enfants.

Les restaurants disposent le plus souvent de chaises hautes, menus enfants et tables à langer. Les enfants ne sont pas toujours les bienvenus dans les établissements haut de gamme.

Les pubs n'acceptent pas les moins de 15 ans après 21h.

Les sites touristiques offrent presque tous des équipements adaptés aux enfants et des réductions pour les familles.

HEURE LOCALE

En hiver (novembre à mars), l'Irlande est à l'heure du méridien de Greenwich (GMT ou UTC), comme la Grande-Bretagne. En été (avril à octobre), les pendules avancent d'une heure pour passer à l'heure GMT/UTC+1, également appelée Irish Standard Time (IST) ou British Summer Time (BST). Lorsqu'il est midi à Dublin ou à Belfast, il est 13h à Paris, Bruxelles et Berne.

BREXIT

Le Protocole sur l'Irlande du Nord, intégré au traité officialisant la sortie du Royaume-Uni de l'UE, garantit le maintien d'une frontière ouverte entre la République d'Irlande et l'Irlande du Nord, sans contrôles ou formalités supplémentaires, pour le moment. En conséquence, l'Irlande du Nord continue d'adhérer à de nombreuses réglementations européennes pour l'import-export.

VOYAGEURS LGBTQI+

Dans l'ensemble l'Irlande est un pays tolérant envers les voyageurs LGBTQI+, même si la communauté LGBTQI+ locale souffre encore de discriminations et d'homophobie.

Le mariage entre personnes du même sexe est légal depuis 2015 (2020 en Irlande du Nord).

Des communautés gays bien établies sont présentes à Dublin, Belfast, Galway et Cork. Chacune de ces villes organise sa propre Gay Pride.

Leo Varadkar, Taoiseach (Premier ministre) de 2017 à 2020, fut le premier chef de gouvernement ouvertement homosexuel d'Irlande.

Gay Community News (GCN ; gcn.ie) est un mensuel d'information locale à destination de la communauté LGBTQI+.

LANGUES

Parlé aujourd'hui par quelque 400 millions de personnes dans le monde, l'anglais est la langue dominante en république d'Irlande et, de surcroît, en Irlande du Nord.

PRÉSENTATIONS

Bonjour. Hi. *haï*
Au revoir. Bye. *baï*
Enchanté(e).
Nice to meet you. *naï·ce tou mit you*
Comment allez-vous ?/Comment vas-tu ?
How are you? *hao âr you*
Bien, merci. Et vous ?/Et toi ?
Fine, thanks, and you? *faïnn sanks annd you*
D'où venez-vous ?
Where are you from? *wère âr you from*
Je viens de...
I'm from... *aïm from*
Qu'est-ce que tu/vous fais/faites dans la vie ?
What do you do for a living?
wat dou you dou for eu li·vinng
Je suis employé(e) de bureau.
I'm an office worker.
aïm eunn ofice weur·keur
Je suis marié(e)/célibataire.
I'm married/single. *aïm ma·rid/sinn·gueul*
Quel âge avez-vous ?/Quel âge as-tu ?
How old are you? *hao old âr you*
J'ai (25) ans.
I'm (25) years old. *aïm (twènn·ti faïv) yirz old*
Quel est votre numéro de téléphone ?
What's your phone number? *wats yor neumbeur*
Quelle est votre adresse e-mail ?
What's your email address? *wats yor imèïl eudrès*

TRANSPORTS ET ORIENTATION

Où est... ? Where's...? *wèrz*
Pouvez-vous me montrer (sur la carte) ?
Can you show me (on the map)?
kann you choo mi (onn zeu map)
Est-ce le bus pour... ?
Is this the bus to...? *Iz ziss zeu beuss tou*
Est-ce l'avion pour... ?
Is this the plane to...? *Iz ziss zeu plèïn tou*
C'est combien pour aller à... ?
How much is it to...? *hao meutch iz it tou*
Ce taxi est-il libre ?
Is this taxi free? *iz ziss taxi frii*
À quelle heure part-il ?
What time does it leave? *wat taïm doz it liiv*

VISITES

Quand a lieu la prochaine excursion à la journée ?
When's the next day trip?
wènn iz zeu next dèï trip
L'excursion dure combien de temps ?
How long is the tour? *hao long iz zeu tour*
L'entrée est-elle comprise dans le prix ?
Is the admission charge included?
Iz zi ad·mi·chieunn tchar·dge inn·clou·did
À quelle heure doit-on rentrer ?
What time should we be back?
wat taïmz chould wi bi bak

SE RESTAURER ET PRENDRE UN VERRE

Pouvez-vous me conseiller un restaurant/bar ?
Can you recommend a restaurant/bar?
kann you ri·ko·mènnd eu res·to·rènnt/bâr

Servez-vous des plats végétariens ?
Do you have vegetarian food?
Dou you hav vèdjè·teu·rieunn foud

Je voudrais une table pour (4) personnes, s'il vous plaît.
I'd like a table for (four), please.
aïd laïk eu tèï·beul for (four) pliiz

Puis-je avoir la carte des boissons, s'il vous plaît.
I'd like to see the drinks list, please.
aïd laïk tou si zeu drinnk list pliiz

Qu'est-ce que vous me conseillez ?
What would you recommend?
wat would you ri·ko·mènnd

Un café (avec du lait, sans sucre).
Coffee (with milk, no sugar).
ko·fi (wiz milk, no chou·gar)

Un thé (sans lait).
Tea (without milk). *tii (wi·zaout milk)*

HÉBERGEMENT

Où puis-je trouver un terrain de camping ?
Where is a camp ground?
wère iz eu kèmmp gwand

Pouvez-vous me recommander une chambre pas chère ?
Can you recommend a cheap room?
kann you ri·ko·mènnd eu tchip roum

Pouvez-vous me recommander un logement de qualité ?
Can you recommend somewhere good?
kann you ri·ko·mènnd some·wère goud

Quel est le prix par nuit ?
How much is it per night?
hao meutch iz it peur naït

Je voudrais réserver une chambre.
I'd like to book a room, please.
aïd laïk tou bouk eu roum, pliz

SHOPPING

Où puis-je acheter... ?
Where can I buy...?
wère kann aï baï

Est-ce que je peux le voir ?
Can I look at it?
kann aï louk at it

Quel est votre meilleur prix ?
What's your lowest price?
wats your la weust praïs

Pouvez-vous écrire le prix ?
Can you write down the price?
kann you wraït daonn zeu praïs

Puis-je avoir un reçu, s'il vous plaît.
I'd like a receipt, please.
aïd laïk eu ri·cipt pliz

Combien coûte (un kilo) ?
How much is (two pounds)?
hao meutch iz (tou paounds)

J'en voudrais (250) grammes.
I'd like half a pound.
aïd laïk half eu paound

Quelle est la spécialité locale ?
What's the local speciality?
wat zeu lo·cal spé·chial·ti

DATES ET HEURES

Quelle heure est-il ?
What time is it? *wat taïm iz it*

Il est (1/13) heure(s).
It's (one am/pm) *its (wann èï·èm/pi·èm)*

matin	morning	*mor·ninng*
après-midi	afternoon	*af·teu·noun*
soir	evening	*iv·ninng*
hier	yesterday	*yès·teu·dèï*
aujourd'hui	today	*tou·dèï*
demain	tomorrow	*tou·mo·ro*

URGENCES

Au secours !	Help!	*hèlp*
Je suis malade.	I'm sick.	*aïm sik*

J'ai besoin d'un médecin (qui parle français).
I need a doctor (who speaks French).
aï nid eu dok·teur (ou spiks frènnch)

Où est l'hôpital le plus proche ?
Where's the nearest hospital?
wèrz zeu ni·rèst hos·pi·tol

Où est la pharmacie de garde ?
Where's a 24-hour pharmacy/drugstore?
wèrz eu twènn·ti for haoeur far·ma·ci/dreug·storr

1	one	*wann*	**6**	six	*six*
2	two	tou	**7**	seven	sè·veunn
3	three	*srii*	**8**	eight	*eït*
4	four	*foor*	**9**	nine	*naïnn*
5	five	faïv	**10**	ten	*tèn*

GAÉLIQUE

Le gaélique irlandais *(Gaeilge)* est l'une des deux langues officielles de la république d'Irlande (avec l'anglais), mais il n'est véritablement parlé que dans des zones rurales isolées appelées Gaeltachtaí. En dehors de ces zones, demandez à un Irlandais s'il parle le gaélique, et il vous répondra probablement "ah, cúpla focal" (quelques mots).

Le gaélique comporte des voyelles longues (accentuées) et courtes (non accentuées). Bien qu'il existe des associations inhabituelles comme mh et bhf (toutes deux prononcées "v"), les consonnes se prononcent souvent comme en anglais – elles peuvent cependant être prononcées différemment en fonction des voyelles qui les entourent.

MOTS ET EXPRESSIONS DE BASE

Bonjour.	Dia duit.	*dia rétch*
Au revoir.		
(si vous partez)	Slán leat.	*slon liatt*
(si vous restez)	Slán agat	*slon agat*
Oui.	Tá.	*to*
Non.	Níl.	*nil*

Merci (beaucoup).
Go raibh (míle) maith agat. — *go rev (mila) mah agat*

Excusez-moi.
Gabh mo leithscéal. — *gamoh lèch skèl*

Je suis désolé.
Tá brón orm. — *ta brohn orom*

Comment vous appelez-vous ?
Cad is ainm duit? — *kad és aném dwit*

Je m'appelle ...
... is ainm dom. — *... és aném dom*

Parlez-vous gaélique ? An bhfuil Gaeilge agat?
on wil gwélgue agat

Je ne comprends pas.
Ní thuigim. — *ni higgim*

CÚPLA FOCAL (QUELQUES MOTS)

Sláinte! — *slonté*
Santé !

Nollaig shona ! — *nolèg hona*
Joyeux Noël !

Cáisc shona ! — *kashk hona*
Joyeuses Pâques !

Go n-éirí an bóthar leat! — *go neïri on bohhar liatt*
Bon voyage !

Tóg é go bogé. — *tog eï go bogeï*
Calmez-vous.

1	aon	*heyin*	**6**	sé	*cheï*
2	dó	*do*	**7**	seacht	*sharrt*
3	trí	*tri*	**8**	ocht	*orrt*
4	ceathair	*kahir*	**9**	naoi	*neï*
5	cúig	*kouïg*	**10**	deich	*deh*

PANNEAUX

Mná	*mno*	femme
Fir	*fich*	homme
Leithreas	*yehréss*	toilettes
Gardaí	*gardi*	police
Oifig An Phoist	*èffig ohn fosht*	poste

Index

G

H

Références des **cartes**

M

N

O

P

R

S

Références des **cartes**

ORLA SMITH ET NEIL ARTHURS

Tous deux Dublinois, Neil et Orla ont découvert qu'ils partageaient l'amour des voyages et de l'aventure lors de leur rencontre à Sydney en 2004. Neil est photographe professionnel et Orla écrit avec passion sur l'univers du voyage, ce qui leur permet de continuer leurs explorations.

Mon expérience préférée Ce que préfère Neil, c'est photographier les aurores boréales ; Orla adore prendre un bain de minuit parmi les algues bioluminescentes du Lough Hyne, dans le sud du pays.

À PROPOS DE CE GUIDE

Cette première édition du guide *Les Meilleures Expériences en Irlande* est une traduction-adaptation du guide Lonely Planet *Best Experiences Ireland.*

Traduction Laurence Stewart et Antoine Thibault

Direction éditoriale Didier Férat

Responsable éditorial Dominique Bovet

Responsable prépresse Jean-Noël Doan

Coordination éditoriale Juliette Stephens

Maquette Gudrun Fricke

Cartographie cartes adaptées en français par Nicolas Chauveau et Martine Marmouget

Couverture adaptée en français par Laure Wilmot

Merci à Alexandra Guyot pour son précieux travail sur le texte, à Christiane Mouttet pour sa relecture au laser et à Jeanne Robert pour la carte détachable. Un grand merci à l'équipe du bureau de Paris ainsi qu'à Luan Angel et Nigel Longuet à Londres, et à Jean-Pierre Masclef à Melbourne.

YVONNE GORDON

Basée à Dublin, Yvonne Gordon a reçu de nombreux prix pour ses écrits et ses photographies de voyage. Elle est spécialisée dans le voyage d'aventure et a collaboré avec des médias tels que *The Sunday Times*, *The Washington Post*, *Wanderlust*, BBC Travel et AFAR.com.

Mon expérience préférée Explorer les espaces sauvages et reculés du comté de Donegal en faisant du surf au large de superbes plages, du kayak sous les falaises et de la randonnée le long de la côte.

ÚNA-MINH KAVANAGH

Originaire du Kerry, Úna-Minh est une créatrice multimédia de langue gaélique. Elle édite le site Web d'actualité positive WeAreIrish.ie et streame sur Twitch (twitch.tv/yunitex) en anglais et en gaélique.

@unaminhkavanagh

@unaminh

Mon expérience préférée Séjourner dans les communautés de langue gaélique. La Gaeltacht du comté de Kerry est l'un de mes endroits favoris, en particulier le village de Baile na nGall.

NOELLE KELLY

Basée à Thurles (comté de Tipperary), Noelle est écrivaine-voyageuse, blogueuse et professeure de yoga. Elle privilégie le *slow travel* (voyage lent) qui lui donne le temps de découvrir de nouvelles cultures et cuisines dans toutes leurs nuances. Quand elle n'enchaîne pas les postures de yoga, Noelle partage ses aventures sur son site Web.

WanderingOn.com

Mon expérience préférée Me promener à Cork. Je finis toujours à l'English Market pour goûter toutes sortes de délices gastronomiques.

FIONÁN MCGRATH

D'origine irlandaise mais Canadien à mi-temps, Fionán a vécu dans six pays et adore voyager hors des sentiers battus, particulièrement pour pratiquer le camping sauvage et faire de longs périples à vélo.

Mon expérience préférée Sillonner la région extrême-occidentale de West Cork à vélo.

Nos auteurs

ISABEL ALBISTON

Née à Londres et élevée près de Belfast, Isabel est revenue en Irlande en 2018 après avoir vécu en Australie, en Argentine et en Espagne. Elle a écrit pour des journaux et magazines, travaillé à Buenos Aires comme guide touristique et contribué à 15 guides de voyage Lonely Planet.

Mon expérience préférée Parcourir la Causeway Coast Way à pied, prendre un bain vivifiant dans l'océan et savourer des produits de la mer locaux dans un pub face à l'Atlantique.

BRIAN BARRY

Originaire de Cork, Brian est écrivain spécialisé dans l'univers des voyages, photographe et "nomade digital" ; il a exploré plus de 50 pays. Passionné de sports d'aventure, amoureux du grand air et fervent partisan des séjours indépendants, il préfère partir à la découverte hors des sentiers battus.

WanderingOn.com

Mon expérience préférée Un road-trip à West Cork, dans l'extrême ouest du comté, entre paysages spectaculaires, plages secrètes et sports de plein air.

Les meilleures expériences en Irlande
1re édition
Traduit et adapté de l'ouvrage *Best Experience Ireland, 1st edition, March 2022*

92 avenue de France - 75013 Paris

Dépôt légal Mai 2022
ISBN 978-2-81619-581-1

Imprimé par ESTIMPRIM, Autechaux, France

En Voyage Éditions | un département édi8